현대정치분석

학제간 연구를 중심으로

현대정치분석

학제간 연구를 중심으로

인 쇄: 2015년 6월 18일
발 행: 2015년 6월 23일

지은이: 오명호
발행인: 부성옥

발행처: 도서출판 오름
등록번호: 제2-1548호 (1993. 5. 11)
주 소: 서울시 중구 퇴계로 180-8 서일빌딩 4층
전 화: (02) 585-9122, 9123 / 팩 스: (02) 584-7952

E-mail: oruem9123@naver.com
URL: http://www.oruem.co.kr

ISBN   978-89-7778-441-3   93340

* 잘못된 책은 교환해 드립니다.
* 값은 뒤표지에 있습니다.

이 도서의 국립중앙도서관 출판예정도서목록(CIP)은 서지정보유통지원시스템
홈페이지(http://seoji.nl.go.kr)와 국가자료공동목록시스템(http://www.nl.go.
kr/kolisnet)에서 이용하실 수 있습니다. (CIP제어번호: CIP2015016413)

현대정치분석

학제간 연구를 중심으로

오명호 지음

Contemporary Political Analysis
An Interdisciplinary Introduction

Myeung-Ho OH

ORUEM Publishing House
Seoul, Korea
2015

서문

현대정치분석은 우리들의 현대 사회생활 속에 일어나는 정치적인 사건이나 현상을 설명하거나 해석하는 것을 뜻한다. 21세기에 들어서 정치학은 급변하는 정치적 현실에 상응하는 적절한 연구방법론상 쇄신의 과제를 안고 있다. 세계화로 인한 상호의존성의 심화로 금융위기와 같은 구조적 취약성이 드러나는가 하면, 지구온난화로 인한 환경문제의 심각성, 지구 도처에서 분출하는 민주화 열기와 인종적·종교적 갈등의 폭력화 추세, 그리고 최근 들어 나타나기 시작한 강대국 간의 힘겨루기와 세력균형의 재조정 등 정치학이 당면하는 분석적 과제는 다양하고 복잡한 난제로 다가서고 있다.

이러한 학문적 환경의 변화에 대응하여 정치학에서도 연구방법론을 둘러싼 다양한 논의가 진행되고 있는 것이 사실이다. 실증주의의 정통성을 고집하는 입장도 있지만, 또 다른 한편으로는 실재론(현실주의)이나 포스트모더니즘, 구성주의에서처럼 '심층구조'나 '해석'의 중요성을 강조하는 대응적인 움직임도 만만치 않다.

그러나 저자는 이러한 방법론상의 다양한 움직임에 병행해서 정치학이 이제는 좀 더 인접 인문-사회과학분야의 연구동향에서도 얻을 것이 많다는 것을 강조하고 싶다. 역사학, 철학, 사회학, 경제학, 심리학 등의 인접 학문 영역에 대한 각별한 관심과 학제간 연구가 절실하다고 생각된다. 이미 '정치경제학'이나 '정치심리학'은 우리들에게 익숙한 연구분야가 되어 있으며, 역사학은 전통적으로 정치와의 연계성이 두드러져 왔다. '담론적 분석'은 사회학에서 해석주의와 문화의 연구에서 핵심적인 위치를 차지하고 있다. 이 책은 이러한 인접 인문-사회과학분야와의 연계성에 초점을 두는 분석적 틀의 한 연구라 하겠다. 다만 정치철학의 경우는 새로운 세계적 정치질서의 확립에서 논의될 수 있는 민주주의라든가 정의와 같은 도덕적 측면의 주요 쟁점들과의 연관성을 고려에 넣었다.

제1장에서는 정치분석의 기본 틀로서 1) 실증주의, 2) 실재론, 3) 해석주의의 세 가지 형태로의 분류에 따라 비교적 최근의 인식론적 논의들을 정리해 보았다. 우선 실증주의의 경우, '포괄적 법칙'과 같은 추상적인 법칙성 명제보다는 좀 더 한정적이고 주제 중심의 '인과메커니즘'이나 '질적 인과추정' 방식에 비중을 두는 최근의 연구동향이 나타나고 있음을 참고할 수 있다. 실재론에 있어서는 구조와 행위의 상호작용이 그 주된 설명적 틀이 되어 있으나 그동안 이러한 기본 틀로서 '비판적 실재론'을 선도해 온 바스카 (R. Bhaskar)의 경우, 인류의 해방과 관련되는 '메타실재'라는 개념적 틀의 제안은 지나치게 초월적인 의식의 세계를 강조하는 이른바 '정신적 전환'임을 지적받고 있다. 해석주의에 있어서는 해석의 기본논리로서 '음성행위'를 통한 의미 만들기의 규칙과 제도적 형성의 과정을 중시하는 접근에 무게를 두었다. 두꺼운 기술, 해석학의 기본내용에 이어 문화적-상징적 상부구조론

(Foucault, Bourdieu)을 살펴보았으며, 국제정치학의 '구성주의'와 관련해서는 무정부구조의 변환 및 미국 9·11 테러와 관련하여 음성행위를 통한 행위자 간의 상승적 상호작용의 구성적 측면에 역점을 두는 연구사례들을 정리해 보았다.

제2장에서는 정치학과 역사학의 연계성을 다룬다. 1960년대와 1970년대에 들어서 역사학도 사회과학의 영향을 받아서 실증주의와 해석주의의 적용 가능성이 본격화된다. 실증주의의 경우 혁명이나 정치적 발전과 관련되는 인과메커니즘의 연구가 관심을 모으게 되고, 해석주의의 경우는 화이트(H. White)의 '메타역사(수사적 기법)'를 비롯하여 '메타설화(Hegel, Marx, A. Smith 등)'의 재인식 등이 논의되며, 정치의 시간성, 세계사 연구(역사의 종말, 문명의 충돌 등) 등에 관한 최근의 논의가 소개된다.

제3장은 정치철학(정치사상)의 현대적 재구성이다. 정치와 철학이 만나는 이 영역에서는 국가나 시민들이 마땅히 해야 할 일이나 도덕적 원칙들이 다루어진다. 그러나 여기에서는 격변하는 정치적 환경에 대응하는 구체적인 주제 중심(예: 국가, 정의, 자유, 민주주의 환경, 세계화)의 최근 연구에 초점을 두었다.

제4장은 사회학에서 최대의 관심을 모으는 '담론' 분석의 정치학에의 적용이다. 담론분석은 주로 '규칙'에 지배되는 인간행위의 다양한 형태를 다루는 연구분야가 되는데, 그 정의에서부터 출발하여 기본적 특성(인식론, 이데올로기와의 차이, 제외와 순환, 담론 간의 갈등)을 부각시킬 것이다. 그리고 정치적 쟁점들에 초점을 두는 최근의 연구사례로서는 1) 1980년대의 영국의 대처리즘(S. Hall), 2) 정치적 상호작용과 표상(P. Chilton), 3) 남아프리

카의 '아파르트헤이드(Apartheid)' 담론, 4) 비판적 담론 연구(Critical Discourse Studies), 5) 실용적 추리와 입론 등을 다루어 본다.

　제5장에서는 정치심리학의 최근 연구추세를 '개인적 수준'과 '집단적 수준'으로 나누어 다루어 본다. 개인적 수준에서는 '판단과 결정' 분야의 연구가 되는데 최근 각별한 주목을 받고 있는 카네만(D. Kahneman)과 트벨스키(A. Tversky)의 이론적 구성이 주가 되며, 어림법, 사고의 두 가지 유형, 전망이론, 자유주의적 온정주의 등을 정리했다. 그리고 집단적 수준에서는 '정체성(identity)' 연구로 정치적 응집, 집단적 편견과 감정 등을 다루었고, 정신분석학 분야와 관련해서는 최근 새로운 연구 주제로 주목을 받는 라캉(J. Lacan)과 지젝(S. Žižek)의 이데올로기, 민주주의론, 과격정치의 논리 등을 간략하게 정리해 보았다.

　끝으로 제6장은 정치경제학의 연구분야로서 최근의 이론적 구성을 1) 신고전경제학(신자유주의), 2) 제도적 경제학, 3) 케인즈 경제학의 세 갈래의 흐름으로 정리해 보았다. 그리고 현대자본주의의 발달과정 및 현재의 특성과 관련해서는 선진자본주의를 다섯 가지 형태로 구분하는 아마블(B. Amable)의 연구를 소개하고 각 형태마다 나타나는 경제적 수행능력과 잠재력을 정리해 보았다. 앞으로의 자본주의의 구조적 변환과 관련되는 전망으로서는 1) 자본주의 4.0(A. Kaletsky), 2) 마르크스주의(R. Brenner, A. Kliman), 3) 온당한 자본주의(S. Dullien et al.) 등의 연구가 소개된다.

　이 책은 현대정치학의 이론적 구성과 관련되어 논의되는 복잡하고 다양한 분석의 틀을 세 가지 형태(실증주의, 실재론, 해석주의)로 압축하여 가급적 평이한 줄거리로 정리함으로써 학부의 상급학생 수준에서 비교적 쉽게 분석적 과제에 접근할 수 있도록 시도해 보았다. 그리고 학제간 연구의 정리에 있어서도 예를 들면, 정치심리학이나 정치경제학의 경우처럼 최근에 관심을 모으는 비교적 기초적인 연구사례들에 비중을 두었다. 저자로서는 이 소개서가 현실 정치의 특성과 변환을 다룰 수 있는 포괄적이며 평이한 분석적 틀로서 평가되었으면 하는 간절한 바람이다.

최근 모든 인문사회과학 분야에서 나타나는 생소한 용어나 의미 구성에 관한 적절한 풀이에 있어서 부족함이 있음을 솔직히 시인하며 이와 관련해서는 추후 보완의 기회를 갖고자 한다. 정치분석의 새로운 과제에 관심을 두는 많은 동학(同學)들을 비롯하여 강의에 참가한 많은 학생들과의 대화에서 얻은 내용들이 이 책의 기본이 되고 있음을 강조하고 싶다. 그리고 이 책에서도 한양대 홍주유 교수(입자물리학)의 자료 보완과 세심한 조언에 각별한 고마움을 표해 두고자 한다.

그리고 이 책의 출판에 힘써 주신 도서출판 오름의 부성옥(夫性玉) 대표에게 심심한 사의를 표하며, 최선숙 편집부장 및 편집 관계자 여러분에게도 각별한 감사를 드린다.

끝으로 저자의 오랜 저술과정에 힘이 되어준 아내에게 고마움을 되새겨 적어 둔다.

2015년 여름
저자 씀

차례

Contents

현대정치분석의 기본 형태

제1장

현대정치분석의 기본 형태

현대정치분석은 정치와 관련되는 사건이나 현상에 나타나는 규칙성이나 인과관계를 밝혀 설명하고, 또한 인간의 사회적 행동의 의미들을 알아내어 그것이 새로운 실천으로 구성되어 나가는 해석의 문제들을 체계적으로 다루는 과정이 된다. 이러한 정치분석의 과정은 설명과 해석을 둘러싼 전략과 선택을 놓고 다양한 이론적 구성과 연구 방법들이 논의될 수 있는데 그러한 분석적 쟁점과 논의들을 몇 갈래의 기본 형태로 나누어볼 수 있다. 여기에서는 1) 실증주의, 2) 실재론, 3) 해석주의의 세 가지 형태로 나누어 그 두드러진 각각의 특성을 살펴보고자 한다.

I. 실증주의

실증주의(positivism)는 19세기 사회학자들(Comte, Mill, Spencer, Durk-heim)로부터 시작하여 1920~30년대의 '논리실증주의(logical positivism:

O. Neurath, R. Carnap, H. Reichenbach, C. Hempel, A. Ayer 등)'로 그 내용이 내실화된 하나의 철학적 전통에 바탕을 둔다. 참된 지식이란 경험적 근거(검증의 원칙)에 바탕을 두어야 하며 자연과학의 연구방법과 절차가 그대로 사회현상의 연구에도 적용될 수 있다는 것이 그 기본입장이다. 즉 자연과학의 연구방법과 사회과학의 연구방법의 통일을 강조하는 '방법론적 일원론'이 된다.

1. 포괄적 법칙(Covering Law)에 의한 설명

논리실증주의에서는 사건이나 현상의 설명은 '포괄적 법칙'에 의해 이루어진다. 즉 서로 다른 경험적 현상 간에 일어나는 일관된 연결(uniform connection)로서의 법칙(law)에 따라 설명이 가능하게 된다.[1] 이 물이 왜 끓고 있느냐의 설명을 위해서는 '물은 열을 가하면 끓는다'는 포괄적인 법칙과 '이 물은 지금 열이 가해지고 있다'는 선행조건으로부터 '고로 이 물은 끓고 있다'는 결론을 끄집어내는 방식이 된다. 따라서 모든 현상의 설명을 위해서는 경험과 관찰에 근거한 이러한 일반적인 포괄적 법칙을 만들어 내는 것이 과학의 가장 긴요한 과제가 된다. 자연현상과 관련해서는 예를 들면, '가스의 온도가 올라가면 그 압력이 일정한 수준으로 유지되는 한, 용량도 증가한다', '액체 속에 고체가 용해되면, 그 액체의 비등점은 올라간다'는 등의 법칙이 만들어진다.

사회현상과 관련해서도 약간의 조정상의 단서(예: 다른 사정이 같다면—ceteris parisbus)가 붙기는 하지만, '갈등이 심화되면 집단의 단합은 강화된다', '상대적 박탈감의 확대는 체제의 불안을 증대시킨다', '민주주의국가들은 서로가 전쟁을 피한다', '국민소득이 늘수록 민주화는 불가항력의 추세가

---

1) Carl G. Hempel, *Philosophy of Natural Science*(Englewood Cliffs, N. J.: Prentice-Hall Inc., 1966), p.54.

된다'는 등의 다양한 법칙성 언명이 제시될 수 있다. 물론 법칙은 하나의 예외도 없는 경험 간의 일관된 연결을 전제한다는 점에서 매우 엄격한 성격을 띠게 마련이어서 '논리경험주의'의 입장에서는 다소 완화된 '확률적인 설명'도 가능하다는 입장이 나오긴 하지만 과학적인 설명은 반드시 보편적인 형식의 법칙에 따라야 한다는 기본 입장에는 변함이 없다.[2]

그러나 법칙에 의한 설명에는 여러 가지 문제가 제기된다. 우선 인과관계를 다루기 힘들다는 지적이 나온다. '규칙적으로 피임약을 복용하는 사람은 임신하지 않는다'는 법칙을 전제로 '존(Jones)은 피임약을 복용하고 있다'는 선행조건이 주어지면, '고로 존은 임신하지 않았다'는 언명이 도출될 수 있다. 비록 이 예에서는 존의 정신상태가 이상하다는 짐작이 전제되긴 하지만 헴펠(Hempel)의 포괄적 법칙에 의한 설명이 그대로 적용될 수 있다. 그러나 존이 임신하지 않은 것은 그가 남성이기 때문이며 피임약 복용과는 무관하다. 따라서 어떤 사건의 원인(cause)을 밝히는 데 법칙적 설명이 적절치 못하다는 것이 분명해진다.

비행기의 추락사건이나 생태계의 변화 등과 같은 사건이나 현상에 있어서는 그것이 왜 발생하였는가의 원인 문제가 가장 절실한 과제가 되는데, 법칙적 설명은 원인 규명에 있어서 그 적절성이 문제가 될 수 있다. 이러한 인과관계(causality)의 문제에 직면하게 되자 과학철학분야에서는 포괄적 법칙에 의한 설명에만 집착할 것이 아니라 '원인에 근거한 설명(causality-based account)'에 무게를 두는 새로운 움직임이 나타나는 것으로 되어 있다.[3]

---

2) *Ibid.*, p.59.

3) Samir Okasha, *Philosophy of Science*(Oxford: Oxford Univ. Press, 2002), pp.48-51.

2. 인과적 설명(causal explanation)

인과적 설명은 원인(cause)과 결과(effect)를 묶는 하나의 틀로 이루어지는데 이 틀은 주로 '인과메커니즘(causal mechanism)'으로 불리기도 한다. 이 인과메커니즘은 여러 요소(변수)들로 연결되는 하나의 망상(network)으로 파악될 수 있는데 그 양상은 매우 복잡하고 다양할 수도 있다. 예를 들면, 여러 원인들이 하나의 결과로 연결되거나 하나의 원인이 여러 결과들로 연결되는 경우, 그리고 원인들과 결과들 간에 어떤 매개 변수(intervening variable)를 상정하는 등 그 형태는 극히 다양할 수 있다.[4]

최근의 사회과학 연구방법론에서는 사회현상에 나타나는 인과관계는 자연현상과는 달리 우연성(contingency), 이질성(heterogeneity), 경로의존성(path-dependence) 등으로 인하여 자연과학에서 요구되는 통칙이나 법칙이 구성되기 힘들다는 주장에 무게가 실린다. 리틀(D. Little)은 이러한 방법론적 전제에서 사회과학에 적합한 '방법론적 국지주의(methodological localism)'를 주장하고 사회현상의 설명에 있어서는 행위자의 특성과 사회적 조직 및 제도적 제약 등이 적절히 반영되는 '사회적 인과메커니즘(social causal mechanism)'의 발견을 주창하고 나선다.

이 메커니즘의 구성적 실체(entities)는 사회 속에 뿌리내린 가치체계, 사회구조, 광범위한 사회적 네트워크(network) 등으로 만들어지는 '사회적 행위자들(social actors)'이라는 점이 강조된다. 그리고 이러한 사회화된 행위자들은 그 상호작용에 있어서 재산, 편견, 법률, 지식체계 등의 사회적 구조와 제도의 작용을 받으면서 사회적 행동의 결과(outcome)를 가져오게 되는데 그 과정은 '경로의존적'인 특성으로 파악된다. 따라서 자연과학에서처럼 시간과 공간의 제약을 벗어나는 '법칙성 통칙(law-like generalizations)'이

---

4) 1960년대에 H. M. Blalock, Jr.는 원인나열방식, 원인나열방식과 매개변수의 도입, 결과나열방식, 원인나열방식과 결과나열방식의 결합 등의 다양한 예시를 제시했다. H. M. Blalock, Jr., *Theory Construction: From Verbal to Mathematical Formulations* (Englewood Cliffs, N. J.: Prentice Hall, Inc., 1969), pp.35-42.

아니라, '사회적으로 구성된 개인들'이 우연성과 이질성이 지배하는 사회적
환경(조직과 제도) 속에서 그 상호작용이 경로의존적인 과정을 통하여 다양
하고도 상호교차적인 인과관계로 이루어지는 사회적 결과를 만들어낸다는
논리가 된다.[5]

　인과메커니즘의 구성에 있어서는 원인과 결과를 잇는 과정이 매우 중요
하게 된다. 단순한 경험상의 연결이 통계적으로 X와 Y 간에 나타난다고 하
더라도 그것이 인과관계로 확정되기에는 다른 요인들의 개입이 통제되지 않
는 한 어려운 검증문제가 될 수 있다. 따라서 X(원인)와 Y(결과)를 연결해
주는 과정(process)이 설득력 있게 밝혀지는 것이 바람직하다는 주장이 나
올 수 있다.

　스틸(D. Steel)은 이러한 인과메커니즘의 효과적인 구성을 위하여 '과정
추적(process tracing)'이라는 질적 인과추정(qualitative causal claims) 방
식을 제의하고 있다. 예를 들면 B. Malinowski(1935)의 연구에 의하면 한
원시부족사회(Trobriand 사회)의 추장들의 경우 아내를 많이 거느릴수록
부와 영향력을 가지게 되는데 그 구체적인 과정은 다음과 같이 설명된다.
즉 이 종족의 관습에 의하면 여자의 경우 결혼하게 되면 남자 형제들이 일
정한 양의 식량(yams: 감자류)을 배우자에게 선물로 주게끔 되어 있기 때문
에, 여러 아내를 거느리는 추장들은 이 선물의 축적을 정치적 영향력과 공공
사업의 재원으로 사용한다는 것이다. 다처제가 부와 권력에 인과적으로 연
결되는 과정을 구체적으로 밝혀내는 과정추적의 적절한 예로 보고 있다.

　또 하나의 예로서는, 남미 아마존 밀림 '야노마미' 사회의 부족 간 전쟁(R.
B. Ferguson, Yanomami warfare, 1995)을 들 수 있다. 유럽제국의 식민지
획득과정에서는 전쟁수단으로서 큰칼, 도끼, 나이프 등의 강철 무기가 등장
하게 되는데, 이러한 전쟁수행수단을 확보한 부족들은 그것을 근거로 다른

5) Daniel Little, "The Heterogeneous Social: New Thinking About the Foundations
　of the Social Sciences," in C. Mantzavinos(ed.), *Philosophy of the Social Sciences:
　Philosophical Theory and Scientific practices*(Cambridge: Cambridge Univ. Press,
　2009), pp.154-175.

부족들에 대한 지배를 확대해나가게 된다. 이러한 전쟁수단을 미리 확보한 부족들은 그 독점적 지위를 유지하려 들고 이에 도전하는 부족들은 이에 대항하는 수단을 마련하는 등의 과정을 통하여 긴장조성과 종족 간 전쟁이 격화되어 나간다는 '과정추적'이 인과메커니즘의 틀로 구성될 수 있다고 본다.6)

〈그림 1〉 남미사회의 빈곤과 정치적 불안

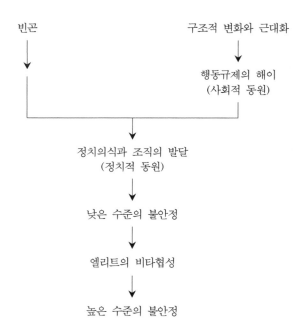

출처: Lars Shoultz, *National Security and United States Policy Toward Latin America*(1987), p.72; Daniel Little, *Varieties of Social Explanation: An Introduction to the Philosophy of Science*(Boulder: Westview Press, 1991), p.28

6) Daniel Steel, "Social Mechanisms and Causal Inference," in Daniel Steel and Francesco Guala(eds.), *The Philosophy of Social Science Reader*(London & New York: Routledge, 2011), pp.126-130.

정치학 분야에서 시도된 인과적 설명을 다룬 사례들로서는 첫째로, 남미
사회에 있어서의 빈곤과 정치적 불안의 연결과정을 다룬 슐츠(Lars Schoultz)
의 연구를 들 수 있는데 리틀(D. Little)은 이것을 다음과 같은 인과메커니즘
으로 재구성해 보고 있다. 우선 〈그림 1〉에서 보는 바와 같이 남미의 정치
적 불안은 빈곤에서 출발하되 그것이 근대화라는 구조적 변화와 맞물리게
되는데 가난한 사회에서의 근대화는 매우 선동적인 조건을 만들어낸다. 전
통사회에 근대화의 물결은 사회적 동원을 가져오게 되는데 도시화라든가 매
스미디어의 확대, 식자율의 증대 등의 사회적 변화로 나타나게 된다. 그리고
이러한 사회적 동원으로 전통적인 사회적 행동의 규제형태가 침식(erosion)
되게 되는데 가족이라든가 전통적인 종교의 역할이 축소되고 농촌에서 도시
로의 이주가 늘면서 시장관계로의 편입이 증대된다.

그 다음의 단계로서 사회적 동원은 사람들의 정치적 의식(political con-
sciousness)과 조직을 만들어내는 정치적 동원(political mobilization)으로
연결된다. 그리고 이러한 정치적 동원은 잠시 낮은 수준의 정치적 불안정
(political instability)을 조성하게 되나 이 과정에서 가장 문제가 되는 것은
이러한 불확실하고 불안한 조건하에서 이에 대응하는 정치권, 즉 엘리트
(elite)의 조정능력이 결정적인 변수가 된다. 이제 통치 엘리트들은 조정능력
을 발휘하든가(accommodating) 그렇지 않으면 비타협적인(intransigence)
대응으로 맞서든가의 선택에 직면하게 되는데 후자의 경우 정치적 불안은
최악의 수준으로 귀결될 수 있다는 것이다.[7]

또 하나의 사례로서는 전쟁, 특히 종족 간 전쟁(ethnic warfare)이 여성들
의 '평균 예상 여명(life expectancy)'을 줄인다는 연구가 있다. 플럼퍼(T.
Plumper)와 노이마에르(E. Neumayer)는 전쟁의 결과와 관련하여 '국가 간
전쟁(inter-state wars)'에서보다 종족 간 내전(ethnic civil wars)에서 남성

7) Lars Schoultz, *National Security and United States Policy Toward Latin America* (Princeton: Princeton Univ. Press, 1987); Daniel Little, *Varieties of Social Explanation: An Introduction to the Philosophy of Social Science*(Boulder: Westview Press, 1991), pp.27-29.

보다 여성의 피해가 크고 이것이 평균 수명 축소의 원인이 된다는 점을 밝
히고 있다.[8] 그 '인과메커니즘'으로서는 첫째로 경제적 손상 효과(economic
damage effect)가 있는데, 전쟁은 수송수단, 건강 인프라, 식량 보급망 등을
파괴해 버림으로써 피해집단에 대한 자원보급에 심대한 차질을 가져오기 마
련인데 전쟁 중에는 이러한 피해가 여성들에게 많이 돌아간다는 것이다.

두 번째 메커니즘은 '환치(displacement)'이다. 폭력적 갈등은 많은 사람
들로 하여금 전투지역에서 벗어나 다른 안전한 곳을 찾게 되어 많은 피난민
을 만들어 낸다. 이러한 상황에서의 생명에 대한 위험은 여성들에게 더욱
불리하게 작용하게 마련이다. 여성들은 의료시설이나 기타의 생필품이 마련
되기 힘든 상황에서 자신들뿐만 아니라 어린이들을 돌보아야 할 어려운 일
을 도맡게 되기 때문이다.

끝으로 여성을 더욱 궁지에 몰아넣는 것은 '성적 폭력 효과(sexual vio-
lence effect)'이다. 폭력적 상황하에서 여성이 당면하는 가장 큰 취약점으
로서 성매매행위, 매춘, 강간 및 살인 등이 저질러질 수 있다.

이러한 세 가지 메커니즘을 통한 전쟁 중 여성들의 수난과 그로 인한 평
균수명 단축률은 여러 가지 데이터(Upsall PRIO Armed Conflict Data,
University of Maryland's Policy Project 등)와 통계적 처리로 그 과정들이
다루어지고 있다. 샌더스(D. Sanders)는 이들의 연구가 분쟁지역에 대한 평
화유지군 파견문제를 비롯해서 분쟁 현지에 대한 인도적 지원 단체의 활동
등과 관련된 전반적인 정책과 접근에 매우 중요한 함의를 지니는 것으로
보고 있다. 그리고 이러한 연구는 이론과 경험적 연구의 교호작용을 가능케
하는 '리트러덕션(retroduction)'의 적절한 사례가 될 수 있다고 평가하고 있
다.[9]

---

8) T. Plumper and E. Neumayer, "The Unequal Burden of War: The Effect of
   Armed Conflict in the Gender Gap in Life Expectancy," *International Organi-
   zation*, 60(3)(2006), pp.723-754.

9) David Sanders, "Behavioral Analysis," in David Marsh and Gerry Stoker(eds.),
   Theory and Methods in Political Science, Third Edition(New York: Palgrave-

II. 실재론

실재론(realism)은 1970년대에 들어서 실증주의에서 노출된 여러 문제점
들(법칙의 성격, 이론의 경험적 근거 등)을 극복해 보고자 하는 과학철학의
새로운 시도가 된다. 실증주의의 경우 경험과 관찰에 집착하는 나머지 현실
세계의 표면에 머무는 피상적인 연구에 그친다고 비판하고 관찰의 세계를
만들어 내는 인간의 정신과는 독립적으로 존재하는 '관찰될 수 없는 실체
(unobservable entities)'를 찾아낼 것을 주창한다. 주로 자연과학분야에서
는 '과학적 실재론(scientific realism)'으로 불리기도 하는 이 입장에서는 현
상의 설명의 경우 실증주의에서처럼 법칙이나 일반화에 의존하는 '포괄적
법칙에 의한 설명'이 아니라 관찰되는 세계를 만들어 내는 심층구조나 인과
메커니즘을 찾아낼 것을 주문한다. 즉 자연과학의 경우 전자, 원자, 화학
요소, 세균, 유전자 등으로 구성되는 이른바 '관찰될 수 없는' 심층적 메커니
즘을 찾아내야 한다는 것이다.[10]

이러한 과학적 실재론은 1970년대에 주로 영국을 중심으로 하레(Rom
Harré), 헤스(Mary Hesse), 키트(Russel Keat), 어리(John Urry) 등에 의
해서 사회과학분야에 접목되게 되는데 특히 바스카(Roy Bhaskar)에 의해
'비판적 실재론(critical realism)'으로 그 기본 틀이 잡히면서 세가 확장되기
에 이른다. 1980년대에는 경제학 분야에서 로슨(Tony Lawson), 실(Lars
Palsson Syll), 리(Frederic Lee), 호지슨(Geoffrey Hodgson) 등이 대표되
며, 마르크스주의에서는 캘리니코스(Alex Callinicos), 그리고 정치학에서는

Macmillan, 2010), pp.33-39; '리트러덕션'이란 사건이나 현상을 만들어내는 구조
나 메커니즘을 찾아내는 것이다. Holocaust(유대인 학살)는 근대사회의 조경문화
(gardening culture)의 소산이라는 Z. Bauman의 설명이 그 예가 될 수 있다. B.
Danermark et al., *Explaining Society*(London: Routledge, 2002), pp.96-100.
10) Peter Godfrey-Smith, *Theory and Reality: An introduction to the Philosophy of
Science*(Chicago: The Univ. of Chicago Press, 2003), pp.173-179.

국제정치분야의 경우 2000년대에 들어서 제숍(Bob Jessop), 와이트(Colin Wight), 커키(Milja Kurki), 조셉(Jonathan Joseph), 수가나미(Hidemi Suganami) 등이 비판적 실재론의 연구 추세를 선도하고 있다.

1. 실재론의 기본 논리

첫째로, 실재론은 논리실증주의가 전제하는 '법칙'의 성격을 문제 삼는다. 법칙이란 Hume의 인과론에 근거한 것으로서 사건의 규칙적인 계기현상에 근거하여 원인은 결과와 연결된다는 가정에 서 있다. 그러나 실재론자들은 X가 일어나면 언제나 Y가 일어난다는 계기현상은 태양계와 같은 폐쇄된 체제에서나 가능한 것이지 '개방된 체제'에서는 불가능한 것으로 본다. 물에다 열을 가하면 몇 분 내에 끓는다는 명제는 개방된 체제(주위환경, 고도 등의 조건)하에서는 단정적일 수 없기 때문이다. 기후 변화만 보더라도 어떤 특정 장소에 있어서의 실제적인 기후적 조건은 많은 상이한 요소들(압력 변화도, 공기의 운동, 전기의 잠재성, 서로 상이한 고도에서의 온도, 습도 등)의 상호작용의 결과일 수 있기 때문이다.[11]

둘째로, 실재론은 단순한 법칙의 제시로서는 경험적 사건의 표면에 나타나는 규칙적인 계기현상 관찰에만 그칠 수 있다는 점을 지적한다. 오히려 그러한 경험적 현상을 만들어 내는 '인과메커니즘(causal mechanism)' 또는 '심층구조(deep structures)'의 존재를 밝혀 낼 것을 강조한다. 예를 들면, 실증주의의 경우 흡연은 암과 연결된다는 사건의 계기성을 통계로 뒷받침하여 폐암의 원인을 흡연이라고 추리한다. 그러나 실재론에서는 흡연과 암이라는 외부적 관계의 연결만으로는 인과관계의 추정이 힘들다고 보며 암을 발생시키는 인과메커니즘을 밝혀내야 한다고 주장한다. 즉 담배연기의

---

11) Ted Benton and Ian Craib, *Philosophy of Social Science: the Philosophic Foundations of Social Thought*(New York: PalgraveMacmillan, 2001), pp.123-124.

흡입과 낭포 및 악성암의 파괴적인 세포의 발생 간에 개재하는 생화학적인 메커니즘을 찾아내야 한다는 것이다.[12] 이러한 심층적인 인과메커니즘의 예로써는 행성회전(planet rotations), 분자구조(molecular structures), 출산율 및 자살률 등이 열거된다.[13]

셋째로, 실재론은 사회과학의 연구대상을 경험적, 실제적, 그리고 실재적인 세 가지 '층화된 수준(stratified levels)'으로 다루고 있는데 이 방식은 심층적인 인과메커니즘의 작동을 이해하는 데 도움이 될 수 있다. 우선 경험적인(empirical) 것은 직접 또는 간접적인 관찰로서 얻어지는 수준으로서 구체적인 지각과 측정에 바탕을 두는 데이터의 세계가 된다. 실제적인(actual) 것은 실험적인 조건이나 실험실 밖의 복잡한 국면에서 만들어지는 사건의 흐름이나 유형(patterns)의 수준이 된다. 예를 들면, 실업, 사회적 빈부격차, 생산성, 사망률 같은 것이 이 실제적인 세계가 된다. 그리고 '실재(real)'의 수준은 실제적인 것을 만들어내는 힘을 가진 이른바 심층적인 인과메커니즘을 지칭하게 된다. 심리학 같으면 죽음의 본능(death instinct), 언어학 같으면 언어구조(linguistic structure), 사회학 같으면 사회적 균형(equilibrium)의 경향 등이 그 적절한 예가 될 수 있다. 이 '실재'의 수준은 즉각적으로 관찰할 수 없는 세계이며 다만 실제적이고 경험적인 표면적 수준(surface level)을 만들어내는 수준으로 파악될 수 있을 뿐이다. 그리고 이와 같은 세 가지 층화된 수준의 분류는 실재론이 사물의 표면 밑으로 파고들어 메커니즘이나 구조와 같은 '생성적인 원인들'을 발견해 내려는 '깊이'를 지향하는 과학적 조사임을 강조하는 것으로 받아들일 수 있다.[14]

넷째로, 실재에 대한 이러한 층화적인 파악에 있어서는 이 세 수준들이 동시성이 언제나 이루어진다는 보장은 없다는 점이 추가된다. 사람들의 지각이나 관찰이 사건과 일치하지 않을 때에는 실제적인 것은 경험적인 것과

12) Rom Harré, *The Philosophy of Science: An Introductory Survey*(Oxford: Oxford Univ. Press, 1972), pp.116-122.

13) Tony Lawson, *Economics and Reality*(London: Routledge, 1997), p.25.

14) T. Benton and I. Craib, *op. cit.*, pp.124-125.

일치하지 않는다. 또한 어떤 심층구조가 다른 심층구조의 영향을 받을 때에
는 실재적인 것과 실제적인 것 사이에 동시성이 이루어지기 힘들게 된다.
이러한 동시성이 힘들기 때문에 설명이 반드시 예측을 가능케 한다고 볼
수 없게 된다. 예측이 힘들다는 이야기가 된다. 따라서 실재론은 이러한 문
제를 다루기 위한 방편으로 실증주의에서처럼 귀납법이나 연역법이 아니라
어느 정도 알려져 있는 선행적인 지식에 의존하는 '유추'의 방법을 택하게
된다. 자연현상과 관련해서는 원자와 태양계의 경우 원자핵은 태양으로, 그
리고 전자는 행성으로 비유될 수 있으며 우리는 원자의 태양계 모형을 만들
수 있다. 또한 물과 유추해서는 빛과 소리에 관한 파동 모형을 만들 수 있
다. 그리고 실재론에 있어서는 인과메커니즘의 존재와 그 원인적 힘을 경험
적 연구로 테스트하게 되는데 경험적 타당성 이외에도 '설명력(explanatory
power)'에 각별한 비중을 둔다. 여기서 설명력이란 인과메커니즘을 다루는
이론에 의해서 보다 많은 범위의 경험적 현상이 설명되거나, 조명되거나,
또는 다루어지게 되면 그것으로 만족스럽다는 의미가 된다.15) 따라서 이러
한 입장은 포퍼(K. Popper)의 이른바 '반증'의 기준에는 못 미치는 느슨한
경험적 근거의 성격을 띤다고 볼 수도 있다. 실재론에서도 이론의 경험적
검증이 필수불가결한 것으로 되어 있지만 그 기준에 있어서는 반증과 같은
엄격한 기준은 고집하지 않는 것으로 받아들일 수 있다.

2. 사회적 행동의 변환 모형: 구조와 행위

바스카(R. Bhaskar)는 피상적인 경험의 세계에 치중하는 '경험적 실재론'
과는 대조되는 이른바 '초월적 실재론(Transcendental Realism)'을 주창하

---

15) Russel Keat and John Urry, *Social Science as Science*, Second Edition(London:
Routledge and Kegan Paul, 1982), pp.32-33; Rom Harré, *op. cit.*, p.174; R.
Bhaskar, *The Possibility of Naturalism*(Hemel Hempstead: Harvester Wheatsheaf,
1998), p.19; T. Lawson, *op. cit.*, p.213.

고 있으며 심층적 인과메커니즘의 구성과 작동을 다루는 그의 연구를 '사회
행동의 변환 모형(the transformational model of social action)'이라 부르
고 그것을 '구조(structure)'와 '행위(agency)'의 종합적 작용의 과정으로 다
룬다.

이 모형에 의하면 사회(구조)는 행위(agency)에 대한 장애가 아니라 그
선행조건이며, 동시에 사람들의 행위는 사회의 재생과 변환을 가져온다는
논리가 된다. 사회를 지칭하는 사회구조(social structure)는 사람들의 행위
를 가능케 하는 매체(medium)이자 산출(output)이라는 것이다.16) 마치 조
각가처럼 사람들은 그들에게 주어진 자료들을 가지고 무언가를 만들어내는
것이며 개인들은 다만 그러한 구조에 의존하여 행위를 수행할 뿐이다. 조각
가의 경우 그가 작업에 사용하는 '점토'야말로 작품의 수준(질)을 결정하게
된다고 보는 것이다.17) 이러한 구조와 행위의 변환 모형은 정치학 특히 국
제정치학에서 다양한 풀이로 소개되어 있는데 몇 가지 사례들을 정리해 볼
수 있다.

패토마키(H. Patomaki)와 와이트(C. Wight)는 국제정치에서의 구조와
행위의 상호작용에 관한 변환의 특성을 다음과 같이 제시하고 있다.18)

첫째로, 행위자들(agents)의 경우 그들이 관행적으로 처해 있는 사회적
상황에서 쉽게 벗어 날 수 없게 되어 있다. 비록 각자의 정체성, 개성, 사회적
세계의 인식도 등을 부정할 수는 없지만 비판적 실재론은 이러한 개인적-
심리적 요인들의 일방적 결정력을 받아들이지 않는다. 즉 개인들이 사회적
상황과는 분리된 독립적이며 어떤 본질적인 내부적 핵심(inner core)을 가
지고 있다는 것은 인정하지 않는다.

둘째로, 모든 사회적 행위(social activity)는 자리매김된 행위(situated
activity)임이 강조된다. 즉 어떤 모임이나 여러 사람들의 만남의 경우 여러

---

16) R. Bhaskar, *The Possibility of Naturalism*(1998), pp.34-35.

17) *Ibid.*, pp.39-40.

18) Heikki Patomaki and Colin Wight, "After Postpositivism? The Promises of Critical
Realism," *International Studies Quarterly*(2000) 44, p.213, pp.230-232.

갈래의 의사소통으로 이루어지면서 어떤 전체적인 결과를 만들어 내는 '생성적 특성(emergent properties)'을 중요시한다.

셋째로, 사회적 행위는 과거로부터 전승되는 어떤 구조적 맥락(structural context)에 의해 좌우되며 이 역사적 맥락은 권력과 권위의 관계를 형성하면서 사람들에게 어떤 행동은 권장하고 보상하며, 어떤 행동은 단념시키고 처벌하는 수단으로 작용하게 된다. 전쟁이 벌어지게 되면 이러한 구조적 맥락은 결정적인 영향력으로 나타나기 마련이다. 예를 들면, 스티글메이어(A. Stiglmayer 1994)가 다룬 '보스니아-헬제고비나 전쟁'에서는 여성들에 대한 대량 성폭행 행위가 자행되었는데 이것은 여성을 특정한 사회적 직위에 얽매이게 하는 가부장적 권력 또는 계급관계의 맥락에서 빚어진다는 점이 밝혀진다. 군대나 군인생활은 국가적 직업의 성적 구성(gender relation)과 연결되기 마련이며 보다 넓은 사회적 구조 면에서의 지배와 복종관계에서 분리되어 생각하기 힘들게 되어 있음을 밝혀준다고 보고 있다.[19] 모든 사회적 행위나 현상들은 그러한 행동의 조건들, 즉 사회적 구조들(social structures)의 존재를 전제하게 되며 이와 관련되는 세부적인 조건들을 다음과 같이 정리해 볼 수 있다.

1. 역사적으로 구성되고 특유한 육체를 가진 행위자들(actors)이 내부적으로 또한 외부적으로 맺는 서로의 관계.
2. 행위자들에 있어 사회적-역사적으로 그 의미가 구조화된 의도적 행동(intentional action)에 관한 것.
3. 모든 행동과 행위자의 구성에 작용하는 규제적이고 구성적인 규칙(regulative and constitutive rules).
4. 생산적이고 경우에 따라서는 파괴적인 능력을 가져 올 수 있는 자원

---

19) Alexandra Stiglmayer et al., *Mass Rape: The War Against Women in Bosnia-Herzegovina*(London: University of Nebraska Press, 1994); H. Patomaki and C. Wight, *op. cit.*, p.231.

(resources).

5. 집단적 정체성과 행위자들의 상호의존성을 조직화할 수 있는 관계적
및 지위화된 실천들(relational and positioned practices).[20]

한편 구조와 행위의 상호작용의 과정은 '생성적 특성' 면에서 그 내용을
좀 더 구체적으로 다루어 볼 수 있다. 이 문제와 관련하여 일찍이 아처(M.
Archer)는 구조와 행위의 동태적인 상호작용이 계기적으로(sequence) 이
루어짐으로써 보다 정교한 생성적인 특성으로 바뀌어 나가는 과정을 '모포
제네시스(morphogenesis)'로 부르고 그 사례로서 건축물, 예술작품, 책, 수
학공식처럼 개인을 초월하는 객관성을 띤다는 점을 부각시킨 바 있다.[21]
이러한 Archer의 입장을 조직의 구성과 그 생성적 원인력(emergent causal
powers)으로 파악하는 구체적인 연구도 나오고 있다. 엘더-바스(Dave
Elder-Vass)는 조직(organization)의 경우, 인간 개인들의 집단으로 구성되
지만 그것은 개인들 간의 관계(relationships)로 이루어진다는 점을 강조한
다. 그리고 이러한 관계들은 조직 내의 개인들이 차지하는 역할(roles) 또는
사회적 지위(social positions)로 공식화된다. 사람들은 이러한 역할 속에
들어가면 그 역할에 정해진 행동을 해야 한다는 원인적 힘의 작용을 받게
되어 있다.

예를 들면, 백화점에 들어가서 TV를 산다고 가정해 보자. 우선 판매원은
제품소개, 지불, 물품배달 등 그에게 주어진 역할을 하게 되는데 그것은 그
의 개인적 행동이라기보다는 백화점이라는 조직이 정하는 역할수행이라는
점이 강조된다. 그리고 손님의 경우는 그 점원이 백화점이라는 조직의 '권한

---

20) Potomaki and Wight, *op. cit.*, p.232.

21) Margaret Archer, *Culture and Agency: The Place of Culture in Social Theory*
(Cambridge: Cambridge Univ. Press, 1988), p.72: M. Archer, "Human Agency
and Social Structure: A Critique of Giddens," in Jon Clark et al. (eds.), *Anthony
Giddens: Consensus and Controversy*(London: The Falmer Press, 1990), pp.75-
76.

이 주어진 대표(authorized representative)'로 받아들임으로써 거래를 성사시키게 되는데 점원을 조직의 일원으로 인정하기 때문에 가능해진다. 결국 점원이나 고객 모두가 각자의 역할담당자(role incumbents)로서 행동하게 되며, 조직이 하나의 '생성'으로 나타나게 된다. 비록 조직의 구성요소는 개인들이지만 그들은 역할담당자가 되면서 조직 자체가 '생성적인 특성(emergent properties)'을 가지게 된다는 것이다.[22]

이러한 조직의 생성적 특성과 관련해서는 조직의 외부적(external) 관계보다는 내부적(internal) 관계에 보다 분석의 무게가 실린다. 예를 들면, 통근자(commuters)들의 관계는 서로 독립적인 관계로서 외부적인 성격을 띠게 되나, 지주와 소작인의 관계, 선생과 학생의 관계, 부모와 자식의 관계, 주인과 노예의 관계 등은 내부적인 관계가 된다. 비판적 실재론자들은 대부분의 관계들은 내부적인 것으로서 그것은 불평등이나 권력의 차이를 수반하게 되며, 이렇게 형성되는 각자의 역할이나 지위는 구체적인 이해나 자원을 만들어 내기 마련이어서 역사적인 '객관적 실재(objective reality)'를 구성하는 것으로 보고 있다. 즉 관련 당사자들의 현재와 미래의 전략에 결정적인 작용을 할 수 있다는 것이다.[23]

3. 설명적 비평(explanatory critique)

비판적 실재론은 1970년대에 들어서 마르크스주의가 사회과학에서 상당한 관심을 모을 때에 등장하여 퍼져 나갔다. 마르크스주의 철학적 신조가 비판적 실재론의 내용과 부합되는 점이 많은 것도 사실이어서 양자의 관계는 계속적인 논의가 될 수 있을 법한 일이다. 특히 바스카(R. Bhaskar)의

---

22) Dave Elder-Vass, "For Emergence: Refining Archer's Account of Social Structure," *Journal for the Theory of Social Behavior* 37: 1(2007), pp.31-34.
23) P. Lewis, "The Problem of Social Structure," *Journal for the Theory of Social Behavior*, 30(2000), pp.249-268.

실재론은 하버마스(J. Habermas)의 사회이론과 흡사해짐으로써 두 사람은
자아와 사회에 관한 지식이 인간해방과 '지배로부터의 자유'에 밀접히 관련
된다는 것을 지적받는다.[24]

바스카는 이러한 밀접함을 나타내기 위하여 '설명적 비평'이라는 개념을
제시하고 있다. 즉 설명하는 것이 그대로 비평을 내포한다는 뜻이 되는데
마르크스의 임금형태를 그 적절한 예로 든다. 마르크스에 의하면 자본가와
노동자로 이루어지는 자본주의 생산에 있어서 노동자는 자기의 생존에 필요
한 만큼의 임금을 받는 반면, 자본가는 노동자의 노동을 이용하여 임금 이상
의 이윤을 남긴다. 따라서 양자의 관계는 하나의 교환으로 보이지만 사실은
자본가가 이윤을 챙기는 착취관계가 되며 이러한 착취와 지배관계는 자본주
의의 강제적인 권력으로 지탱된다는 것이다. 그리고 이러한 수탈의 지배관
계는 강압적이고 이데올로기적인 정당화를 통하여 거짓 믿음으로 일상화된
다. 사회관계의 구조(자본가와 노동자의 관계)가 행위자로 하여금 거짓 믿
음보다는 '참된 믿음'을 갖는 것이 좋다면 이러한 사회관계의 구조는 당연히
철폐되든가 변환되어야 한다는 결론이 도출된다. 마르크스(Marx)의 설명은
우리들로 하여금 그가 설명하는 현상의 원인들에 대해서 부정적인 가치판단
을 내리게 만든다. 즉 설명을 통한 비판적인 가치판단으로 사회변화의 해방
프로젝트를 정당화해 주는 것이 '설명적 비평'이다. 진실을 찾아내는 것이
바로 해방적인 것이 되는 셈이다.[25]

설명적 비평은 근래에 와서 관심을 모으는 '세계화' 현상에 적용될 수 있
다. 지구적 규모의 상호의존성이 증대되고 신자유주의 이데올로기가 만연하
게 되자 세계적 규모의 자유로운 시장이 총체적인 사회적 부(富)의 팽창을
가져오게 되어 이로 말미암아 가난한 사람들이 그전보다는 살기 좋아진다는
주장을 하는 사람들이 있다. 이른바 개발에 따른 '낙수효과'이다. 적어도 이

---

24) T. Benton and I. Craib, *op. cit.*, pp.135-136.
25) R. Bhaskar, *op. cit.*, pp.69-91; T. Benton and I. Craib, *op. cit.*, pp.136-138.
   이러한 설명적 비평에는 Andrew Collier도 동참하고 있다. Andrew Collier, *Critical*
   Realism(London: Verso, 1994), Chapter 6.

러한 사람들은 가난은 나쁜 것이라고 믿는다. 그러나 만약 정부의 적절한 재분배 정책이 뒤따르지 않아 자유로운 시장이 가난한 사람들을 더욱 가난하게 만든다는 사회과학적인 조사결과가 나온다면, 자유시장용호자들은 그들의 믿음을 위한 다른 근거를 찾든가 그렇지 않으면 믿음 자체를 버려야한다. 설명이 비평과 관련되는 사례이다.[26]

그러나 2000년대에 들어서면서 바스카는 '메타 실재(meta-reality)'라는 새로운 개념적 틀로써 비판적 실재론이 인류의 '해방(emancipation)'과 관련되는 문제들을 다루고 있어 이 분야의 연구에서 새로운 관심을 모은다. 그는 실재의 수준을 1) 반 실재(demi-real), 2) 상대적 실재(relative-reality), 3) 메타 실재(meta-reality)의 세 가지 내용으로 분류한다. 우선 '반 실재'의 세계는 전쟁, 증오, 두려움, 분열, 소외 등의 환상의 세계이며, '상대적 실재'란 이러한 반 실재들이 서로 관계를 맺으면서 변화와 발전을 이루어내는 (becoming) 세계가 된다. 그리고 이러한 두 개의 수준보다 심층적으로 존재하는 것이 바로 '메타 실재'이다. 이 메타 실재는 과학이 다루어야 할 궁극적인 세계가 되는데 바스카는 이것이 1) 기본 상태(ground states), 2) 우주 덮개(cosmic envelope), 3) 초월적 동일화(transcendental identification)라는 세 가지 형태로 이루어진다고 보고 있다.[27]

우선 '기본 상태들'은 우리들에게 있어서 본질적이고 궁극적인(essential and ultimate) 것이며 우리들의 가장 내부적인 특성들로서 에너지, 지능, 창조성, 사랑, 올바른 행동능력 등으로 이루어진다. 그리고 이러한 기본 상

---

26) T. Benton and I. Craib, *op. cit.*, pp.138-139.

27) R. Bhaskar의 '메타 실재'에 관한 부분은 2000년대 초의 그의 다음과 같은 저서들에서 다루어지고 있다. *From East to West: Odyssey of a Soul*(Routledge, 2000); *Meta Reality: The Philosophy of Meta Reality*(New Sage, 2002a); *Reflections on Meta-Reality*(Sage, 2002b); *From Science to Emancipation: Alienation and Enlightenment*(Sage, 2002c). 여기에서의 소개는 다음을 참조. Colin Wight, "Realism, Science and Emancipation," in Kathryn Dean, Jonathan Joseph, John Michael Roberts, Colin Wight, *Realism, Philosophy and Social Science*(New York: PalgraveMacmillan, 2006), pp.32-64; Jonathan Joseph, "Marxism, the Dialectic of Freedom and Emancipation," in K. Dean et al. (2006), *op. cit.*, pp.99-122.

태를 모두 묶는 것이 '우주 덮개'이며 우주를 하나로 만드는 절대적인 의식
(consciousness)의 세계가 된다. '초월적 동일화'는 우리가 기초 상태를 인
식함으로써 우주적 덮개를 거쳐 본질적인 존재로 들어서는 경우가 된다. 우
리는 텔레비전에 나오는 드라마에 몰입하게 되면 그 내용과 의식 면에서
초월적인 동일화의 능력을 갖게 된다. 또 하나의 예로는 음악가들이 공연을
할 때 그들은 서로가 상대방의 연주를 들을 필요 없이 연주하게 되는데 이
경우 각자는 자기의 연주에만 집중하면서 우주적 덮개를 통하여 서로의 기
초상태들에 관한 초월적인 동일화를 이루어 낸다는 것이다. 그리고 이러한
초월적 동일화를 통하여 우리들은 '자아실현(self-realization)'을 성취할 수
있다. 바로 인간의 해방은 이러한 자아실현으로 가능하다는 결론이 도출된
다. 그리고 우리들은 자아실현을 성취한 다음에 과학의 영역으로 들어서야
한다는 주장으로 이어진다.[28]

이러한 '메타 실재'의 전제하에 초월적 동일화를 통한 '자아실현'으로서 과
학의 길이 트이고 동시에 해방이 성취될 수 있다는 주장은 지나친 관념론으
로 치닫는다는 만만치 않은 논란을 가져오고 있다. 즉 지나친 '정신적 전환
(spiritual turns)'이라는 비판이 나온다. 마치 착한 불교신자처럼 우리들의
에고(ego)를 극복하고 우리들의 구체화된 인성(embodied personalities)을
버리면 모든 사람들과 함께 '기초 상태'의 경지에 도달할 수 있다는 허망한
정신주의(spiritualism)임을 지적받는다.[29] 특히 그와 이론적 괘를 같이 하
던 마르크스주의의 입장에서는 인간의 물리적 또는 생물학적 차원을 고려에
두지 않는 일방적인 정신적 또는 관념적인 그의 변증법적인 처방에 대해서
교정이 절실하다는 방향으로 나가고 있다. 물질과 정신의 통합적인 노력으
로 인간의 행복추구의 잠재적 능력의 실현이 강조되며, 이를 위해서는 인간
의 집단적 행동(collective action)이 절실하다는 마르크스의 입장이 재조명
된다.[30] 특히 현대자본주의하에서의 인간해방이라는 과제와 관련해서는 상

---

28) Colin Wight, *op. cit.*, pp.56-63.
29) Jonathn Joseph, *op. cit.*, p.118.

부구조의 상대적 자율성 주장으로 널리 알려진 알튀세(L. Althusser)의 '이
데올로기' 연구가 새롭게 조명되고 있으며, 현대 자본주의하에서 이데올로
기가 만들어내는 '인지적 불투명(cognitive opacity)'과 기만(delusion)을
시정하기 위해서는 인간 잠재력(human potentials)의 '교육(nuture)'과 관
련되는 문화적 조건들에 연구의 초점이 모아진다.[31]

III. 해석주의

　사회현상은 자연현상과는 달라서 인간의 생각이나 의도, 욕망, 느낌, 동
기, 목표 등의 '의식의 세계'로 이루어지기 때문에, 자연현상의 설명에서처럼
인과적 법칙이나 통칙에 의존할 것이 아니라 인간행위의 의미(meanings)를
이해할 수 있는 해석의 방법을 택해야 한다는 것이 바로 '해석주의(inter-
pretivism)'이다. 자연과학과 차별화되는 독특한 방법론이 바람직하다는 입
장에서 '반자연주의(antinaturalism)'로, 그리고 그 이론적 특성을 부각시키
고자 할 때는 '해석 이론(interpretative theory)'으로 불리기도 한다.
　자연과학의 방법론이 그대로 사회과학에도 적용될 수 있다는 '방법론적
일원론'을 배격하고 사회현상의 독특한 성격에 부합되는 해석의 방법이 바
람직하다는 논의가 전개되어감에 따라 다양한 대안들이 쏟아져 나오는 것은
극히 당연한 일이다. 과학의 방법론이 본격적으로 거론되기 시작한 19세기
말엽부터 관념론, 형상학, 민속방법론, 기호학, 해석학, 구성주의, 후기구조
주의, 포스트모더니즘 등의 다양한 표제의 방법론적 대안들이 학계의 논의

---

30) K. Dean et al., *op. cit.*, pp.18-25.

31) Kathryn Dean, "Agency and Dialectics: What Critical Realism Can Learn From
　　Althusser's Marxism," in K. Dean et al., *Realism, Philosophy and Social Science*,
　　pp.27-31.

를 활성화시켜 왔다고 볼 수 있다. 그러나 이러한 다양한 방법론적 주장에
도 불구하고 그 모두에 공통되는 것은 바로 '해석'이라는 중심개념이다. 실
증주의에서처럼 사건이나 현상의 설명과 특히 예측력(predictive power)의
증대에 초점을 둘 것이 아니라 인간의 사회적 행동의 의미를 밝힘으로써
보다 명료한 이해를 가져올 수 있는 '가해성(可解性, intelligibility)'의 측면
에 무게를 두어야 한다는 점이 강조된다.[32]

   과학의 철학적 논의에서는 설명과 예측력으로서 자연을 제어하고 인류의
삶을 향상시킬 수 있다는 실증주의(자연주의)의 주창에 비하여 사회과학의
실제는 그러한 수준에 못 미친다는 논쟁과 아쉬움이 불가피해진다. 그러나
자연과학 우선의 논리는 사회과학의 연구대상의 특수성에 비추어 그대로 받
아들여지지 않으며 사회과학의 특수성에 입각한 해석을 앞세우는 연구방법
론이 필요하다는 주장이 강한 설득력을 얻게 된다. 뿐만 아니라 해석을 앞
세우는 사회과학의 입장(반자연주의)에서도 해석이 지니는 '가해'의 측면에
대한 새로운 인식이 확대되면서 인간 잠재력의 구성과 생성의 측면을 중시
하는 새로운 방향전환이 최근의 추세를 이루고 있다는 사실이 매우 중요하
다. 최근의 해석학이나 구성주의의 연구에서는 인간의 사회적 행동에 나타
나는 의미구성의 규칙, 규범, 그리고 제도 등이 가져올 수 있는 잠재력과
창조성이 새롭게 규명되는 연구추세가 늘고 있음을 참고할 수 있다.

1. 해석이란?

   해석이란 인간의 사회적 행동, 사건, 현상 등의 '의미'를 만들어내는 일이
다. 이 '의미 만들기(meaning-making)'는 다음과 같이 이루어진다. 우선 인
간의 사회적 행동의 경우, 우리들은 거리에서 어떤 사람이 손을 흔들면 그것

---

32) Alexander Rosenberg, *Philosophy of Social Science*, Fourth Edition(Boulder,
    CO: Westview Press, 2012), pp.31-32.

을 인사를 하거나 또는 지나가는 택시를 부르는 '신호'로 그 의미를 만들어
낸다. 어떤 의사결정 모임에서 손을 들면 투표의 의미로서, 그리고 어떤 정
치적 집회에서 주먹을 불끈 쥐고 소리쳐 흔들면 항의와 투쟁의 의미를 부여
한다. 그런데 이러한 신호로써 어떤 의미들이 만들어지는 과정은 '규칙
(rules)'에 따라서 정해진다는 점이 강조된다. 예를 들면, 누가 '이 제의에
동의하느냐?'라고 묻는다면, 만약 고개를 끄떡이면 '동의하는 것'으로, 고개
를 좌우로 흔들면 '반대하는 것으로' 규칙에 따라 그 의미가 결정된다는 점
이 매우 중요하다. 우선 해석의 일차적 과제는 사회생활에서 나타나는 규칙
에 따르는 이러한 의미 만들기의 이해로부터 시작될 수 있다.33)

그러면 이러한 '의미 만들기'의 규칙은 어떻게 만들어지는가? 그리고 이러
한 생활상의 규칙들이 어떻게 집성되어 사회를 구성하는 다양한 제도(insti-
tutions)로 자리 잡아 가는가의 과정을 밝히는 것이 해석의 중요한 과제가
된다. 우선 규칙이 만들어지는 과정은 설(John Searle)의 '음성행위(Speech
acts)'의 논리로서 그 과정을 다루어 볼 수 있다. 예를 들면, '결혼'이라는
제도는 당사자들이 '결혼이 필요하다'는 집단적 의도(collective intentionality)
에서 출발하게 되는데 그 의식에서 취해지는 당사자들이 만들어내는 음성의
소음에서 나오는 언어적 의미들이 규칙을 만들어 낸다. 당사자들의 '약속'에
따라 서로에게 '구속력 있는 계약(binding contract)'이 만들어지고 지켜야
할 규칙과 규범이 확정된다. '이제 나는 당신들을 남편과 아내로서 선언한
다'는 주례의 언명은 각자에게 서로가 지켜야 할 의무를 부하하는 '신분적
기능(status function)'의 확정으로 볼 수도 있다. 결혼의식에서의 '나는 서
약한다,' 법정에서 '우리들 배심원들은 피고의 무죄로 의견을 모았다,' 또는
스포츠 경기에서 '아웃(You're out!)' 등의 음성행위는 권리와 의무에 관련
된 '의무적 의미(deontic meanings)'를 수반하는 것으로 받아들일 수 있다.
즉 음성행위로 인간의 집단적 의도가 규칙과 규범을 만들어 내고 그것이
'제도'로 정착되는 과정이 된다.34)

---

33) *Ibid.*, pp.118-120.

존 설(Searle)은 특히 규칙과 제도의 형성에 있어서 집단적으로 배당되는 '신분적 기능'을 중요시한다. 규칙과 제도가 정하는 경계 안에서 사람들은 각자에게 배당되는 기능을 수행해야 한다는 점이다. 예를 들면, 재산(property)제도의 경우, 사람들은 어느 시(市), 어느 도(道), 어느 구(區), 어느 나라(國家)의 시민으로서의 신분에서 오는 권리와 의무를 가지게 된다. 따라서 이러한 여러 구성체의 신분에서 오는 기능의 수행, 즉 세금을 각 구성체마다에 내야 하고 또한 상응하는 서비스를 누릴 권리를 가지게 된다. 신분적 기능에서 요구되는 '의무적 권능(deontic powers: 권리, 의무, 책임, 권한부여, 허가, 자격, 요건, 증명 등)'을 갖게 된다. 재산제도하에서는 재산의 소유자로서의 권리와 의무를 획득하게 된다는 것이다. 그리고 이러한 신분적 기능은 인간사회를 묶는 접착제(glue)로서 돈이나 재산, 정부, 결혼과 같은 제도들뿐만 아니라 축구게임, 국가적 선거, 칵테일파티, 대학, 회사, 우정, 보유권, 여름휴가, 법적 행위, 신문, 산업파업 등의 다양한 사회적 현상에 적용된다. 다양하기 짝이 없는 이러한 사회적 현상들에 공통되는 점은 구성적 법칙(constitutive rules)에 따라서 부하되는 의무론(deontologies)을 내용으로 하는 신분적 기능의 배당이라고 볼 수 있다.35)

이상의 논의에서 나타나는 것은 인간은 집단적 의도에 근거하는 신분적 기능을 통하여 '의무적 권능'을 만들어내게 되며, 이것이 다양한 규칙과 제도로 구성된다는 점이다. 또한 이 과정은 어디까지나 제도가 인간의 의도와 필요에 따라 만들어지는 이른바 '구성적 규칙'이라는 주장으로 이어진다. 여기서 사회적 제도들이 '구성되었다'는 뜻은 제도가 인간의 행동, 믿음, 욕망과 같은 '행동의 이유(reasons for acting)'로부터 독립적으로 존재할 수는 없다는 의미가 된다. 즉 제도가 인간을 구속하고 제어하는 측면만 인식될 것이 아니라 인간에 의해 규칙이 바뀔 수도 있고 새롭게 만들어질 수도 있

---

34) *Ibid.*, pp.132-133.

35) John R. Searle, "What is an institution?" in D. Steel and F. Guala(eds.), *The Philosophy of Social Science*(2011), pp.354-357.

다는 '구성적 접근(constructivist approach)'에 힘이 실리게 된다. 제도로서 맺어지는 개인들은 그들의 행동을 규제하는 규칙을 위반할 수도 있고 또한 새로운 규칙을 구성할 수도 있다는 점이 강조된다.36)

2. 해석주의의 주요 형태

인간생활에 있어서 의미를 만들어 내는 문화의 구조와 작용력, 의미구성에 있어서의 개인적 및 집단적 수준의 문제, 행위자와 해석자의 상호작용, 문화와 물질적 측면의 상호관계 등은 해석주의가 다루어야 할 중요한 이론적 의제가 된다. 이러한 의제와 관련하여 지금까지 전개되어 온 논의들을 1) 문화의 '두꺼운 기술,' 2) 해석학, 3) 포스트모더니즘(후기구조주의) 등의 세 가지 주요 형태의 흐름으로 정리해 볼 수 있다.

1) 문화의 '두꺼운 기술'
문화인류학이나 민속방법론의 분야에서는 사람들이 그들의 일상적 세계에 대한 의미부여를 연구하게 되는데 특히 다른 나라의 믿음, 규범, 의식, 실천 등을 다루는 하나의 전통을 이어오고 있다. 해석주의는 이러한 이국적 문화권의 연구들을 해석의 이론적 구성의 지표로 삼고 적절한 연구방법론을 개발하게 된다. 1970년대에 등장한 기어츠(Clifford Geertz)의 이른바 '두꺼운 기술(thick description)'도 이러한 연구방법론의 전통에 합류한다.
우선 기어츠에 의하면 문화란 상징적 형태로 표현된 전승된 개념화(inherited conception)의 체계로서, 이것은 사람들로 하여금 서로 의사소통을 하고, 삶에 대한 태도에 관한 지식을 보존하고 발전시켜 나가는 수단이 된다. 또한 문화란 기호학적 개념(semiotic concept)으로서 사람들로 하여금 자기들이 쳐 놓은 이 의미의 거미줄(webs of significance) 속에 매어

---

36) A. Rosenberg, *op. cit.*, pp.133-135.

있도록 만드는데, 이 상징적 거미줄의 구성요소들이 서로 관계를 맺게 되는
저변구조들을 밝혀내는 일이 해석의 주요과제가 된다고 보고 있다. 그리고
문화는 어디까지나 사람들이 서로 의미를 나눈다는 점에서 공적인(public)
성격을 지니며 어떤 특정한 국민들의 집단적 재산임이 강조된다.37)

　이러한 문화의 특성은 어디까지나 개인들의 머릿속에 자리 잡고 있는 것
이 아니라 집단적 소유의 성격을 띠기 때문에 그 구체적인 특성은 민족(종
족)마다의 의식, 운동, 물질적 대상물(건물, 기념물 등)과 같은 공적 실행
(public performances) 속에 구체화된다고 보고 있다. 따라서 이러한 공적
실행의 사건이나 의식을 통하여 그 사회의 문화적 특성을 알아내고자 하는
것이 바로 '두꺼운 기술' 방법이 된다.

　기어츠는 이 방법을 발리(Bali)의 닭싸움 놀이에 적용해 보고 있다. 발리
사람들은 닭싸움에 상당한 관심과 투기의 시간을 보내고 있는데 이것이 자
신들의 혈연, 부락, 그리고 신분적 관계 등의 사회적 관계를 상징화하는 것
으로 파악된다. 닭싸움에 나타나는 농담이나 언어들을 그 사회의 사회적 의
미들과 연계시켜 분석한 결과로 특히 닭싸움은 주민들의 동물적인 행동에
대한 혐오감에서 비롯된다는 점을 밝혀내고 있다. 동물들은 어둠의 힘
(Powers of Darkness)으로 표출되며 닭싸움의 매력은 선과 악의 투쟁의
대용물로 사람들을 매혹시킨다는 것이다. 닭싸움에서 사람과 짐승, 선과 악,
에고(ego)와 이드(id), 남성의 창조적인 힘과 해이된 동물에서 오는 파괴적
인 힘이 서로 융합되어 증오, 잔혹, 폭력 그리고 죽음의 피비린내 나는 드라
마로 나타날 수도 있다. 그리고 닭싸움에서 발리인들은 그들의 기질과 그들
사회의 기질을 동시에 형성하고 또한 발견하는 것으로 보고 있다.38)

　'두꺼운 기술'은 인간생활의 피상적인 관찰을 추상화하여 법칙을 만들거
나 또는 실험적 조작으로 어떤 예언적 결과를 만들어 내는 실증주의의 '얇은

---

37) Clifford Geertz, *The Interpretation of Cultures*(New York: Basic Books, Inc.,
　　1973), p.5, 15, 89.
38) *Ibid.*, p.449, 451, 452.

(thin)' 기술과는 판이하게 다르다. 경험적 현실의 저변에 깔린 '감추어진 의미'를 상징적 행위의 묶음으로 파악하여 그 특성을 밝히고자 하는 것이며, 어떤 의미에서는 심층심리학이나 의학에서 논의되는 '임상적 추리(clinical inference)'에 비유될 수 있음이 강조된다.[39]

2) 해석학

해석학(Hermeneutics)은 '의미의 해석'에 관한 이론 또는 학문이라고 정의될 수 있다. 당초 해석학은 중세의 종교적 세계관이 와해되어 성서의 의미를 둘러싼 주석상의 논쟁이 야기되자 서로 신학과 법률학에 있어서의 원전해석의 예술로 발달하여 왔다고 한다. 그러다가 18세기 말과 19세기 초에 역사적 의식이 더욱 계발되어 종교와 법률뿐만 아니라 모든 역사적 현상의 의미와 의의를 폭넓게 다루면서 해석의 객관성과 방법론상의 원칙과 절차에 역점을 두는 '고전적 해석학(F. D. E. Schleiermacher, W. Dilthy 등)'을 탄생시켰다. 그러나 그 후 20세기 초에 들어 해석학은 과학은 물론 과학 이외의 모든 '이해(understanding)'의 양식의 기저에 깔려 있는 근본적 조건들을 조명해 보려는 '철학적 해석학(philosophical hermeneutics)'을 탄생시켰는데 주로 하이데거(Martin Heidegger)가 주축이 되면서 가다메르(Hans-Georg Gadamer), 리코어(Paul Ricoeur), 테일러(Charles Taylor) 등이 이러한 흐름을 대표한다.

(1) 가다메르(Hans-Georg Gadamer): 해석의 '지평융합'

우선 철학적 해석학은 '인간세계'와 '물리적 세계'의 구별을 전제한다. 물리적 세계를 대상으로 하는 자연과학은 중립적인 사실에 입각하여 그 법칙성을 객관적으로 발견해 낼 수 있는 방법과 절차가 있을 수 있으나, 인간세계를 다루는 데 있어서는 이러한 자연과학의 방법과 절차가 그대로 적용되기는 힘들다고 본다.[40] 오히려 인문과학(human sciences)은 인간이 부여

---

39) *Ibid.*, p.26.

하는 의미의 세계를 대상으로 하며, 또한 그 의미의 이해와 해석은 언어와 역사를 매개로 하는 인간의 선입견이나 전통에 크게 좌우된다는 것을 강조한다. 즉 자연과학이 보편성과 법칙성을 추구하는 '설명'의 형태를 띠는 것이라면, 인문과학은 역사성과 이해에 초점을 두는 '해석'의 형태를 취하는 것으로 대조될 수 있을 것 같다.

가다메르는 인간의 행위를 중심으로 이루어지는 모든 해석에 있어서는 사람들이 가지는 선입견(先入見, prejudice)과 전통이 작용하는 심대한 영향력에 각별한 무게를 둔다. 우선 의미의 해석에 있어서는 해석자의 선입견이 투사되기 마련이어서 텍스트의 경우 우리들은 어떤 책의 제목이나 저자만 알아도 그것이 탐정소설이라고 일단 의미를 부여한다. 그리고 이 선입견의 투사는 또한 해석자의 상황에 의해 좌우된다. 이미 대상물의 의미를 의식적으로 파악하기 이전에 그 텍스트나 대상물을 어떤 일정한 맥락 속에 놓고, 어떤 특정한 관점에서 접근하며, 또한 어떤 특정한 방법으로 상상한다는 것이다. 하이데거의 이른바 '선구조(fore-structure)'가 이에 해당되며, 어떠한 이해라 할지라도 '데카르트적 의미(Cartesian sense)'에 있어서의 객관성은 기할 수 없고, 의미의 투사는 언제나 자기 자신의 '상황'으로부터 나온다고 본다.

그러나 이해에 있어서는 '전통'이 가지는 의미가 매우 중요하다. 텍스트의 이해에 있어서는 해석자가 속해 있는 심미적, 과학적, 그리고 윤리적-정치적 전통에 비추어 이해하고 사정하게 된다는 것이다. 특히 과거로부터 해석되어온 형식에 따르고 역사적-해석적 전통의 발전에 뿌리를 둔다. 따라서 어떤 텍스트나 예술작품의 해석은 특정 개인의 관점이 아니라 역사와 전통이라는 우리들의 유산의 표출이라고 주장되며, 아무리 해석자가 그러한 전통에서 벗어나려고 해도 그것은 계속해서 어떤 규범적인 힘을 행사하게 된다고 보게 된다.[41] 가다메르는 궁극적으로 이해란 대화의 구조로 비유될

---

40) Hans-Georg Gadamer, *Truth and Method*(New York: The Seabury Press, 1975), p.252.

수 있다고 보고 텍스트와 해석자 사이에 주제에 관한 합의에 따라 이해가
이루어짐을 강조하고 있다. 그리고 해석자의 지평과 텍스트 저자 사이의 대
화의 결과로 나타나는 합의 또는 의견의 일치를 '지평융합(地平融合, fusion
of horizons)'으로 부르고 있다.42) 이러한 해석자와 텍스트 저자 사이에 이
루어지는 해석적 융화의 결과는 무엇을 함의할 수 있을까? 가다메르는 이
문제와 관련하여 지식의 적용(application) 측면을 강조하고 있는데 이것은
이해의 과정이 결과적으로는 '이론의 실용주의적 틀(theoretcial pragmatic
framework)' 속에서 논의되어야 한다는 점이 강조된다고 볼 수 있다. 특히
해석이론의 궁극적 바탕이 인간실천의 실용적 측면, 즉 아리스토텔레스
(Aristotle)의 '포로네시스(phronesis: 실천의 지식·현명한 생각)'에 있음이
분명해진다. 인문과학에 있어서의 서로 상충되는 이해의 가능성은 어떤 인
지적 잣대나 법칙적 논리로 해결될 것이 아니라, 무엇이 중요하고, 필요하
며, 그럴듯한가의 역사적으로 알려진 도덕적 판단의 문제임이 강조되며, 또
한 구체적인 역사적 공동체(historic community)를 위해 '지금 무엇이 최선
인가(what is best now)'의 실제적 필요(practical needs)에 따라 결정되는
문제로 보는 것이다.43)

(2) 테일러(Charles Taylor): 실천으로서의 사회이론
철학적 해석학의 흐름에서 볼 때 테일러는 문화의 연구에서 논의되는 '두
꺼운 기술'의 경우, 어떤 문화권에서 나타나는 현실을 그대로 받아들이는
이른바 '현실영합적인' 분석의 약점을 지적하고 나선다. 즉 문화자체의 개인
들에 대한 일방적 영향력 인정은 '실제로 무엇이 일어나고 있는가'에 대한

41) Georgia Warnke, *Gadamer: Hermeneutics, Tradition, and Reason*(Oxford: Polity
    Press, 1987), pp.75-79, p.167.
42) H. Gadamer, *Truth and Method*, p.350; 이 부분은 오명호, 『현대정치학방법론(現
    代政治學方法論)』(박영사, 1995), pp.542-554 참조.
43) Brice R. Wachterhauser, "History and Language in Understanding," in Brice R.
    Wachterhauser(ed.), *Hermeneutics and Modern Philosophy*(Albany, NY: State
    Univ. of New York Press, 1986), pp.37-41.

적절한 분석에는 미흡하다는 점을 부각시킨다. 따라서 해석의 논리가 좀 더 평가적이고 비판적이며 실천적으로 공동선의 추구에 연결되는 새로운 방향 전환을 제안하게 된다.

우선 그는 인간이 자연과학의 연구대상과는 차별화되는 '자기이해(self-understandng)'와 '자기해석(self-interpretation)'의 주체임을 분명히 한다.[44] 예를 들면, 다수결 투표에 임할 때 사람들은 어떤 것이 타당하고 어떤 것이 부당한 투표인가를 결정하는 기준에 따르게 되어 있는데 '이것은 정당한 투표이다', '저것은 좀 이상하다', '저것은 부정이다'라는 해석을 내리는 능력을 가진다. 그리고 이러한 자기이해와 자기해석 없이는 인간의 실천과 제도들은 지탱되기 힘들게 된다. 마찬가지로 이러한 자기해석의 과정이 엉켜서 서로간의 부조화(不調和)가 사회 전체의 수준으로 확대도 가능하며, 해석의 과정은 이러한 문제를 분명히 밝혀냄으로써 평가와 비판의 길을 열수 있게 된다. 여기서 정치학을 포함하는 '사회이론(social theory)'이 당면하는 이론적 과제는 분명해진다. 우리가 이론을 만드는 가장 강력한 동기로서는 우리들의 함축적인 자기이해나 자기해석이 어떤 때는 결정적으로 부적절하거나 경우에 따라서는 오류일 수도 있다는 점이다. 즉 이론은 우리들의 구성적 자기이해를 명료하게만 하는 것이 아니라 그것을 확대하고 또는 비판하거나 심지어 그것에 도전하게 만들 수도 있다는 점이 역설된다. 이론은 우리들에게 무엇이 실제로 진행되고 있으며 지금까지 밝혀지지 않은 진실된 (real) 사건의 진전을 일깨워 줄 수 있다는 것이다.[45]

첫째로, 이론은 해석적 논리나 그 실천적 결과에 나타나는 부조화의 문제를 평가하고 비판할 수 있는 안목을 제공해 줄 수 있다. 예를 들면, 마르크

---

44) Charles Taylor, "Self-interpreting animals," in C. Taylor, *Human Agency and Language: Philosophical Papers 1*(Cambridge: Cambridge Univ. Press, 1985), p.72.

45) Charles Taylor, "Social Theory as Practice," in *Philosophy and the Human Sciences: Philosophical Papers 2*(Cambridge: Cambridge Univ. Press, 1985), pp.93-94.

스의 이론에서는 프롤레타리아트의 경우 자본의 독립적인 소유자와 계약을
맺고 그의 노동력을 임금과 교환하는 계약관계에 들어선다. 그러나 노동자
는 그의 계약이 기업가를 자본의 소유자로, 그리고 그의 신분은 생존을 위해
노동을 파는 방법밖에 없는 행위자가 되어버린 사실은 이해하지 못한다. 즉
독립적인 행위자 간의 행위로 보이지만 각자에게 상대적인 지위와 신분을
안기고 있다는 사실을 노동자는 인식하지 못한다. 따라서 이 경우 독립적인
행위자 간의 계약체결과 그 이행은 비록 어떤 면에서는 자본주의사회의 특
질상 잘못된 것은 아니지만, 좀 더 넓은 맥락에서 볼 때에는 양자 간의 관계
는 거꾸로 정립되어야 하게 되어 있다. 양자 간의 독립적인 행위로 보이지
만 그것은 강요되는 것임이 밝혀질 수 있으며, 노동자는 최선의 선택일지는
몰라도 그것은 하나의 '멍에'로서 그에게 강요된 것임을 알 수 있기 때문이
다. 마르크스의 경우 이론은 인간의 그릇된 자기이해를 전복시켜 주는 역할
을 할 수 있음을 적절히 보여 준다.

이와 같은 이론의 비판적인 기능은 플라톤(Plato)의 공화국(Republic) 연
구에서도 드러나게 되어 있다. 공화국 내의 정치는 보기에는 평등한 당사자
들이 서로가 자기위치와 명예를 얻으려는 경쟁으로 받아들일 수 있는 것이
지만 실제로는 도덕적 질서의 치명적인 포기가 되어서 극심한 혼돈을 만들
어낸다. 그리고 그 파국은 전제정치(tyranny)로 막을 내리게 된다. 이때 민
주주의와 전제정치의 내면적 연결은 그 경쟁에의 참여자에게는 숨겨져 있는
데, 그것은 각 당사자의 경우 사태의 진전을 좌우하는 진정한 질서에 비추어
그의 행동을 이해할 수 없기 때문이다. 참가자 개인들은 자기이해에 있어서
의 한계에 직면하여 서로가 뒤엉키는 혼돈의 과정을 피할 수 없게 되어 있
다. 그릇되었거나 부족한 자기이해가 만들어내는 도덕적 질서의 붕괴과정으
로 볼 수 있으며, 이론은 이러한 일련의 과정을 비판적으로 구성적 진단을
내려 줄 수가 있다.[46]

둘째로, 이론은 인간의 실천을 바꾸어 놓을 수 있다. 정치학만 하더라도

---

46) *Ibid.*, pp.94-95.

정책결정에 있어서의 개인의 이익과 참여를 우선시하는 '원자 모형(atomist model)'이 있는가 하면, 대조적으로 모든 구성원들의 공유선(shared goods)을 앞세우는 '공화정 모형(republican model)'이 있을 수 있다. 전자는 루소(Rousseau)의 사회계약에 나오는 '특수의지'이고 후자는 '일반의지'에 해당되는 이론적 구성이 된다. 그러나 이러한 두 가지 이론 중 어느 것을 택하느냐는 구체적인 실천면에서 다른 결과를 만들어 낸다는 점이 중요하게 된다. 자연과학에서는 어떤 이론의 선택이 자연현상의 대상물에 대한 변화를 가져오는 것이 아니지만 사회과학의 경우 이론의 선택은 곧바로 실천에 변화를 가져오게 되어 있다. 정치이론의 경우 이론이 작용하는 범위 내에서의 실천에 개입하고, 강화하거나, 또는 변환시키는 작용을 하게 되어 있다.

그러면 여기서 가장 문제가 되는 것은 이론의 평가, 좋고 나쁘고를 어떻게 정당화(validation)할 것인가가 최대의 관심을 모으게 된다. 자연과학처럼 이론과 경험적 근거의 대응(correspondence)의 논리나 기타의 기준(일관성, 단순성 등)이 적용된다는 주장도 힘들게 되어 있다.[47] 이에 대한 테일러의 입장은 분명하다. 즉 이론적 정당성은 이론이 만들어내는 실천의 변화의 질(quality)에 달려 있으며, 실천으로 하여금 보다 덜 주저하게 만들고(less stumbling) 보다 통찰력 있게(more clairvoyant) 만들 때 정당성이 인정된다는 것이다. 마치 경쟁적인 지도(map)의 평가에 있어서 그 구체적인 증명에 있어서는 우리들이 그것을 사용하여 잘 돌아다니게 만들면 그것이 결정적인 판단의 기준이 되듯이, 우리가 무엇을 하고 있음을 잘 이해하게 만들고, 주저함이 없이, 보다 덜 위험하고, 덜 모순되고, 그리고 우리가 원하지 않는 것을 덜 만들어 낼 때 이론의 정당성이 이루어진다고 본다.[48]

3) 문화적 상부구조론: 푸코(M. Foucault)와 부르디외(P. Bourdieu)

최근의 사회과학에서는 문화와 지식 같은 사회의 상부구조가 인간의 밑

---

47) *Ibid.*, pp.98-104.
48) *Ibid.*, pp.111-112.

음, 욕망, 그리고 인간의 행위에 미치는 막중한 영향력을 다루는 하나의 커다란 흐름을 형성하고 있다. '후기구조주의(post-structuralism)'를 대표하는 푸코는 에피스템, 담론과 같은 의미 만들기의 구조를 통하여 인간의 행위가 좌우되는 과정을 폭넓게 다루면서 이러한 문화적 상부구조가 다양한 권력형태를 만들어내는 독특한 연구분야를 형성해 놓고 있다. 그리고 20세기 후반에 들어서 '구조'와 '행위'의 통합에 초점을 두는 '구조화이론(structuration theory)'을 대표하는 부르디외는 행위의 측면에 결정적으로 작용하는 문화적 자본의 역할에 각별한 비중을 두는 연구에 앞장서고 있다. 여기에서는 이러한 새로운 연구추세를 '문화적 상부구조론(cultural superstructure)'으로 요약하여 다루어 보기로 한다.[49]

(1) 담론: M. 푸코

담론(discourse)이란 의미를 만들어 내는 '틀'이다. 그것은 글이나 말로서 표현되는 모든 것을 뜻하며, 담론의 기본단위를 이루는 진술은 전달될 수 있고, 보존될 수 있으며, 가치를 이루는 진지한 언어행위(speech acts)이다. 그리고 이러한 언어행위는 다른 언어행위와 관련을 맺으면서 '규칙(rules)'에 지배되는 자율적 법칙성을 갖는 담론 구성체를 만든다. 예를 들면, 대학에 관한 담론의 경우 그것은 경제, 정치, 일족(familial) 특유의, 제도적·건축적·교육학적(교수법) 실천 등의 다양한 관계들로 이루어지나 그것을 대학으로 묶는 '대학이라는 아이디어(the idea of university)'가 지배적인 '규칙'으로서 대학의 모든 구성원들(행정가, 교수, 학생)에 의해 진지하게 받아들여져야 한다는 점이 강조된다. 즉 대학의 제도적 관계와 사고(thinking)의 형태를 둘러싸고 그 구성원들이 무엇을 서술하고, 토론하고, 요구하고, 발표할 수 있는가에 대한 '규칙'의 확립이 담론적 구성의 핵심을 이룬다.[50]

49) A. Rosenberg, *Philosophy of Social Science*(2012), pp.153-157.

50) Hubert L. Dreyfus and Paul Rabinow, *Michel Foucault: Beyond Structuralism and Hermeneutics*, Second Ed.(Chicago: The Univ. of Chicago Press, 1983), pp.58-66.

푸코는 담론이 역사적으로 인간의 행위를 좌우하는 여러 가지 사례들을 제시하고 있는데 18세기 후반부터 서구 문명에서 '성의 과학'이 어떻게 발달하였는가를 다룬 그의 연구를 간략히 정리해 볼 수 있다. 그는 우선 권력이 자연적 본능인 성을 억압으로 다스린다는 이른바 '억압 가설'에 문제를 제기한다. 즉 빅토리아(Victoria) 시대의 성적 억압이 점진적으로 새로운 시대의 '성의 해방'으로 대치되었다는 풀이를 받아들이지 않는다. 오히려 성의 해방이라는 분위기를 타고 쏟아져 나온 '담론적 폭발'이 해방보다는 새로운 규제의 수단을 만들어 내어 성의 주제에 대한 논의를 증폭시키면서 동시에 성에 대한 통제를 강화하였다고 본다. 종교적 또는 의학적 고해성사를 통해서 담론은 증가되었고 성은 더욱 객관화되고, 계량화되고, 코드화되면서 그 과정을 통해서 성에 대한 새로운 규제와 통제의 길을 열었다. 성에 대한 폭로, 분류, 그리고 전의의 과정은 성적 행위자의 욕망자체를 재구성하고 방향조정을 하는 결과를 가져왔다.[51]

결국 성에 관한 담론은 사람들로 하여금 어떤 성적 '정상상태'를 지향하게 만드는 새로운 권력의 메커니즘을 탄생시켰으며, 성적 담론의 증대는 복종으로부터의 자유가 아니라 새로운 형태의 복종이 된 셈이다. 그리고 의학, 정신의학, 교육학, 정신분석 등으로 이루어지는 새로운 성의 기술이 근대적인 제도적 권력으로 자리 잡게 된다.[52] 이상 성의 역사에 대한 푸코의 연구는 담론적 실천으로서의 지식이 새로운 권력의 형태로 인간의 주체성을 구성하게 된다는 매우 적절한 사례가 될 수 있다.

그런데 푸코에 의하면 담론으로서의 지식은 권력을 만들어 내지만 권력은 또한 지식을 만들어 낸다. 즉 지식은 권력이 되고(knowledge to be

---

51) C. G. Prado, *Starting with Foucault: An Introduction to Genealogy*(Boulder: Westview Press, 1995), pp.94-95.

52) Michel Foucault, *The History of Sexuality, 1: An Introduction*, repr.(London: Allen Lane, 1976), p.116; Samantha Ashenden, "Structuralism and Post-structuralism," in Austin Harrington(ed.), *Modern Social Theory*(Oxford: Oxford Univ. Press, 2005), p.211.

power), 권력은 또한 지식이 된다(power to be knowledge)는 서로 '상호 침투적인(interpenetrating)' 관계가 성립된다. 예를 들면, 담론이 사람들을 '정신병 환자' 또는 '범죄자'로 정의하고 연구하게 되면 권력이 이러한 사람들에게 행사된다. 담론은 이러한 기준에 따라 사람들을 정상적(normal) 또는 일탈적(deviant)인 사례로 다루면서 의미를 정해 버리는 권력이 형성되게끔 되어 있다. 그러나 권력은 언제나 억압적인 것은 아니며 때로는 저항(resistance)을 가져옴으로써 오히려 '창조적인(creative)' 측면이 나타날 수 있다. 예를 들면 19세기의 '이상 성행위자(sodomite)' 관련 담론에서는 동성연애자(homosexual)의 경우, 당초에는 비정상적인 범주에 속한 부정적인 시각에서 다루어졌으나, 시대적 환경이 바뀌어 이들도 서로 세를 확장하여 대항적으로 그들의 발언권과 단합을 확대함으로써 종래의 담론에 도전하는 새로운 권력을 만들어 내어 이제는 동성애자가 수치가 아니라 자랑이 되는 경지에 이른다. 즉 권력이 지식을 바꾸어 나가는 사례가 될 수 있다.[53]

권력-지식의 상호 침투적 관계는 역사적으로 다양한 권력의 형태를 만들어 낸다. 우선 형벌제도와 관련해서는 18세기 말까지만 하더라도 육체적 고통(고문, 공개적 처형)을 띠는 권력 형태였으나 그 후의 여러 개혁을 통해서는 감옥에서의 부단한 응시와 감시를 통한 심성의 변화를 가져오는 '규율권력(disciplinary power)'을 탄생시켰고, 이러한 범주의 통제 메커니즘은 감옥뿐만 아니라 병원, 병영, 하교, 행정기구 등의 다양한 사회 제도적 영역으로 확대된다.

그러나 권력은 20세기 후반에 들어서면서는 이제는 인간의 신체에 파고드는 '생명권력(biopower)'으로 바뀐다. 생명권력이란 인간의 '신체'에 대한 권력으로서 다양한 기술을 통하여 주민(population)들을 통제하여 힘과 생산성을 증대시킬 수 있다.[54] 종래의 권력이 개인의 몸가짐에 초점을 두었다

---

53) David Inglis with Christopher Thorpe, *An Invitation to Social Theory*(Cambridge, UK: Polity, 2012), pp.181-186.

54) H. Dryfus and P. Rabinow, *op. cit.*, pp.xxii, pp.133-135.

면 이 새로운 권력은 대중화(massifying)되어 전체 인구, 즉 종(species)을 대상으로 하며, '건강한 총노동력(healthy workforce)'을 만들어내는 특색을 지닌다. 그리고 이러한 생명권력의 형성을 주도하는 '생명정치(biopolitics)' 는 직접적인 주민 통제보다는 행정에 초점을 두는 '외부적인 고안(external devices)'으로서 돈, 정책적 결정, 군사적 기술, 교육, 의료행정, 사회복지, 형벌 및 법률적 입법, 생산 및 산업적 산출, 산업입법 등이 열거된다. 또한 이러한 국가관련 조치들은 어디까지나 주민들이 그들 스스로를 통치하는 형식이 될 것이 강조된다.[55]

(2) 문화적-상징적 자본: P. 부르디외

부르디외의 구조화이론에 있어서는 구조는 '지위'로, 그리고 행위는 '지위 취득(실천)'으로 표현되며 양자를 연결하는 것이 '하비투스(habitus)'이다. 하비투스는 지위와 실천이 상호작용하는 터로서 사람들이 사회적 현실에 대처하는 정신적·인지적 구조이며, 주로 개인들이 사회화로 습득하게 된 '성향(dispositions)'으로 이루어진다.[56] 사람들은 다양한 사회적 경역(境域)(법률, 정치, 경제, 예술, 종교 등)에 걸쳐 자기의 지위유지 및 향상을 위한 투쟁적 게임에 임하게 되는데 이 과정에서 결정적인 몫을 하게 되는 것이 바로 '자본(capital)'이다. 그리고 이 자본은 ① 경제적 자본(돈, 물건), ② 사회적 자본(집단 또는 네트워크의 연결 및 유대), ③ 문화적 자본(비공식 대인관계의 기술, 습관, 예의, 언어적 스타일, 교육경력, 기호, 생활스타일), ④ 상징적 자본(다른 세 가지 형태의 자본들의 여러 수준과 배합의 소유를

55) Michel Foucault, *The History of Sexuality, Vol. 1: The Will to Knowledge* (London: Penguine, 1998), p.140; Michel Foucault, *Security Territory, Population*, Lectures at the College de France 1977-1978(2007), p.1; Michel Foucault, *Society Must be Defended*, Lectures at the de France 1975-1976 (2003), pp.239-264.

56) Pierre Bourdieu, *The Logic of Practice*(Stanford, CA: Stanford Univ. Press, 1990), p.53; P. Bourdieu, "Social Space an Symbolic Power," *Sociological Theory 7*(1989), p.18.

정당화하기 위한 상징들의 사용)의 네 가지 형태로 이루어진다.

그런데 부르디외는 경제나 사회적 자본에 비해 '문화적 자본'에 각별한 비중을 둔다. 주로 개인들의 능력(competences), 기능(skills), 자격(qualifications) 등으로 구체화되는 이 자본은 경제적 자본에 얽매이지 않는 독립적인 힘(force)을 가지고 있으며, 사람들이 이러한 문화적 가치와 의미들을 내면화하는 구체적인 과정을 중시하고 있다. 예를 들면, 유명 대학과 같은 널리 알려진 문화적 제도에 의한 인증(certification)의 형태를 띨 수도 있고, 미국의 뉴욕 타임스(New York Times), 프랑스의 르몽드와 같이 특출한 문화계급들이 소비하는 기호물로 표출될 수도 있으며, 또한 자주 오페라나 음악회를 관람한다든가 하는 일상적 습관이나 성향(dispositions)으로 나타나게 되어 있다. 이 문화적 자본은 개인의 사회적 지위를 좌우하는 귀중한 자원이며 사회적으로 인정되는 신망(prestige)으로 받아들여진다. 그리고 이러한 문화적 자본들은 비록 손쉽게 만들어지고 개인의 노력이나 야심의 소산으로 인식되기 쉬우나 그것은 어디까지나 한정되어 있고, 사회적으로 상속되고, 노력하지 않고도 얻을 수 있는(unearned) 성격의 것임이 지적된다.[57]

한편 '상징적 자본(symbolic capital)'이란 위광이나 명예 및 주의환기 등의 형태를 띠면서 권력을 만들어내는 또 다른 결정적인 근원으로 등장한다. 그리고 이러한 상징적 자본의 소유자들은 이 권력을 적게 소유하는 사람들에게 사용함으로써 그들의 행동을 바꾸어 놓으려고 시도하게 되는데 이 경우는 '상징적 폭력(symbolic violence)'이 된다. 즉 사회 내의 피지배계급이나 군소집단에게 특정한 사고나 지각작용의 범주(category)를 일방적으로 부과하여 사회적 질서 자체가 정당하다고 믿게 만드는 경우가 된다. 특히 정당성을 믿게 만드는 이러한 상징적 폭력은 실제의 권력관계를 모호하게 만들고 사회적 지배를 은폐시키는 '그릇 인식(misrecognition)'의 과정이 된다. 예를 들면, '남성지배(male domination)'의 경우 그 상징적 폭력은 인지

---

57) A. Rosenberg, *op. cit.*, p.156.

적이며 '그릇인식'의 형태를 띠게 되며, 여성들은 정숙과 솔직함과 같은 여성적 미덕(feminine virtue)에 충실할 것이 요구되고, 또한 그들의 가정적 헌신과 사회적 활동과 같은 특권적 역할은 그 가치가 저평가되는 내용으로 상징화된다.[58]

국가(state)는 상징적 권력의 위대한 원천으로 부각된다. 학위수여나 신분증 또는 각종 증명발행과 같은 신성화(consecration) 작업을 통해서, 또한 그러한 인증권위의 소지자들이 사람들로 하여금 자기가 무엇이며, 공적으로 자기가 무엇이 되어야 하는 것을 결정짓게 만들 수가 있다고 주장한다. 국가는 이러한 인증의 공적 행위를 허용하고 또한 그 관리자들로 하여금 정당한 기관(agency)을 통하여 그러한 인증을 집행하게끔 만들 수 있다. 따라서 부르디외는 국가가 물리적 폭력을 독점한다는 웨버(M. Weber)의 명제를 확대해석하여 국가는 정당한 물리적 폭력뿐만 아니라 '정당한 상징적 폭력(legitimate symbolic violence)'도 아울러 독점하고 있다고 정의를 내린다.[59] 그리고 이러한 상징적 폭력은 국가가 개입되는 교육의 기능을 통하여 그 실천적인 측면이 보다 구체화된다는 점도 추가하고 있다.

특히 제도화된 학교교육이 전제하는 '교육학적 행위(pedagogic action)'는 의미의 성공적 교육을 통하여 권력관계에 작용하게 되어 있다. 어떤 사상(ideas)은 생각할 수 없는 것으로 제외하고 어떤 사상은 긍정적인 것으로 가르치는 '제외와 검열'의 형태를 띠면서, 또 한편으로는 선진산업사회의 경우 '실제적인 것(practical)'에 우월하는 '상징적 지배력(symbolic mastery)'의 자상한 가르침을 통하여 제도적 교육은 현존하는 권력관계와 계급관계의 재생산을 가능하게 만드는 것으로 보고 있다.[60]

---

58) P. Bourdieu and Loic J. D. Wacquant, *An Invitation to Reflexive Sociology* (Chicago: The Univ. of Chicago Press, 1992), pp.171-174.

59) *Ibid.*, pp.111-112.

60) Richard Jenkins, *Pierre Bourdieu*, revised edition(New York: Routledge, 2002), pp.104-109.

3. 구성주의

구성주의(constructivism)는 해석주의의 흐름에서 나타나는 새로운 '의미구성'의 접근이다. 즉 객관적으로 존재하는 세계와 현실을 자연과학의 방법으로 파악할 수 있다는 실증주의를 반대하고 사회과학의 특성상 해석의 방법이 바람직하다는 해석주의의 흐름에 위치하되 한 걸음 더 나아가 현실의 파악과 이해에 있어서는 보다 대안적인 인식론과 이론적 구성의 고안들이 필요하다는 것이 구성주의의 입장이다. 무엇보다도 그 인식론에 있어서는 우리가 대상으로 하는 세계나 현실은 인간의 사고와는 독립적으로 존재할지는 몰라도 인간이 현실을 알아내고 파악하는 지식만은 어디까지나 인간의 '구성물'이라는 점이 강조된다. 실증주의의 '객관주의'를 반대할 뿐만 아니라 현실의 파악과 이해에 있어서는 인간의 보다 적극적인 역할을 내세운다. 즉 실증주의에서 보이는 수동적인 자세가 아니라 보다 적극적인 행위자의 역할이 역설된다. 모든 것은 '표상'의 결과로 주어지는 것이 아니라 오히려 모든 것은 구성된다는 것이고, 안다는 것은 바로 만들어내는 '구성'의 결과라는 것이다. 현실은 우리들의 인지구조에 의해서만 알아낼 수 있다는 것이 그 기본이 된다.[61]

정치학에서는 1980년대 말 특히 국제정치학분야의 학자들(Alexander Wendt, Nicholas Onuf, John Ruggie, Friedrich Kratochwil 등)에 의해 활발한 연구로 발전하였으며 가장 폭 넓게는 A. 웬트가 대표적인 학자로 자리를 굳히고 있다. 이하 그 대략적인 내용을 정리해 보기로 한다.

1) 구성주의의 기본 논리

첫째로, 구성주의는 '생각(ideas)'과 '지식(knowledge)'의 중요성을 강조한다. 웬트는 국제정치에 있어서 물질적인 것(예: 인간의 본성, 자연자원,

---

61) Gerard Delanty, *Social Science*, Second ed.(New York: Open Univ. Press, 2005), p.137.

지리, 생산력, 파괴력 등)을 강조하는 물질주의적 입장(신 현실주의)보다는 생각이나 지식과 같은 사회적 의식(social consciousness)의 분포를 중시하는 관념론자(idealists)의 입장에 선다. 이 사회적 의식의 구조는 규범, 규칙, 제도의 형태로 인간들에 의해 공유되어 인간의 정체성과 이해를 구성하며, 행위자들로 하여금 어떤 문제에 대한 공동의 해법을 찾게 만들고 행위를 위한 기대감을 만들어 주는가 하면 경우에 따라서는 위협을 구성해 주기도 한다는 것이다.[62]

이러한 관념론의 입장은 다음과 같은 예로써 부연될 수 있다. 사람들은 어떤 대상과 관련하여 언제나 그 대상이 갖고 있는 의미(meanings)에 근거하여 행동하게 된다는 것이다. 국가는 우방보다는 적국에 대하여 다르게 행동하게 되는데, 그것은 적은 위협이 되고 친구는 그렇지 않다는 의미부여 때문에 그렇게 된다고 본다. 미국의 군사력은 캐나다와 쿠바에 각각 다른 의미를 갖는다. 영국의 미사일은 소련의 미사일보다 미국에게는 다른 의미를 가지듯이, 군사력이라는 물질적 측면보다는 적이냐 친구냐 하는 '의미'나 '생각'이 더 중요하다는 이야기가 된다.

국제관계에 있어서는 권력의 분포(distribution of power)가 국가의 상황 판단과 계산을 좌우하는 것이 사실이지만, 그것을 어떻게 수행하느냐 하는 것은 전적으로 '간주간적인 이해나 기대(intersubjective understandings and expectations)'에 의존하게 되어 있으며, 자기(self)와 남(others)을 구별하는 개념 형성을 좌우하는 지식의 분포(distribution of knowledge)에 크게 좌우된다는 것이다. 만약 우리 사회가 대학의 의미를 완전히 잊어버린다면 교수와 학생의 권능이나 관행도 없어지게 마련이고, 만약 미국과 소련이 더 이상 서로 적이 아니라고 결정하면, 냉전은 종식되는 것이다. 우리들의 행동을 조직하는 구조를 구성하는 것은 바로 이러한 '집단적 의미'인 것으로 주장된다.[63]

---

62) A. Wendt, *Social Theory of International Politics*(Cambridge: Cambridge Univ. Press, 1999), pp. 23-24, p. 92.

둘째로, 구성주의에서는 '정체성(identities)'이 매우 중요한 개념으로 등
장한다. 사람들은 위에서 논의된 집단적 의미에 참여함으로써 정체성을 취
득하게 되며, 이 정체성은 또한 행위자의 이익(interests)을 만들어내면서 행
위의 수행에 작용하게 되어 있다. 정체성은 개인수준(형제, 아들, 선생, 시
민 등)뿐만 아니라 공동체, 민족, 계급, 사회운동, 지역 등의 다양한 집단적
수준에서의 행위자들이 갖는 심리적 애착이나 일체감으로 표출된다.64) 예
를 들면, 국가만 하더라도 '주권국가', '자유세계의 지도자', '제국주의 세력'
등의 복합적인 정체성을 가진다. 그리고 그 어떤 정체성이 두드러지느냐는
상황에 따라 가변적이지만 어떤 정체성이라 할지라도 그 행위자가 다른 행
위자들과 공유하는 이론 속에서 구성되는 '사회적 정의(social definition)'에
따라 이루어진다는 점이 강조된다. 뿐만 아니라 정체성은 '이익(interests)'
의 기초가 된다. 예를 들면, 대학 교수라는 정체성으로부터 그의 이익이 도
출될 수 있다. 즉 가르치는 일, 연구, 휴가 등의 구체적인 이익이 정의된다.
오늘날 자유민주주의라는 정체성으로 부터는 권위주의 체제에 대한 '불관용
(intolerance)'과 함께 자유시장의 자본주의를 선호하게 되는 '이익'이 도출

---

63) A. Wendt, "Anarchy is What States Make of it: The Social Construction of
Power Politics," *International Organization*, Volume 46, Issue 2(Spring, 1992),
pp.396-397.

64) Wendt에 의하면 정체성이란 행위자들이 집단적 의미(collective meanings)에 참여
함으로써 얻게 되는 자아(self)에 대한 비교적 안정되고 역할적인 이해(role-specific
understandings)나 기대(expectations)를 지칭하는 것으로 정의된다. 그것은 사물
(things)을 사물이게끔 만드는 것을 지칭하는데, 사회적인 것과 관련해서는 의도적인
행위자(intentional actors)의 자산(property)으로서 동기적이며 행위적인 성향을 만
들어내는 것이다. 행위자의 이해를 바탕으로 하는 극히 주관적이며 단위수준(unit-
level)의 특질로 파악될 수 있다. 그러나 행위자의 특질은 다른 사람이 인정해 주어야
한다는 상호성이 절실해진다. 즉 간주간적이며(intersubjective) 체제적인(systemic) 측
면이 매우 중요한 의미를 갖는다. 따라서 정체성은 행위자 자신이 갖는 자아(Self)에
대한 이해와 함께 남들이 인정해 주는 타자(Other)라는 두 가지 측면이 결합된다는
점이 강조된다. 집단적 의미란 사회구성원들이 고유하는 간주간적인 의미가 된다.
A. Wendt, "Anarchy is What States Make of it," p.397; A. Wendt, *Social Theory*,
p.224.

될 수 있다.

그런데 이러한 정체성과 이익은 사회의 관념적이고 규범적인 구조에 의해서 만들어지지 마련이나 그 과정은 1) 상상(imagination), 2) 의사소통(communication), 3) 억제(constraint)의 세 가지 메커니즘을 통하여 이루어진다는 견해가 있다. 우선 제도화된 규범이나 생각(ideas)은 자유민주주의하의 대통령이나 총리와 같은 공직자들이 자기의 권력을 증대하거나 자유민주주의의 규범을 실행하기 위해서는 풍부한 '상상력'에 기초한 전략이 정체성의 주요내용으로 자리 잡게 된다고 볼 수 있다. 그 다음으로는 개인이나 국가는 그들의 행위를 정당화하기 위해서는 이미 확립된 '정당한 행위'에 관한 규범에 호소하기 마련인데, 이때 대통령이나 총리는 그들의 행위를 주권이나 인권규범에 근거하여 정당화하게 되는 '의사소통에 의한 호소(appeal by communication)' 방법을 택한다. 결국 이러한 '호소'의 내용이 정체성으로 자리 잡는다. 끝으로 '억제'의 메커니즘은 위의 '상상'이나 '의사소통'이 먹히지 않을 때에 동원될 수 있는데, 이것은 공직자나 관련 당사자의 합리적 타산보다는 '도덕적 힘'을 강조하게 되는 경우가 된다. 어떤 주어진 맥락하에서의 결정이 도덕성과 기본적인 원칙에 부합되는 내용으로 정체성이 이루어진다.[65]

셋째로, 구성주의는 행위자와 구조는 상호 구성적인 점을 주창한다. 일찍이 웬트는 '신현실주의'나 '세계체제이론'에서 논의되어 오던 구조적 분석을 비판하고 구조와 행위의 상호 구성을 강조하는 '구조화이론(structuration theory)'을 도입할 것을 주창하였으며, 이와 관련되는 보다 구체적인 논거를 제시하고 있다. 무엇보다도 국제정치학에서 논의되는 세력균형이나 제도적 동형성(institutional isomorphism)과 같은 거시적 구조의 '병발적 특성(supervenience),' 그리고 지식과 관련해서는 집단적 지식(예: 자본주의, 웨스트팔리아 체제, 인종차별정책, 아프리카 군단, 자유무역체제, 국가 등)의

---

65) Christian Reus-Smit, "Constructivism," in Scott Burchill et al., *Theories of International Relations*(New York: PalgraveMacmillan, 2005), pp.198-199.

구조들은 행위자들로 하여금 무언가를 믿게 만듦으로써 그들의 행동이 구조를 또한 재생산하게 된다는 점을 중요시한다. 뿐만 아니라 구조는 행위자들의 '관계들(relationships)'로 만들어지는 구성효과(constitutive effects)를 통하여 행위자들을 또한 구성하게 된다는 논리가 전개된다.[66]

그러나 이러한 행위자에 대한 구조의 영향력을 인정하면서도 웬트는 행위자들의 구조에 대한 작용력을 또한 같은 비중으로 주장한다. 즉 구조와 행위자는 '상호 구성적이며(mutually constitutive)' '공동 결정된다(code-termined)'는 점이 강조된다. 그리고 구조는 존재하면서 효과(effects)를 가져오지만 구조가 진화되는 것은 행위자들과 그들의 실천에 의해서만 가능하다고 보고 있다.[67] 이러한 점에서 무정부구조의 논리도 어떤 정체성과 이익의 구조를 만들어 내는 실천을 떠나서는 생각할 수 없으며, 구조는 그러한 실천의 과정과 무관하게 존재할 수는 없다. 신현실주의를 대표하는 K. 왈츠에 의하면 무정부구조는 행위자들의 노력이나 실천에 의해 좀처럼 바뀌지 않는 것으로 되어 있지만, 웬트는 구조가 부단히 행위자들에 의해 만들어지고 변환될 수 있다고 본다. 즉 무정부구조는 국가가 정의하기 나름이라는 (Anarchy is what states make of it) 것이다.[68]

2) 연구사례: 무정부구조의 변환과 9·11 테러사건

(1) 무정부구조의 변환(A. Wendt)
구성주의가 국제정치학에 소개되기 시작하면서 가장 관심을 모았던 연구 사례는 웬트에 의한 1992년의 "무정부구조는 국가가 정의하기 나름이다 (Anarchy is What States make of it)"라는 논문이다. 동서 냉전이 끝나갈

---

66) A. Wendt, "The Agent-Structure Problem in International Relations Theory," *International Organization*, Vol.41, Issue 3(Summer, 1987), pp.335-336; A. Wendt, *Social Theory of International Politics*, pp.145-152, 157-164, 171-177.

67) A. Wendt, *Social Theory*, pp.178-185.

68) A. Wendt, "Anarchy is what states make of it," pp.394-395.

즈음에 한때 국제정치학을 풍미하던 '신현실주의'의 구조적 접근을 비판하고 구조에 작용하는 '행위자'의 역할에 상당한 비중을 두는 연구의 길을 텄다고 볼 수 있다. 즉 무정부구조에도 행위자들의 구성적 참여로 그 변환이 가능해진다는 새로운 주장으로 이어진다.

신현실주의에 의하면 세계적인 막강한 권위가 존재하지 않는 국제사회에서는 모든 국가들이 각자의 이익을 극대화하고 생존해 나가기 위해서는 서로가 경쟁하는 선택뿐이라는 점이 전제된다. 즉 무정부상태의 국제적 환경에서 국가의 정체성과 이익이 주어지고 이에 상응하는 개별 국가의 생존전략으로서는 '자조(self-help)'의 논리와 '세력균형'이라는 정책적 선택이 절실하다는 입장으로 정리될 수 있다.

그러나 이러한 무정부구조에도 변화가 올 수 있다는 것이 웬트의 주장이다. 그 예로써 그는 얼터(Alter)와 에고(Ego)라는 신비로운 두 외계인이 처음 만나서 서로 신호를 보내고 해석하고 서로 반응을 보이면서 만들어내는 서로 공유된 '간주관적인 의미'의 형성과정을 제시한다. 그리고 그것이 협력적인 것으로, 또는 경쟁적인 것으로 발전할 경우들을 가정한다. 그러다가 두 당사자가 동서냉전처럼 매우 부정적인 소용돌이 속으로 말려들어 진퇴양난의 상황에 들어서게 되자 서로가 이를 타개하기 위한 협력적인 의미구성의 단계에 들어가게 된다.

바로 1980년대 말 소련의 고르바초프(Gorbachev) 서기장의 '신 사고(New Thinking)' 정책의 출현이 이러한 대응에 해당되며 '냉전 게임'에 변화를 가져오게 되었다고 보는 것이다. 웬트는 행위자들의 경우 그들의 생명에 변화를 가져올 수 있는 비판적인 자아성찰(self-reflection)과 선택의 능력이 있다는 것을 분명히 한다. 행위자들은 새로운 사회적 환경에 직면하게 되면 스스로를 이전의 자아개념(self-conception)의 틀로써는 파악되기 힘든 새로운 각도에서 생각하게 되어 변화의 길이 트이게 된다. 이러한 조건이 형성될 때 행위자들은 자기성찰과 새로운 실천에 들어서면서 자기의 정체성과 이익을 변환시키고 지금까지 매여 있던 게임의 내용을 과감하게 바꾸게 된다는 것이다.[69]

(2) 미국의 9·11 '테러와의 전쟁(the War on Terror)'

2001.9·11 알 카에다(al-Qaeda)에 의한 미국 세계무역센터에 대한 공격은 부시 대통령의 '테러와의 전쟁'을 선언하게 만들었고 그 후로 미국의 아프가니스탄 및 이라크에 대한 군사행동과 점령으로 이어지면서 미국과 알 카에다 간의 상승적인 갈등과 무력 충돌사태로 확대되었다. 이 과정을 미국 부시 행정부와 빈 라덴(Bin laden) 세력이라는 두 행위자들(actors) 간의 무력충돌의 상승작용의 측면에서 다루되 그것을 양측의 언어사용(language use)과 이유 만들기(reason-making)를 통한 상호 '구성'의 과정으로 보는 피르케(K. Fierke)의 사례연구가 있다.

우선 9·11 사태는 부시 대통령으로 하여금 미국과 알 카에다를 선과 악(good and evil)이라는 대조적인 정체성 부여로 사태를 몰고 가는 '음성행위(speech acts)'의 기점을 마련하게 만든다.

> 우리는 생명에 가치를 둔다: 테러리스트들은 그것을 파괴한다. 우리들은 교육에 가치를 둔다; 테러리스트들은 여성들이 교육이나 건강관리를 받거나 집을 떠나는 것을 받아들이지 않는다. 우리들은 우리들의 마음속에 있는 것을 말할 권리를 갖는다; 테러리스트에게는 자유로운 표현은 처형의 구실이 될 수 있다. 우리들은 모든 사람들의 각각의 신념과 종교의 자유로운 실천을 존중한다; 우리들의 적은 이슬람교도에게조차도 어떻게 사고하고 어떻게 종교를 믿는가를 강요하려 든다.   _ 2001.9.20 〈부시 대통령 연설〉

이러한 정체성 부여와 함께 테러리스트들이 제기하는 안보상의 위협은 부시 대통령으로 하여금 '테러와의 전쟁'을 선포하게 만드는데 이 조치는 단순한 '범죄(crime)'의 범주가 아니라 '전쟁'의 수준으로 확대되면서 여러 가지 추가적인 갈등과 적대감의 상승으로 이어지게 된다.

---

69) A. Wendt, "Anarchy is What States make of it," pp.391-425; K. M. Fierke, "Constructivism," in Tim Dunne, Milja Jurki and Steve Smith(eds.), *International Relations Theories: Discipline and Diversity*, Second ed.(Oxford: Oxford Univ. Press, 2010), pp.185-186.

무엇보다도 9·11 사태 이후 지속적으로 TV에 방영된 비행기 충돌장면은
미 국민에게 극심한 정신적 상처(trauma)를 가져오면서 안보와 관련된 위
기의식을 부추겼다고 볼 수 있다. 그리고 이러한 미 국민들의 심리적 동요
를 수반하는 전쟁선포라는 언어행위는 의회에서의 애국법안(Patriot Act)의
통과와 아프가니스탄과 이라크에 대한 군사개입에 대한 국민들의 전폭적인
지지를 가져왔다고 볼 수 있다. 특히 이라크에 대한 군사개입은 '사담 후세
인'이 대량살상 무기를 준비하고 있다는 '이유 만들기'가 크게 작용한 것으로
되어 있다.

한편 빈 라덴도 대응적인 음성행위에 나서게 되면서 사태는 더욱 악화되
어 갔다. 그는 모든 미국인에게 대한 이슬람의 성전(jihad)을 선언하면서
부정적인 대항 용어로서 미국의 정체성을 구성하였으며, 서구의 '이단적 십
자군전사(infidel Crusaders)'와 이슬람 공동체(Muslim Ummah) 사이의 특
징적 차이를 분명히 했다. 특히 서구가 지난 80년 동안 아랍세계와 이슬람
교도에 가한 '굴욕(humiliation)'의 역사를 상기시키면서 9·11 공격을 정당
화하였다. 그 후로 계속해서 '파루자 전투(Falluja)'의 참상, 테러 관련자 수
용시설(Abu Ghraib, Guantanamo 등)에서의 고문사건, 파레스타인 등에
서 이루어진 폭력과 굴욕의 일그러진 이미지(images)는 주로 '알자지라(Al
Jazeera)' 방송을 통하여 널리 알려지게 된다. 그리고 이러한 부정적 이미지
의 확산으로 빚어지는 굴욕감은 이슬람 순교자와 자살 폭탄 지원자들의 충
원을 위한 강력한 도구가 되었음이 밝혀진다.

결국 양측 모두에게 가해진 인간적 고통의 경험이 배경이 되면서 각각의
정체성이 음성행위를 통하여 구성되고, 또한 폭력행위는 각각의 공동체의
입장에서 정당화된 것으로 정리된다.[70]

---

70) K. M. Fierke, *op. cit.*, pp.190-193.

제**2**장

정치와 역사학

제 2 장

정치와 역사학

I. 서론

'정치와 역사학'은 정치학과 역사학이 만나는 하나의 학제 간 연구분야가 된다. 특히 최근의 역사학에서 정치적 주제와 쟁점을 다루는 분석적 연구들을 정리해 보는 것이 이 글의 주된 목표가 된다. 전통적으로 역사학은 사회적 변화에 관한 장기적 과정에 초점을 두고 변화에 작용하는 다양한 요인들을 추출하고 체계화하며 또한 여러 문명이나 사회들을 상호 비교하여 서로의 차이점과 공통점 등을 연구하는 것으로 정의해 볼 수 있다. 학문적 분야로서의 역사학은 인류의 오랜 역사와 그에 대한 기록과 연구의 과정을 다루면서 시대적 변천을 예민하게 반영하는 독특한 전통을 이어왔다고 볼 수 있다.[1] 이러한 역사학의 전통에서 정치와 관련된 최근의 연구들에 나타나

---

1) 역사학은 역사편찬(historiography)과 역사(history)의 두 분야로 이루어진다. 전자는 역사가들이 역사나 과거의 사건을 기술(write)해 놓은 것이며, L. Ranke의 '교황의 역사'가 그 적절한 예가 된다. 그리고 '역사편찬의 철학(philosophy of historiography)'이라고 하면 그것은 역사가들의 기술, 근거, 인식론 등에 관한 검토, 연구, 이론화에

는 두드러진 '분석적 틀'을 다음과 같이 정리해 볼 수 있다.

첫째로, 20세기의 중반 이후인 1960년대와 1970년대에 들어서 역사학은 인접 사회과학의 이론적, 방법론적 변화와 밀접한 관련을 맺게 된다. 즉 역사연구는 과거에 관한 기술과 이론화에 초점을 두는 한 사회과학의 이론화 추세를 적절히 반영하지 않을 수 없게 되었기 때문이다. 무엇보다도 역사적 사건이나 시대적 특성을 설명할 수 있는 '이론적 틀'의 절실함을 외면할 수 없게 되면서 '실증주의'에서 주창되는 법칙이나 인과메커니즘의 발견, 검증의 절차 등이 역사적 분석의 주요내용으로 편입하게 된다. 즉, 실증주의적 작용력이 역사연구에 어떻게 반영되고 그 한계점과 개선점이 무엇인가를 밝히는 것이 중요한 과제가 된다.

둘째로, 사회과학(사회학, 인류학)에서는 1970년대 이후 '해석주의'의 바람이 거세게 불기 시작하게 되는데 역사적 과거에 대한 의미부여와 해석을 둘러싼 설화와 담론적 구성의 가능성이 활발히 논의되기에 이른다. 역사연구에서 제기되는 '설화'나 그 다음 단계로서의 '그림'의 중요성이 가지는 방법론적인 타당성 문제가 중요하게 된다.

셋째로, 20세기 후반 '포스트모더니즘'의 등장은 역사연구의 대상을 둘러싼 사실과 경험적 주장에 관한 '진실'의 문제를 둘러싸고 열띤 논쟁을 유발하게 된다. 비록 이러한 인식론적 논의가 '상대주의'로 문제시되는 측면이 있지만 역사연구에 새롭고 긍정적인 방향전환을 가져오게 될 가능성도 검토될 수 있다.

여기에서는 이상의 세 가지 지적을 둘러싼 다양한 주제들을 참고로 역사학이 정치학과의 학제 간 연구에 기여하게 될 구체적인 가이드라인을 제시해 보고자 한다. 우선 역사연구에서 실증주의적 처방이 수용될 수 있는 범

관한 철학적 검토가 된다. 후자(역사)는 과거의 사건(past events)이나 과정(processes) 등을 지칭한다. '로마제국의 쇠퇴와 몰락'이 그 예가 될 수 있다. 그리고 '역사철학 (philosophy of history)'이라고 하면 그것은 과거에 관한 연구와 이론화, 그리고 역사에 있어서의 필연이나 개연성 및 역사진행의 방향성과 같은 철학적 검토가 되며 Hegel의 '역사철학'이 그 좋은 예가 된다.

위와 그 개선점을 검토한 다음 최근 사회과학의 새로운 흐름으로서의 해석적 방법과 설화에 대한 논의들을 정리해 본다. 그리고 사회과학 분야에서 최근 관심을 모으고 있는 구조와 행위의 문제, 물질적인 것과 관념적인 것의 배합 등을 정리해 본 다음, 역사진행의 시간성 문제와 관련되는 경로의존성, 계기성, 서서히 움직이는 인과과정, 세계화와 관련되는 문명사적 연구 등을 개략적으로 다루어 보기로 한다. 또한 구체적인 연구사례의 제시에 있어서는 정치적인 것에 무게를 두는 방향으로 논의를 정리해 보고자 한다.

II. 실증주의: 법칙과 인과모형

　1930년대 논리실증주의의 등장을 계기로 자연과학에서처럼 역사적 사건이나 현상을 법칙(laws)으로 설명할 수 있다는 주장이 있어 왔다. '물에다 열을 가하면 끓는다'는 법칙을 가지고 '이 물은 열을 가하였기 때문에 끓는다'고 설명할 수 있고, 또한 '이 물에 열을 가하면 끓을 것이다'라는 예측도 가능하다는 식으로 역사적 법칙을 찾아내면 된다는 입장이다. 사회에 불만이 쌓이면 혁명이 일어난다, 국가가 무능하면 와해된다, 외부적 압력은 내부적 결속을 다진다, 경제성장은 상대적 박탈감을 조성한다, 세계화는 금융자본의 비대로 이어진다, 과도한 복지증진은 재정파탄으로 연결된다 등의 다양한 법칙의 발견으로 역사에 관한 충분한 설명과 예측이 가능하다고 주장될 수 있다.

　그러나 역사에 대한 법칙의 적용은 만만치 않은 비판에 직면한다. 하나의 예외적 사례가 없는 보편적인 역사법칙을 찾아내기란 쉬운 일이 아니다. 뿐만 아니라 보편적인 일반 법칙을 찾아내었다 하더라도 그 질이 문제가 될 수 있다. 가장 대표적으로 포퍼(K. Popper)는 역사연구에 있어서 논의되는 법칙들이 내용 면에서 부실하다는 점을 지적한다. 예를 들면, 서로 적대관계에 있는 두 군대의 경우 그 무기 면에서는 비록 비슷한 수준이지만 한쪽의 병력인원이 훨씬 많은 경우 다른 한쪽은 결코 승리할 수 없다는 법칙(1772 년 폴란드와 러시아-프로이센-오스트리아 연합군 대결)이 있을 수 있는데 이러한 법칙들은 사회학이나 역사편찬의 조사연구 면에서 극히 진부한 (banal) 내용이 될 수밖에 없다고 보고 있다. 또한 그는 역사란 자연현상(특히 태양계, 생물학적 유기체의 생명주기, 기후주기 등)과는 달리 '비반복적 (non-repetitive)'이며 새로운 현상으로 나타나기 때문에 법칙이 전제하는 예측(prediction)이 힘들다는 점을 지적하고 역사연구에도 예측이 가능하다는 이른바 역사주의에 대해서도 반대의 입장을 분명히 한다.[2]

이러한 법칙적용의 한계성을 감안하는 하나의 대안으로 역사연구에서는 '인과관계(causation)'의 모형들이 재평가되고 있다. 데이(Mark Day)는 역사적 과거에 대한 파악에 있어서는 사건이나 현상에 작용하는 다양한 요인들이 만들어 내는 '대조(contrast)'에 초점을 두는 비교방법을 권장하고 있다.[3] 예를 들면, 피임약을 복용하고 있는 존(John)이 임신하지 않는 것을 '피임약을 먹으면 임신하지 않는다'는 법칙에서 도출하기보다는 그가 남자이기 때문이라는 '대조'에서 설명되는 것이 보다 적절할 수 있다. 즉 하나의 예외도 없는 법칙보다는 오히려 대조에서 오는 '원인' 찾기가 보다 설명을 내실화할 수 있다는 이야기가 된다. 그가 제시하는 사회과학의 두 가지 예를 검토해 보기로 한다.

첫 번째 예는 스카치폴(T. Skocpol)의 혁명발생의 원인에 관한 인과풀이이다. 〈그림 1〉에서 보는 바와 같이 혁명의 발생은 정치적 위기(관료국가

---

2) K. R. Popper, *The Open Society and Its Enemies*(Princeton, NJ: Princeton Univ. Press, 1950), p.448ff; 이 부분은 Krzysztof Brzechczyn, "Logical Empiricism and Logical Positivism," in Aviezer Tucker(ed.), *A Companion to the Philosophy of History and Historiography*(West Sussex, UK Wiley-Blackwell, 2011), pp.422-423 참조.

3) Mark Day, *Philosophy of History*(London: Continuum, 2008), pp.80-89; Day의 경우 '대조(contrast)'에 의한 설명이란 J. S. Mill의 '차이법(method of difference)'에 해당된다.

〈그림 1〉 사회적 혁명발생 이론(T. Skocpol)

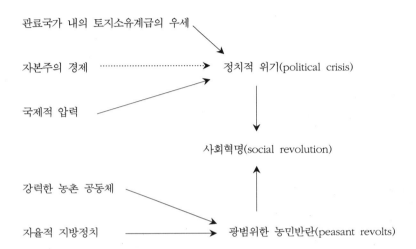

참조: Theda Skocpol, *States and Social Revolution: A Comparative Analysis of France, Russia, and China*(Cambridge: Cambridge Univ. Press, 1979); Mark Day, *The Philosophy of History*(London: Continuum, 2008), p.84
* 실선은 긍정적 작용력, 점선은 부정적 작용력

내에서의 토지소유계급의 우세, 자본주의 경제, 국제적 압력)와 광범위한 농민반란(강한 농촌공동체와 자율적 지방정치의 소산)이 결합된 결과로 설명된다. 특히 세 나라(프랑스, 러시아, 중국)의 경우 정치적 위기는 광범위한 농민반란에 무기력한 '중앙국가기구의 무능화(incapacitation)'로 파악되고 있다.[4] 그런데 이러한 인과모형은 상호 '대조'의 논리로서 보다 설명력을 높일 수 있게 된다. 즉 프랑스(1787~1789), 러시아(1917), 중국(1911~1916)에서 일어났던 혁명이 왜 프로이센이나 일본에서는 일어나지 않았는가? 이들 나라에서는 사회적 동요나 반란이 일어나도 국가가 그것을 제압할 수 있는 충분한 능력이 있었던 것으로, 즉 정치적 위기가 발생하지 않았던 것으로

---

4) T. Skocpol, *op. cit.*, pp.41-48.

스카치폴은 설명하고 있다. 서로 대조적인 것을 부각시킴으로써 혁명발생의
인과관계를 보다 내실화시키고 있다.

또 하나의 예는 다이아몬드(J. Diamond)의 사회발전이론이다. 〈그림 2〉
에서 보는 바와 같이 발전(development)을 좌우하는 것은 어떤 대륙적 특
성에서 비롯되는 일련의 사회-경제-정치적 요인들의 대조현상으로 나타난
다. 우선 유라시아대륙(Eurasia)의 경우는 동-서축 원생대(East/west axis
primary)라는 환경적 조건으로 종(species)의 확산이 손쉽게 이루어지면서
적당한 야생종(wild species)과 함께 동식물의 사육증대로 이어지고 이로 말
미암은 식량잉여로 대규모의 정주 층화사회(sedentary, stratified society)가
형성된다. 그리고 이로 인하여 기술발달, 정치적 조직, 전염병 등이 나타나

〈그림 2〉 사회발전이론(J. Diamond)

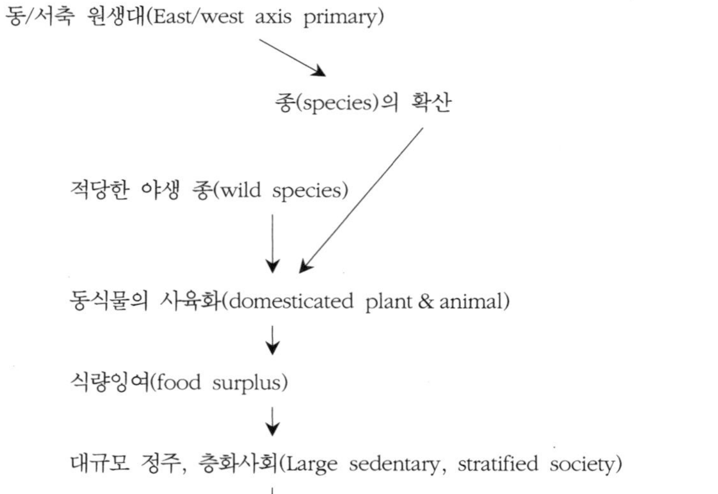

동/서축 원생대(East/west axis primary)

종(species)의 확산

적당한 야생 종(wild species)

동식물의 사육화(domesticated plant & animal)

식량잉여(food surplus)

대규모 정주, 층화사회(Large sedentary, stratified society)

기술, 정치적 조직, 전염병(Technology, political organization, epidemics)

참조: J. Diamond, *Guns, Germs and Steel: A Short History of Everybody for the Past 13,000 Years*(London: Vintage, 1998), p.87; M. Day, *op. cit.*, p.85

는 발전의 과정으로 귀결된다는 것이다.

  그러나 다이아몬드는 이 유라시아대륙의 발전을 정당화하기 위하여 덜 발전되었던 미대륙과의 비교 면에서의 대조를 부각시킨다. 즉 '동/서축 원생대(유라시아)'와 '남/북축 원생대(미대륙)'라는 환경적인 대조가 발전의 주요 원인으로 파악된다. 동/서축은 남/북축보다는 보다 적은 위도선을 걸치기 때문에, 즉 위도(latitude)는 평균 온도 등에서 환경적 차이를 만드는 여러 특성과 상관관계에 있기 때문에 결과적으로 동/서축은 발전에 유리한 동질적인 환경(homogeneous environment)을 만들어 낸다는 것이다. 여러 분야에서의 기술적 혁신은 동질적인 환경에서 보다 효과적으로 파급 전달될 수 있기 때문이다. 그리고 병행해서 유라시아의 경우 농업에 있어서의 혁신이 다른 분야의 혁신보다도 발전에 큰 영향을 미친다는 대조적인 측면도 추가된다. 발전의 현상을 정당화하는 '대조'의 논리가 적용되는 매우 적절한 사례가 된다.5)

III. 역사적 해석과 설화

  역사연구에 있어서도 해석의 문제가 제기된다. 주로 해석은 1950년대와 1960년대에 상당한 관심을 모았던 실증주의의 이른바 '포괄적 법칙(covering law)'에 의한 설명방식에 대한 하나의 불만의 형태로 나타나게 된다. 실증주의에서 역설되는 '설명'보다는 '해석'에 대한 새로운 인식이 일기 시작하였고 이것은 사회과학뿐만 아니라 역사학 분야에도 확산된 것으로 볼 수 있다.

  그리고 해석이 재인식되면서 등장한 개념이 '설화'이다. 설화(narrative)의 어원은 라틴어의 'narrare'로서 말하다, 관계 짓다, 이야기하다, 차례대로

---

5) M. Day, *op. cit.*, pp.91-92.

이야기한다는 뜻을 가지고 있으며 무엇인가를 '증명(prove)한다'기보다는 '이야기한다'는 뜻이 강조된다. 특히 설명에 의한 방식이 역사편찬 텍스트의 '부분'이나 '구성요소'에 초점이 모아지는 데 비하여 설화는 텍스트 '전체(as a whole)'를 의미한다는 차이가 있다. 이런 점에서 설화는 단편적인 사실 (fact)에 얽매이는 증명보다는 문학에서의 '소설'처럼 역사가에 의해 매우 흥미롭게 만들어지고 고안되는 것으로서 역사가가 의도하는 방향으로 합의를 유도해 내는 수사적인(rhetorical) 측면이 강조된다.6)

1. 설화의 특성

첫째로 설화는, 사건이나 현상의 전체의 줄거리를 다룬다는 의미에서 독자 스스로가 방향성(directionality)을 찾아낼 수 있는 다양한 이야기로 구성될 수 있다. 법칙에서처럼 어떤 선행조건이 꼭 어떤 결과로 이어진다는 구속에 얽매이지 않고 다양한 이야기들이 흥미롭게 엮어질 수 있다.

둘째로 설화는, 암묵적으로 인과관계를 나타낼 수 있다. 나중에 일어난 일이 먼저 일어난 일에서부터 비롯되었다면 어떤 인과관계를 설정할 수 있기 때문이다.

셋째로 설화는, '결합 개념(colligatory concept)'으로 어떤 '행위'를 나타내는 적절한 수단이 될 수 있다. 르네상스, 냉전, 나치독일의 팽창(expansion of Nazi Germany) 등에서처럼 자연과학의 질량, 수소, 암과 같은 개념들과는 달리 매우 복잡하고 시간적으로 확장된 역사적 사건이나 과정을 적절히 파악하게 만든다. 예를 들면, 월시(W. H. Walsh)의 '나치독일의 팽창'이라는 결합 개념은 라인란드 침략으로 설명될 수 있을 뿐만 아니라 나치의 팽창과 관련되는 계획이나 정책 전반을 밝히는 측면에 초점을 모을 수 있게 된다.7)

---

6) F. R. Ankersmit, "Narrative and Interpretation," in A. Tucker(ed.), p.199, 205.

넷째로 설화는, 담론(discourse)으로 하나의 종합적인 해석의 틀을 이룰 수 있다. 담론은 단순한 문장의 수준을 뛰어넘는 규칙(rules)과 원형(archetypes)을 가지는 '전체(whole)'의 해석적 틀로서, 왜 어떤 진술(statement)이 다른 진술보다 가능하고 또한 여러 진술들의 배열, 구조화, 특권화 등을 가능케 한다. 설화는 담론을 만들어 내는 데 매우 적절한 수단이 될 수 있다. 즉 설화의 특성은 어떤 부분이나 구성요소들이 서로 관계를 맺는 전체의 논리에 입각하고 있는 만큼 여러 진술 사이의 규칙성을 전제로 하는 담론의 성격과 일치하는 점이 많다고 볼 수 있기 때문이다.[8]

2. 메타역사(Metahistory)

메타역사란 역사가들이 설화를 구성하는 데 도움을 주는 '수사적 기법(rhetorical techniques)'이다. 화이트(Hayden White)는 다음 네 가지 형태의 기법을 제시한다.

① 비유적 용법: 은유(metaphor), 환유(metonymy), 제유(synecdoche), 풍자(irony)
② 각색양식: 낭만적, 비극적, 희극적, 냉소적
③ 논쟁양식: 형식적(formistic), 메커니즘(mechanistic), 유기체(organicist), 맥락적(contextualist)
④ 이데올로기양식: 무정부적, 과격, 보수적, 자유주의적

---

7) W. H. Walsh, *An Introduction to Philosophy of Science*(London: Hutchinson, 1970), pp.24-25; C. Behan Mccullagh, "Colligation," in A. Tucker(ed.), *A companion to the Philosophy of History and Historiography*(West Sussex, Uk Wiley-Blackwell), p.153.
8) M. Day, *op. cit.*, pp.171-174.

첫째로 비유적 용법은, 문학이나 수사학에서 일반적으로 쓰이는 기법이다. '은유'는 유사성(similarity)에 초점을 두고 있으며 '환유'와 '제유'는 부분과 전체의 관계에 대한 주의를 환기시키며 '풍자'는 다양한 의미들에서 빚어지는 긴장에 무게가 실린다.

둘째로 각색양식의 경우, 여러 가지 역사적 어려움을 극복하고 승리한 영웅들의 이야기는 '낭만적'인 양식에 속하고, 어떤 끔찍한 참변이나 죽음으로 끝나는 경우는 '비극적'인 양식(예: 로미오와 줄리엣)이 된다. '냉소적인' 경우란 행위자가 처한 피치 못할 상황에 처한 죄수(주인공)가 결과적으로 허영이나 오만으로 부각되는 양식(예: 톨스토이의 '전쟁과 평화'에서의 나폴레옹 묘사)이다.

셋째로 논쟁양식의 경우, '형식적'이란 다른 것에 비하여 유일한(unique) 특성을 지칭하는 것이고 '메커니즘'은 저변에 깔린 원인들(causes)을 제시하는 설명 형태이며, '유기체적인' 것은 장기적 시간 경과 면에서의 여러 사건들의 결합(colligation)에 의한 설명이 된다. '맥락적인' 것은 어떤 행동이나 실천을 문화적·사회적 맥락에 따라 다루는 경우가 된다.[9]

넷째로는 무정부적 상태에서부터 자유주의적 상태에 이르는 다양한 이데올로기양식이 제시된다.

이러한 네 가지 형태의 메타역사적 선택에서는 각 형태 내의 구성요소들 상호간에 어느 정도의 상관관계가 있을 수 있다. 예를 들면, 논쟁양식이 메커니즘적이고 비유는 은유양식이고 각색은 비극적이거나 냉소적인 특색을 지닌다면 그것은 어떤 역사적 체제를 부정하는 과격이데올로기에 접합되는 상관관계를 이룰 수 있다. 그러나 화이트는 설화의 구성에서는 과거 데이터의 제시나 창작에 관한 메타역사적 선택은 어디까지나 역사가의 자유로운 결정의 문제임을 전제한다. 다만 어떠한 선택을 하든 역사가는 그의 도덕적·정치적 책임문제가 개재된다는 것을 알아야 한다는 점을 강조한다.[10]

---

9) Hayden White, *Metahistory*(Bultimore: Johns Hopkins Univ. Press, 1973); 이 부분은 M. Day의 요약을 참조. M. Day, *op. cit.*, pp.174-177.

3. 집단적 기억과 메타설화(metanarrative)

역사는 집단적 기억(collective memory)을 만들어 내고 그것은 설화로 구성된다. 따라서 역사적 기억이 무엇을 뜻하며 그것으로 만들어지는 설화가 어떤 기능을 수행하느냐는 역사연구의 주요 내용을 이룰 수 있다. 대체로 집단적 기억은 주요한 역사적 주제(독재, 대량학살과 집단적 편견, 20세기 역사의 비극과 분열, 국지적 유산, 지역적 및 민족적 정체성, 역사적 주역들의 전기물 등)와 관련되며, 다양한 역사적 맥락에서 민족이나 국민들의 응집과 통합을 증진하는 정치적 도구(political tool)로 사용되기도 한다. 뿐만 아니라 역사적 기억은 과거의 경험, 기념축제, 고문서, 박물관, 정치적 운동, 전통의 창출, 기념비와 역사편찬, 해석의 갈등, 기억상의 격차, 징후, 과거의 흔적, 역사의 재 기술(記述), 반증 등의 다양한 내용으로 설화에 반영될 수 있다.[11]

역사적 기억은 과거에 대한 지나친 집착에서 오는 중압감이나 과민성으로 자칫 대립이나 불화와 같은 이른바 '기억의 남용(the abuse of memory)'이 빚어질 수 있기 때문에 오히려 어느 정도 기억을 상쇄할 수 있는 '망각의 가치(the value of forgetting)'에 대한 필요성이 제기되기도 한다. 그러나 라바브르(M. Lavabre)는 역사적 기억은 이러한 단순한 심리적 측면보다는 좀 더 사회학적이며 동태적인 정의에 입각한 재인식을 제의한다. 우선 과거는 계속 보존되기보다는 현재의 관점에서 항상 재구성되며(reshaped), 개인보다는 사회적인 틀(social frameworks)로서 즉 집단적 기억으로 이어져 간다고 볼 수 있다. 그리고 기억은 무엇보다도 사회적 기능을 수행한다는 점이 강조된다. 즉 과거에 대한 공적 설화나 집단적 신화(myths)와 같은 '문화적 기억'보다는 개인들 상호간의 의사소통(communication)에 무게를

10) F. Ankersmit, *op. cit.*, p.207.
11) Marie-Claire Lavabre, "Historiography and Memory," in Tucker(ed.), *A Companion to the Philosophy of History and Historiography*(West Sussex, Uk Wiley-Blackwell, 2011), *op. cit.*, pp.362-363.

두는 '의사소통 기억'의 기능이 재인식될 것을 주장한다. 즉 개인 간의 의사소통으로 과거로부터 정보가 전달된다는 보다 긍정적이고 역동적인 측면에 무게가 실리고 있다.12) 리코외르(P. Ricoeur)도 집단적 기억이 사회 내의 여러 현안을 둘러싼 논쟁을 봉합하고 개인의 모든 계획들이 타인들과의 조화를 이루어 내는 집단적 계획의 형성으로까지 이어질 수 있는 가능성을 내다보고 역사가들이 이를 위한 집단적 설화를 만들어 나갈 것을 종용하고 있다.13)

집단적 기억에 근거한 설화가 극대화된 것이 바로 '메타설화(metanarrative)'이다. 포스트모더니즘을 대표하는 리오타드(F. Lyotard)는 '근대(modernity)'를 상징하는 메타설화로서 헤겔(Hegel), 마르크스(Marx), 애덤 스미스(A. Smith) 등의 이론체계에 대한 극도의 회의감을 나타내는 것으로 널리 알려져 있다.14) 그러나 역사철학의 입장에 서는 데이(M. Day)는 오히려 이러한 메타설화의 긍정적 측면을 제시하고 있어 주목된다. 이러한 웅장한 설화들이 개인들로 하여금 그들이 경험하는 변화를 실감하고 그러한 변화 속에서의 자신의 위치를 파악할 수 있는 하나의 목적론(teleology)을 제공한다는 것이다. 그것은 어떤 한 집단이나 민족에 국한된 것이 아니고 우리 모두를 같은 이야기 속으로 묶으면서 극도로 광범위한 현상들을 설명할 수 있는 가장 적합한 방법이 된다.

헤겔의 설화는 자유의 개념이 발전하는 역사적 과정에 관한 것이고 마르크스는 역사의 진행이 생산수단의 변화로 촉발되고 봉건주의가 자본주의로 이어지면서 공산주의의 도래로 귀결된다는 메타설화를 후세에 남기고 있다. 과학적 발전의 경우, 정확한 이론의 확보, 보다 많은 지식의 축적, 이론적 지식에 근거한 기술적 혁신의 축적과 그로 인한 새로운 발견 등의 일련의

---

12) *Ibid.,* pp.367-368.

13) Paul Ricoeur, *Memory, History, Forgetting*(Chicago, IL: Univ. of Chicago Press, 2004), p.246.

14) Jean François Lyotard, *The Postmodern Condition: A Report on Knowledge* (Minnesota: Univ. of Minnesota Press, 1985), p.xxiv.

과정들이 과학적 발전의 메타설화로서 설명이 가능해진다. 심지어 유태교,
기독교, 이슬람교와 같은 3대 사막 종교(desert religions)도 신봉자들의 세
계에 대한 이해를 그 바탕으로 깔고 있는 메타설화이다.

　집단적으로 구성되는 설화는 우리들의 계획수립 및 행동과 '공동의 형식
(common form)'으로 이루어지는 만큼 우리들의 삶을 어떻게 살고 우리들
의 미래를 어떻게 조직화할 것인가의 문제에 대해서 나름대로의 방향을 제
시해 줄 수가 있다. 따라서 어떤 설화를 선택해야 할 것인가는 우리들 자신
의 결정의 문제가 된다. 메타설화를 거부할 하등의 이유가 없다는 이야기
다.15)

IV. '정치와 역사학'의 최근 연구 추이

　역사학이 사회과학 분야와 연계되면서 나타나는 최근의 새로운 이론적
쟁점과 방법론상의 문제들을 특히 정치적 주제들과 연계시켜 1) 구조와 행
위, 2) 문화적인 것과 물질적인 것에 관한 논의들을 사례 중심으로 정리해
볼 수 있다.

1. 구조(structure)와 행위(agency)

　구조와 행위의 상호관계는 최근 사회학의 두드러진 연구주제를 이룬다.
구조는 개인의 행위에 영향을 미치되 구조는 또한 개인의 행위와 실천을
통하여 재생산된다는 새로운 논리이다. 기든스(A. Giddens)의 구조화이론

---

15) M. Day, *op. cit.*, pp.183-184.

(structuration theory), 부르디외(P. Bourdieu)의 하비투스(Habitus)이론, 바스카(R. Bhaskar)와 아처(S. Archer)의 비판적 실재론의 입장 등의 여러 갈래의 흐름을 형성하면서 활발한 논의가 전개되고 있다.16) 여기서는 역사 연구와 관련되는 부분을 간략히 다루어 보고자 한다.

우선 역사연구에서의 '구조'의 위치를 생각해 볼 수 있는데 독일의 히틀러(Hitler)의 등장과 관련된 구조적 영향력 연구를 하나의 사례로 다루어 볼 수 있다. 흔히 홀로코스트(Holocaust)라는 끔찍한 역사적 참사를 저지른 역사적 설화의 주인공으로서의 그의 행위를 그의 병적인 개인적 특성(반유태주의, 광신적 성격 등)에 초점을 맞추는 경우가 많다. 그러나 그러한 인물위주가 아니라 그의 등장을 만들어 낸 구조적 특성에 관심을 돌리는 연구도 있을 수 있는데 커쇼우(Ian Kershaw)는 나치(Nazis)국가의 매우 혼돈된 권력 구조에서 그 실마리를 찾는다. 즉 권력주체 상호간의 극도의 내부적 힘겨루기와 긴장조성으로 불가항력적이며 확대일로의 폭력과 잔인성을 만들어 내는 다중심적 권력체제(multi-centered system of power)를 '폴리크라티(policraty)'로 부르고 나치국가의 등장을 바로 이러한 구조적 산물이라는 점을 부각시킨다. 히틀러는 모든 잔악행위를 지시했다(directing)기보다는 허용했다(authorising)는 쪽으로 묘사되면서 그의 개인적 특성뿐만 아니라 원심적 권력 구조의 영향력에도 무게를 두는 설명이 된다.17)

이러한 구조적 영향력은 구소련 붕괴의 주역으로 부상되는 고르바초프(M. Gorbachev)의 경우에도 적용될 수 있게 된다. 즉 그는 어떤 사태가 특정방향으로 진전되지 않는 유동적인 상황에서 돌연히 무대에 올라서 사태의 매듭을 짓는 극적인 해결사(deus ex machina)로 묘사되기도 한다. 그러

16) 이와 관련된 간략한 소개는 오명호, 『현대정치학: 이론적 구성과 연구 동향』(서울: 한양대학교출판부, 2010), pp.209-258 참조.

17) Ian Kershaw, *Hitler: A Profile in Power*(London: Longman, 1991); I. Kershaw, *The Nazi Dictatorship*, 3rd edition(London: Arnold, 2000); 이 부분은 Mary Fulbrook, *Historical Theory*(London & New York: Routledge, 2002), p.88, 115, 132 참조.

나 누적된 경제적, 정치적 위기에 직면한 구소련이 1980년대에 들어서 더욱 악화된 냉전에서 오는 군비지출을 감당하기 어려운 구조적 상황의 산물이라는 설명도 가능하게 된다.[18]

한편 역사에 있어서의 '행위'의 측면은 역사진행에 결정적인 작용을 한 개인들(주로 위인, 영웅으로 지칭되는)에 역점을 두는 연구가 된다. 칼라일 (T. Carlyle)만 하더라도 보편적 역사는 위인들(Great Men)의 역사임을 역설하고 콜링우드(R. Collingwood)는 역사란 인간의 사고와 인간행동의 역사임을 강조하는 하나의 큰 흐름을 실감할 수 있다. 근세 초 왕조국가의 국왕들(영국의 Charles I; 프랑스의 Louis XVI부터 Louis XVI, 프로이센의 Frederick I, Frederick William I 및 Frederick II), 20세기의 히틀러, 무솔리니, 스탈린, 그리고 간디(Mahatma Gandhi), 마틴 루터 킹(Martin Luther King) 등 역사에서 거명되는 위인들의 대표적 사례가 된다.

그러나 위인들의 역할 강조에는 항상 그들이 등장하는 특수한 '역사적 상황(historical circumstances)'의 검토가 절실하다는 단서가 붙는다. 즉 그들이 역사를 만들 수 있는 지위에 올라선다는 것은 언제나 구체적인 역사적 상황하에서만 가능한 것이고 그렇지 않은 제약적인 조건하에서도 자유재량의 여지가 있을 수 있었을까의 검토가 불가피하게 된다. 심지어 간디의 경우만 하더라도 전후 식민지국가의 독립운동이 인도에만 국한된 것이 아니며 인도의 성공사례는 간디라는 인물에 지나친 비중으로 설명될 수 없는 부분이 있을 수 있다. 그리고 마틴 루터 킹의 인권운동에 있어서의 리더십이 개인의 성실함이나 영감으로 설명될 수도 있으나 그에 못지않게 제2차 대전의 영향, 전후 소비사회의 출현, 1950년대와 1960년대에 나타난 새로운 문화-사회(음악) 운동, 미국의 월남전 개입과 비트세대(Blues and Beat Generations)의 지각변동적 결합 등의 다양한 요인들의 작용을 무시할 수가 없다는 입장도 가능하다.[19]

---

18) M. Fulbrook, *op. cit.*, p.132.
19) *Ibid.*, p.130, 133.

역사에 있어서 '구조'와 '행위'의 분석적 비중의 문제를 놓고 홀브룩(M. Fulbrook)은 다음과 같은 점을 지적하고 있다. 첫째로 역사연구에서 지나치게 '개인'이나 '행위(agency)'에 비중을 두는 접근에는 신중을 기할 필요가 있다. 비록 개인적 동기나 행동에 근거한 설명이라 할지라도 집단적인 문화적 측면이나 어떤 행동들을 허용하거나 권장하고 또한 제약하는 이른바 '구조적 특성(structural features)'을 외면할 수는 없게 되어 있기 때문이다. 그러나 반대로 개인들의 자질이나 열망이 역사적 상황의 산물이냐 아니냐를 놓고 합의를 이루어내기도 힘든 점이 있기 때문에 역사적으로 형성되는 개인의 역할을 전적으로 부정하기도 힘들게 되어 있다. 상황적 제약보다는 개인의 역할이 두드러지는 경우는 구체적인 논증이 제시되어야 할 것이다.

둘째로 역사에는 어떤 광범위한 '역사적 유형화(historical patternings)'가 나타나게끔 되어 있다. 행위에 작용하는 제도적·사회적·문화적 상황이 유형으로 잡힐 수가 있다. 따라서 구조와 행위의 문제를 해결하기 위하여 '구조화(A. Giddens의)'와 같은 손쉬운 슬로건에 의존할 것이 아니라, 역사적 개인들의 특성들(믿음, 행동, 그리고 그들의 개인적, 집단적 행동의 결과들)이 서로 상의한 역사적 상황하에서 만들어지는 사회-문화적 구성의 형태와 다양성 등을 좀 더 상세하게 역사적으로 검토해 볼 것을 종용하고 있다.[20]

2. '문화적인 것(the cultural)'과 '물질적인 것(the material)'

역사에서도 문화와 물질의 대조적인 특성에서 오는 변화는 꾸준한 연구주제를 이루어 오지만 사회과학에서도 이러한 논의는 다양한 형태로 나타난다. 근래에 들어서 관심을 모으고 있는 포스트모더니즘, 해석학, 구성주의 등, 사회과학의 내용도 문화와 물질의 상호관계에 관한 전례 없는 이론적·방법론적 논의에 휩싸이고 있다. 특히 사회과학에서는 최근의 학문적 동향

---

20) *Ibid*., p.134.

이 '문화적 전환' 또는 '언어학적 전환' 등으로 각색되는 경향이 있음을 주목하게 되는데 이러한 추세가 역사학에 접목되는 부분을 간략히 다루어 볼 수 있다.

시웰 주니어(W. H. Sewell, Jr)는 역사연구에 이러한 문제를 비교적 상세하게 소개하고 있다. 우선 문화란 상징과 의미들의 체계이면서 인간의 실천에 상당한 작용을 미칠 수 있다는 것을 전제한다. 문화가 단순히 어떤 규칙에 따라 의미만을 만들어 내는 것이 아니라 의도적인 행위나 권력관계, 투쟁, 모순, 변화와 같은 실제적인 활동을 가능하게 만든다는 것이다. 그리고 이러한 실천적인 측면을 부각시키기 위하여 그는 '기호적 실천(semiotic practices)'이라는 용어를 제의하고 있는데, 이것은 어떤 종류의 기호들(signs)에 의해 의사소통이 되고 해석이 가능한 인간생활의 실천으로 정의된다. 말이나 글뿐만 아니라 농담, 몸짓, 윙크, 신체적 동작 등의 비언어적(non-linguistic) 구성을 수반한다.[21]

반면 이러한 기호적 실천에 대칭되는 것이 주로 물질적인 것으로 이루어지는 '만들어진 환경(built environment)'이라는 개념이다. '인문지리학(human geography)'에서 도입되는 이 개념은 인간이란 그들의 지리적·물리적 환경을 그 의미의 재 상징(refiguring)을 통하여 다시 만들어 낸다는 뜻을 지닌다. 따라서 인간생활에 정착된 관행, 제도적 환경, 판단의 습관, 생산의 기술 등으로 이루어지면서 인간의 실천을 제약하기도 하고, 가능하게도 만들 수 있다는 것이다.[22]

'기호적 실천'과 '만들어지는 환경'은 서로가 작용을 미치면서 변환되는 변증법적인 상호관계를 만들어 낸다. 시웰 주니어에 의하면 사린스(Marshal Sahlins)가 다루고 있는 18세기 말 '쿡 선장(Captain Cook)'의 하와이섬 기항에 관한 이야기에서 이러한 '기호적 실천'과 '만들어진 환경' 간의 변증법

21) William H. Sewell Jr., *Logics of History: Social Theory and Social Transformation*(Chicago: The Univ. of Chicago Press, 2005), p.161, 335.

22) *Ibid.*, pp.362-264.

적 특성이 잘 나타나는 것으로 소개된다.[23] 1779년 하와이 섬 킬라케쿠아 항에 도착한 쿡 선장 일행은 원주민들로부터 매우 융숭한 대접을 받았으며 쿡은 하와이의 신화적 역사에 이어져오는 신(god)과 같은 존재로 인정받았다고 한다. 비록 얼마 후 쿡은 섬으로 다시 들어갔다가 원주민과의 마찰로 죽음을 당했지만 그의 위상은 원주민들에게 신격적인 '마나(mana: 태평양 제도의 신화에 나오는 초자연적인 힘의 소지자)'로 인식되었다고 한다. 특히 얼마 후에 즉위한 '카메하메아(Kamehameha)' 왕의 경우 그의 전통적 '마나'에는 큰 변화가 일어났다. 쿡 선장을 통하여 영국적인 마나가 하와이 왕에게 순화(domesticated)됨으로써, 즉 쿡 선장을 개인적인 신으로 인정함으로써 하와이적인 마나가 영국적인 참조기준(reference)으로 바뀌는 의미변화가 이루어진 것이다. 이 왕은 영국 및 유럽과의 우호를 다지고 항해의 안전과 통상증진의 길을 열었다고 한다. 쿡 선장의 하와이 섬 기항은 하와이 원주민들의 '기호적 실천'에 일대 변화를 가져왔으며 이 변화가 하와이 섬에 새롭게 '만들어진 환경(영국과의 우호, 통상증진 등)'을 가져왔다는 설명이 된다.[24]

또 하나의 예로써 시웰 주니어는 미국의 주요도시에 있어서의 인종적 분리와 관련된 기호적 실천의 문제를 다룬다.[25] 우선 미국의 인종차별은 흑인들의 검은 피부에 대한 천시(stigmatization)가 폭 넓은 '기호적 실천'을 이

---

23) 쿡 선장의 하와이 기항에 관한 이야기는 주로 다음의 두 가지 연구로 소개된다. Marshall Sahlins, *Historical Metaphors and Mythical Realities: Early History of the Sandwich Islands Kingdom*(Ann Arbor: Univ. of Michigan Press, 1981); M. Sahlins, *Islands of History*(Chicago: Univ. of Chicago Press, 1985).

24) W. Sewell Jr., *op. cit.*, pp.200-203.

25) 이 인종적 차별에 관한 Sewell의 분석은 다음 몇 사회학자들의 연구를 참조하고 있다. William J. Wilson, *The Truly Disadvantaged: The Inner City, the Underclass and Public Policy*(Chicago: Univ. of Chicago Press, 1987); W. J. Wilson, *When Work Disappears: The World of the New Urban Poor*(New York: Knopf, 1996); Douglas S. Massey and Nancy Denton, *American Apartheid: Segregation and the Making of the Underclass*(Cambridge, Mass.: Harvard Univ. Press, 1993); W. Sewell, Jr., *op. cit.*, p.367 참조.

루면서 시작되었으며 이로 인한 대규모적인 주거차별화(housing discrimi-
nation)를 가져왔고 이것이 '만들어진 환경' 효과로 이어졌다고 보고 있다.
특히 주거차별화는 아프리카계 미국인들을 북쪽 산업화지역도시들의 특정
도시인근에 물리적으로 주거를 묶어 놓는 결과를 가져왔다. 1970년대와
1980년대에 저질러진 이 지리적 제약은 아프리카계 미국인들의 복지에 엄
청난 부정적 결과를 가져왔으며 흑인들을 도시의 빈민가에 묶어 놓고 계속
인종적 천시를 부추기게 된다.

따라서 직업기회가 도시 교외로 옮기게 되자 흑인들은 취업가능성으로부
터 점차 멀어지게 되면서 극심한 생활상의 어려움에 직면하게 된다. 높은
실업률, 저임금, 주거상태의 악화, 범죄의 유혹, 알코올과 마약의 남용, 단일
부모 가족의 증가 등의 새로운 환경적 변화가 따라오게 된다. 그리고 이때의
환경적 변화는 독특한 논리(logics)에 따라 진행된다는 점이 강조된다. 예를
들면, 공간적 확정(spatial fixing), 물질적 구체화(material instantiation),
증대(accretion), 지속화(duration) 등의 특징적인 논리가 작용하면서 새로
운 '만들어진 환경'을 가져온다는 것이다. 이러한 일련의 과정을 종합하건대
기호적 실천은 환경적 변화와 상호작용하면서 서로가 상대방의 안정화, 교
란, 변환 등의 변증법적 과정을 되풀이해 나가는 것으로 파악되고 있다.[26)]

V. 정치의 시간성과 인과메커니즘

최근 사회과학에서도 이른바 '역사적 전환'으로 불리는 새로운 연구추세
가 일고 있으며 특히 정치현상을 시간적 변화 면에서 나타나는 인과메커니
즘으로 파악하려는 움직임이 나타나고 있다. '시간성(temporality)'의 측면

---

26) W. Sewell Jr., *op. cit.*, pp.367-368.

에서 파악되는 경로의존성, 타이밍과 계기성, 장기적 제도적 변화의 유형 등이 그 두드러진 연구소재로 등장하고 있다. 여기서는 최근의 대표적인 연구동향을 정리해 보기로 한다.

1. 경로의존성(path dependency)

경로의존성이란 어떤 조치(step)가 취해지면 그 후의 여러 가지 유리한 상황이 전개되면서 더욱 성공적인 조치들로 확대되어 나가는 일련의 경로 (path)가 잡혀 나가는 과정을 지칭한다. 이러한 시간성을 특징으로 하는 경로 의존성은 '정의 환류(positive feedback)' 또는 '자체강화 과정(self-reinforcing process)'으로도 불리고 있으며 당초 경제학 분야에서의 이득(benefits)과 관련하여 '점증적 수익(increasing returns)'의 현상으로 개념화되었다.[27]

다소 복잡하고 기술집약적인 경제영역에서는 어떤 특수한 기술의 개발은 경로의존에 있어 결정적인 역할을 할 수 있다. 타이프라이터 키보드, 미국의 경수 원자로, 초기 자동차 디자인, 전기회로의 경쟁적 표준 등이 그 적절한 예가 된다. 새로운 기술적 혁신이 특정장소와 결합되는 예로써는 미국의 실리콘 밸리나 북부 이탈리아의 섬유제조업 단지 등이 꼽힌다. 그러나 가장 관심을 모으는 분야는 제도의 경로의존적 발전이 된다. 새로운 조직이나 제도는 시작할 때에 비용은 들지만 그 후로는 여러 가지 학습효과나 조정노력의 증대, 적응능력의 향상 등으로 '정의 환류' 과정을 밟아 나갈 수 있다는 명제가 가능해진다. 제도는 일단 자리가 잡히면 좀처럼 변하지 않으며 지속적인 경제성장의 가능성을 높여 나가는 것으로 파악된다.[28]

27) W. Brian, *Increasing Returns and Path Dependence in the Economy*(Ann Arbor: Univ. of Michigan Press, 1994); Paul David, "Path Dependence, Its Critics, and the Quest for Historical Economics," in P. Garrouste and S. Ioannides(eds.), *Evolution and Path Dependence in Economic Ideas, Past and Present* (Cheltenham, U. K.: Edward Elgar, 2000).

이러한 경로의존성은 정치의 영역에서도 나타나기 마련이다. 어떤 제도적 장치(예: 헌법구조나 정책구조)가 도입되면 그것은 여러 가지 정치적·사회-경제적인 환경적 요인과 결합되면서 독특한 관성이나 접착성(stickiness)이 나타나서 제도를 계속 일정한 경로로 묶어 놓는 '정의 환류'가 발생할 수 있다. 헌법적 제도, 선거제도, 복지제도, 과세제도, 연금제도 등 다양한 제도적 장치들이 일단 들어서면 다양한 경로의존적인 특성을 보이는 것은 정치의 일상으로 보아도 무방하다. 그러나 정치는 경제와는 다르다는 점이 강조될 수 있다.

첫째로 정치는, 집단적 특성을 가지고 있기 때문에 어떤 결정을 내리려면 다른 사람의 참여가 필요하고 집단행동은 시작에 필요한 비용이 불가피하며 또한 집단의 유지에는 그만한 자원이 소요되기 때문에 사태는 제도화가 지속되는 방향으로 가지 않을 수 없게 된다. 또한 제도에의 참여는 탈퇴가 힘든 힘의 작용이 흔하고 정치적 권위가 특정 행위자에게 배분된다는 것은 정의 환류를 부추기는 결과를 가져온다.

둘째로 경제에서는, 경쟁과 학습으로 새로운 대안과 경로의 수정이 어느 정도 가능하나 정치에서는 경로의 진행을 역행시키기 힘들게 되어 있다. 즉 정치에서는 선거 등으로 장기적인 결과보다는 단기적인 시야에 얽매일 수 있게 됨으로써 큰 변화는 피하는 경향이 있고, 또한 정치적 행위자들은 자기에게 유리한 현재의 규칙으로 자신을 보호하기 위하여 현상유지(status quo)에 집착하게 된다. 뿐만 아니라 정치에서는 전원일치의 의사결정방식이 채택될 경우(EU처럼) 경로의존성은 지속될 수밖에 없게 된다. 이상에서 논의되는 것을 종합하면 정치의 영역에서는 경로의존성이 경제보다는 두드러진다는 점이다.[29]

정치학에서도 기능주의는 하나의 독특한 이론적 구성의 몫을 하고 있지

---

28) Paul Pierson, *Politics in Time: History, Institutions, and Social Analysis*(Princeton and Oxford: Princeton Univ. Press, 2004), pp.20-28.

29) *Ibid.*, pp.30-44.

만 경로의존성은 그 설명력을 내실화하는 데 기여할 수 있다. 어떤 제도의 존재를 설명하기 위해서 어떤 기능을 수행하기 때문이라고 하지만 기능수행에는 다양한 제도적 대안이 있기 때문에 항상 불충분한 설명에 그칠 수 있게 된다. 경로의존의 논리는 어떤 제도와 기능의 상호관계를 시간의 경과에 따른 구체적인 경로를 밝힘으로써 보다 설득력 있는 '인과메커니즘'을 제시할 수 있다는 점이 강조될 수 있다. 또 한 가지 정치경제학 분야에서 논의되는 자본주의의 '다양성' 문제와 관련해서도 경로의존의 개념은 왜 나라마다의 자본주의가 특정한 형태로 발전되어 왔는가를 밝히는 데 주요한 몫을 할 수 있다. 자본주의의 기본조직과 제도들의 시작경비(start-up costs), 경제-사회-정치적 조직들 상호간의 조정능력, 회사들의 제도적 행렬(institutional matrix)에의 적절한 적응 전략과 학습능력 등의 다양한 요인들이 어떤 경로에 따라 진행되는가의 과정이 밝혀짐으로써 보다 충분한 설명이 가능하다고 주장된다.30)

2. 타이밍과 계기성

역사의 진행에 있어서는 어떤 사건들의 결합이 동시적으로 또는 선후 순으로 이루어지느냐에 따라 서로 다른 결과가 나타날 수 있다. '타이밍(timing)'이란 그러한 결합을 다루는 시간적 인과관계를 다루는 개념이다. 예를 들면 어떤 사람이 매일 똑같은 길을 걷는다고 하자. 그리고 어느 날 그가 걷는 길가 건물의 무거운 타일이 떨어져 나갔다고 하자. 이러한 두 사건이 어떤 특정한 시간에 결합(conjuncture)되었다고 할 때 결과는 끔찍한 참사가 된다. 두 사건의 타이밍의 결과이다.

근대국가의 형성에서는 그 중심축을 이루는 관료체계의 구비를 둘러싼 타이밍의 문제가 중요한 갈림길이 될 수 있다. 근세초의 군주들은 대외적으

---

30) *Ibid.*, pp.46-47.

로는 다른 나라들과의 군사적인 경합에 직면하면서 이를 위한 국가재정을 담당할 관료체제의 확립이 절실할 수밖에 없었다. 그런데 일찍이 12세기의 군주들은 당시의 낮은 식자율(literacy)로 말미암아 효과적인 행정체제를 확립할 수가 없어 부득이 '세금징수청부(tax farming)'에 의존하게 되면서 관직의 소유와 업무를 분리해야 하는 근대적인 관료구조를 구축할 수가 없었다. 그러나 18세기에 근대국가형성에 들어간 군주들의 경우는 상당히 높아진 식자율을 기반으로 가능해진 효과적인 관료체계를 통하여 대내외적인 긴박한 과제들에 적절히 대응한 것으로 대조되고 있다. 즉 근대국가 형성에 작용한 관료체계의 구축과 관련하여 타이밍이 두드러진 설명력이 되는 적절한 사례가 된다.[31]

'계기성(sequence)'이란 시간적 순서(temporal order)를 지칭하며 주로 선후관계가 만들어 내는 차별화된 결과를 검토하는 과정이 된다. 대체로 사회현상이나 사건의 진행에 있어서는 선발주자에게 돌아오는 이득이 많다는 주장에 힘이 실리게끔 되어 있다. 첫째로 '정치적 공간'에는 처음 덤벼서 차지하는 자가 계속 유리한 고지를 차지해 나갈 수 있게 된다. 즉 제한된 자원(resources)을 경쟁자보다 많이 확보하게 됨으로써 계속적인 우위를 확보할 수 있다. 대체로 정치와 관련되는 집단행동에는 상당한 시작경비가 들지만 이 최소한의 고비만 넘으면 다른 경쟁자보다는 조직을 유지, 확대하기는 훨씬 쉬워질 수 있기 때문이다.[32]

둘째로 정치적 사건의 계기성을 좌우하는 것은 '사회적 능력(social capacities)'이다. 앞에서 에르트만(T. Ertman)에 의해 언급된 근대국가의 관료체계의 구축은 향상된 '식자율'이 만들어 내는 사회적 능력의 소산으로도 볼 수 있다. 또 다른 예는 근대국가의 산업화과정에서도 잘 나타난다. 근대국가의 산업화에 있어서는 선발국가의 비교우위가 결정적이며 후발산업화

31) Thomas Ertman, *Birth of the Leviathan: Building States and Regimes in Medieval and Early Modern Europe*(Cambridge: Cambridge Univ. Press, 1997); P. Pierson, *op. cit.*, pp.3-4.
32) P. Pierson, *op. cit.*, pp.71-74.

(late industrialization)국가의 경우, 여러 가지 제약에 직면하게 되며 앞서
가는 나라로부터 선진기술을 빌릴 수밖에 없게 되어 있다. 그러나 후발국가
라 할지라도 선진국의 기술을 빌리는 데 그치지 않고 경제성장의 결정적인
다른 분야에서 사회적 능력을 발휘하여 두각을 나타내게 되면 후진적 제약
을 벗어나 선진국 대열에 참여할 수 있게 된다. 독일의 경우 영국의 면화와
섬유분야에서가 아니라 철, 강철, 철도 등의 다른 경제 분야에서 성공을 거
두면서 선진대열에 올라서게 된다. 산업화의 계기현상이 나라마다의 사회적
능력의 차이에서 다르게 나타날 수 있는 적절한 사례가 될 수 있다.[33]

3. 장기적 변환: 서서히 움직이는 인과과정

장기적 변환이란 오랜 시간을 두고 서서히 변화하는 과정을 지칭한다.
그러나 이러한 과정에서는 '서서히 움직이는 인과과정(slow-moving causal
processes)'과 '서서히 움직이는 결과(slow-moving outcomes)'의 두 가지
형태로 나누어 생각할 수 있는데 여기에서는 전자의 세 가지 유형을 검토해
보기로 한다.

1) 누적(accumulation)
누적이란 어떤 현상이나 사건을 만들어 내는 데 오랜 시간이 걸리는데
그것을 누적적인 현상으로 인과관계를 밝히는 경우가 된다. 여기서는 어떤
변수가 매우 느리게 진행되는 경우로서 예를 들면 사회학에서 논의되는 '기
술적 변화'나 벨(Daniel Bell)이 갈파하는 '후기산업주의(postindustrialism)'
등이 해당될 수 있다. 인구통계학, 이주, 교외화, 식자율, 언어와 관련되는

33) Alexander Gerschenkron, *Economic Backwardness in Historical Perspective*
(Cambridge, Mass.: Harvard Univ. Press, 1962); James Kurth, "Political Conse-
quences of the Product Cycle," *International Organization*, Vol.33(1979), pp.1-
34; P. Pierson, *op. cit.*, pp.75-76.

민족성, 기본적 문화시각 등의 연구가 이러한 누적현상을 다룬다. 흔히 정치학에서는 이러한 사회학적 변수는 배경적 요인으로 이미 정해진 것으로 전제함으로써 그 작용력을 무시하는 경우가 많으나 그러한 누적적 인과관계는 적절히 참작되어야 할 것이다.[34]

2) 문지방 효과(threshold effects)

어떤 인과과정이 오랫동안 서서히 진행되다가 어떤 결정적 수준(critical level)에 도달하면 순간적으로 엄청난 결과를 만들어 내는 경우가 된다. 자연현상에서는 지진이라든가 눈사태, 사회과학에서는 '혁명'이 전형적인 예가 될 수 있다. 골드스톤(J. Goldstone)에 의하면 매우 서서히 움직이는 '인구통계적 변화'가 일정한 위험단계에 달하면 급속하게 일시에 터지는 혁명으로 이어진다. 인구증가는 사회적인 주변집단(예: 농민, 엘리트 가정의 자식들)의 지위향상의 경쟁심을 유발하면서 사회적 긴장을 오랫동안 지속시키다가 어떤 결정적인 수준에 달하면 혁명으로 폭발한다는 것이다. 또 하나의 예로써, 맥아담(D. McAdam)에 의하면 미국의 흑인폭동은 1925년 이후 4반세기 동안 진행된 면화경제(cotton industry)의 쇠퇴가 흑인반란을 반대하는 세력들의 힘을 약화시키면서 동시에 대대적인 흑인이주로 인한 흑인들의 조직능력(흑인교회 및 대학의 증가, NAACP 남부지부의 확대)의 증대로 빚어진 오랜 인과과정의 결과로 분석된다.[35]

그러나 장기적 추세에 입각한 인과설명에 있어서는 그 긴 과정을 통하여 전반부보다는 결정적 단계 직전의 상황이 보다 중요한 과정이 될 수 있다는 점이 인식되어야 할 것이다. 혁명 직전의 구체제와 반란세력의 첨예한 대치에서 오는 폭풍전야의 상황이 보다 두드러진 변수가 될 수 있기 때문이다.

---

34) P. Pierson, *op. cit.*, pp.82-83.

35) Jack A. Goldstone, *Revolution and Rebellion in the Early Modern World* (Berkeley: Univ. of California, 1991); Terrance J. McAdam, *Political Process and the Development of Black Insurgency, 1930-1970*(Chicago: Univ. of Chicago Press, 1982); P. Pierson, *op. cit.*, pp.83-85.

이 비교적 짧은 과정에 대한 보다 체계적인 요인분석에 대한 고려가 아쉬운
대목이라고 볼 수 있다.[36]

3) 인과사슬

인과과정은 여러 개의 원인들로 이루어질 수 있다. 예를 들면, x가 y를
가져온다고 전제할 때 x는 a, b, c의 계기성을 통하여 작동하게 되어 y를
가져온다고 하면 그것이 바로 인과사슬(causal chains)이 된다. 만약 a, b,
c가 각자의 원인을 이룬다면 x와 y 사이에는 상당한 시간적 격차가 생긴다.
정치학에서는 국가건설(state building)이나 민주화와 관련된 연구에 많이
원용된다.

카펜터(Daniel Carpenter)는 입법부와 행정부의 관계를 '주역과 대리인'
의 역할로 파악할 것이 아니라 관료적 자율성의 측면에서 재구성되는 인과
사슬을 제시하고 있다. 전통적인 문헌에 의하면 의회의 주역들은 관료적 대
리인들이 주역들의 선호에 순응하게끔 만드는 정치적 자원을 갖는 것으로
되어 있다. 그러나 이러한 분석은 관료적 자율성(bureaucratic autonomy)
의 잠재성을 저평가하고 있는데, 그러한 견해가 나오는 것은 문제를 장기적
인 인과사슬로서가 아니라 단면적인 접근으로 다루기 때문인 것으로 지적된
다. 행정부에서도 야심 있고 기업가적인 관료들은 상당한 기간 동안 혁신과
업무 능력 면에서 좋은 평판을 쌓을 수 있고 사회적 행위자 간에 강력한
지지기반을 만들어 낼 수가 있다. 이러한 관료들의 업적으로 말미암아 의회
는 밑으로부터의 압력과 더불어 상급 관료들의 전문성에 직면하게 되어 결
과적으로 관료들의 원하는 바를 국정에 반영하지 않을 수 없는 상황적 맥락
에 처하게 된다. 순간적으로는 '의회의 지배'로 보이지만 시간적 경과에 따

---

36) P. Pierson, *op. cit.*, pp.85-87. 혁명의 발생 직전에 사태를 격화시키는 촉진제
(accelerator)로서 Chalmers Johnson은 역기능의 사회에 예언자나 구세주가 나타날
때, 혁명적 정당의 조직강화, 역기능사회에 돌연히 다가오는 패전의 충격 등을 열거
하고 있다. Chalmers Johnson, *Revolution and the Social System*(Sanford: The
Hoover Institution of War, Revolution and Peace, 1964), pp.10-22.

른 전개 면에서는 상당한 '관료적 자율성'으로 파악되어야 한다는 것이다.[37]

그러나 인과사슬의 구성에 있어서도 몇 가지 문제가 제기된다. 즉 인과추정을 무한정 거슬러 올라가는 문제가 있을 수 있는데 어떤 시점에서부터 시작하는 것이 적절한가의 판단이 절실해진다. 연구주제와 관련되는 사슬의 범위는 전체적인 내용이 갈라지는 '결정적인 접합점(critical junctures)'을 고려해야 한다든가, 또한 원인들의 연결은 '견고한 결합'일 때만 허용되어야 한다든가, 인과사슬의 전체적 연결은 분야별(인구 통계적, 사회적, 정치적 등)로 다루어지는 것이 바람직하다는 등의 여러 대응방식이 논의될 수 있다.[38]

4. 세계사의 변환논리

21세기에 들어서 세계는 사람과 물자, 그리고 통신의 상호작용이 밀접한 상호의존관계를 만들어내는 세계화(globalization)의 과정으로 특징지어진다. 이와 병행해서 인간의 의식과 문화에도 상당한 변화가 수반되면서 역사에 대한 인식에도 커다란 변화가 일고 있다. 새로운 역사인식을 바탕으로 제기되는 세계사의 변환을 다루는 최근의 연구들을 정리해 볼 수 있다.

1) 새로운 역사인식

세계적으로 진행되는 인간의 생활조건이 바뀌면서 역사에 대한 인식이 달라지는 것은 극히 당연한 일이다. 가장 두드러지는 변화는 역사의 해석에 등장하는 '설화(narrative)'의 중요성이다. 설화는 이야기(story)를 하는 것이다. 사건은 자연적이고 시간적 순서에 따라 이야기되고 이것이 일어났고

---

37) Daniel P. Carpenter, *The Forging of Bureaucratic Autonomy: Reputations, Networks, and Policy Innovation in Executive Agencies, 1862-1928*(Princeton: Princeton Univ. Press, 2001); P. Pierson, *op. cit.*, pp.2-3, 87.

38) P. Pierson, *op. cit.*, pp.88-89.

그 다음에 저것이 일어났다는 식의 과거에 대한 기술이다. 그러나 그러한 기술(description)은 인간에 의해 발견된다기보다는 구성(constructing)된 다는 데 무게가 실리면서 그 객관성의 문제는 간주간성(intersubjectivity)과 적절한 합의의 문제로 해법이 모색된다.

　설화로 이루어지는 역사의 해석은 실증주의의 이른바 포괄적 법칙의 적용을 거부한다. 법칙에 의한 설명은 그 사례들의 일반성의 확보에도 어려움이 있지만 사건의 특수성(uniqueness)을 고려하지 않는다는 점을 지적한다. 인간행위의 특유한(idiosyncratic) 측면을 무시하고 인간행위의 중요성과 효율성을 등한시한다는 것이다. 그 대안으로서의 설화는 통칙에 의존하지 않으면서도 인간의 개체성과 자유의지를 설명할 수 있으며 역사적 사건은 이야기 줄거리의 맥락과 합치되는 과정을 통하여 설명이 가능하다고 주장된다. 콜링우드(R. G. Collingwood)에 의하면 '모든 역사는 사고의 역사(history of thought)이다'라고 전제한 것처럼 역사편찬의 방법은 인간행동의 정신적 측면에 초점을 두어야 하고, 인간의 행동을 역사적 맥락의 기술속에 자리매김하는 사색적이고 비판적인 측면이 필요하다는 것을 강조한다. 바로 설화에 의한 해석이 이를 가능하게 만든다는 것이다.[39]

　한편 20세기 후반에 등장한 포스트모더니즘이 인문사회과학의 영역에 미친 커다란 영향력을 무시할 수 없으며 역사연구도 그 예외가 될 수 없다. 비록 상대주의로 그 문제점이 지적되고 있지만 역사연구와 관련해서는 로티(R. Rorty)나 화이트(H. White)의 입장들이 참고되어야 한다는 주장들이 나오고 있다. 전자는 실용주의적 전통의 강조, 특히 현실과는 무관한 플라톤적인 이상의 비판에 무게를 두면서 사고에 있어서의 토론과 대화를 앞세우고 독단론보다는 대안을 강조하는 입장이 된다. 그리고 후자의 경우 이미 '메타역사'의 부분에서 검토되었지만 역사연구의 수사학적 측면의 강조에서

---

39) Peter Kosso, "Philosophy of Historiography," in A. Tucker(ed.), *A Companion to the Philosophy of History and Historiography*(West Sussex, Uk Wiley-Blackwell, 2011), *op. cit.*, pp.21-24.

나타나는 미래에 대한 개방성, 인간상태의 개선 노력 등이 그 주된 내용으로
부각된다.40)

　이러한 새로운 환경적 변화를 배경으로 '설화(이야기)'에서 '그림(picture)'
으로 가야 한다는 움직임도 나타나고 있다. 그림은 객체들과 그들의 관계들
로 이루어진 복합체로서 폐쇄, 질서, 선명함이 보장된다. 그것은 부분들로
이루어지면서 관계를 맺고 하나의 객체로 접근될 수 있으며, 이야기와는 달
리 연대기(chronology)를 강조하지 않으며 그 부분들의 순서를 고집하지
않고 보다 많은 읽기와 부분적인 선형성(linearity)을 허용한다. 또한 분명한
종말이나 당연시되는 의미를 내세우지도 않는다. 그림은 우리들에게 이야기
보다 많은 기회를 주며 재귀성(reflexivity), 애매성, 상이한 관점, 국지적 맥
락, 주체와 객체의 상호변환 등을 가능케 한다. 이러한 과정들은 바로 근대
예술의 특징이기도 하다.

　일찍이 세인츠베리(G. Saintsbury)는 기본(Gibbon)의 역사적 서술의 스타
일에서 굴러가는 인상을 주는 해류의 파도운동(wave motion)을 인지하였
다고 한다. 그리고 이러한 논의는 최근에 와서 화이트에 의해 더욱 체계적
으로 다루어지고 있는데 그는 유형(typology)과 구조주의(structuralism)를
'루빅스 큐브(Rubik's cube)'와 흡사한 스타일로 결합하고 있으며 그의 접근
에는 존재론, 인식론, 수사, 형식 등이 모두 통합되어 있다는 평가가 내려지
고 있다. 그림은 과거의 전체(wholes)를 다룰 수 있으며 다양하게 읽힐 수
있다. 즉 현존하는 문제를 재구성하고 새로운 의문을 제기하게끔 만들 수
있다는 것이다.41)

　이상에서 논의된 설화(이야기)와 그림의 방법론적 가이드라인은 역사편

40) Beverley Southgate, "Postmodernism," in A. Tucker(ed.), *A Companion to the Philosophy of History and Historiography*(West Sussex, Uk: Wiley-Blackwell, 2011), *op. cit.*, pp.547-548.

41) Zenděk Vašíček, "Philosophy of History," in A. Tucker(ed.), *A Companion to the Philosophy of History and Historiography*(West Sussex, Uk: Wiley-Blackwell, 2011), *op. cit.*, pp.40-41.

찬과 역사철학의 내용을 보다 풍부하게 만들고 그 실용성을 강조하는 것으로 받아들여질 수 있다. 이러한 새로운 역사인식을 바탕으로 21세기 세계화의 흐름을 해부하고 그 방향성을 전망하는 역사연구의 최근 사례들을 살펴보기로 한다.

2) 역사의 종말

20세기의 역사연구에 있어서는 전통적인 '고대-중세-근대'의 선형적 틀보다는 유기체적인 특성을 지닌 문화(culture)나 문명(civilization)을 기본단위로 하는 연구추세가 두드러진다. 일찍이 스펭글러(Oswald Spengler)는 1918년 『서구의 몰락(*The Decline of the West*)』이라는 저술을 통하여 세계사에 나타나는 8개의 문화 중 하나인 '서구(유럽-미국) 문명'은 몰락의 과정에 들어섰다고 진단했다.[42] 흔히 이러한 문명사연구는 문명이 직면하는 비극적 '파국'과 함께 어쩌면 그 모면이 가능할지도 모를 '희망'이 교차하는 내용으로 저술된다.[43] 마르크스는 유물사관을 통하여 자본주의의 종말과 함께 공산주의의 도래를 전망함으로써 인류의 진보에 대한 희망을 피력하였고 그 후 소련의 등장으로 이러한 희망은 한때 서구 지식인들의 관심을 사로잡기도 했다. 그러나 이러한 희망은 소련의 부정적인 역사적 행적으로 말미암아 희석되면서 1989년의 중부 및 동유럽의 반공산주의혁명과 1991년 소련의 붕괴로 인한 '냉전의 종식(the End of the Cold War)'으로 이어진다.[44]

냉전의 종식으로 나타난 세계사 연구의 대표적인 사례로써 후쿠야마(F.

---

42) Oswald Spengler [1991], *The Decline of the West*(Oxford: Oxford Univ. Press, 1991).

43) 대표적인 예로서는 Arnold Toynbee, Pitirim Sorokin, Eric Voegelin, Nicholas Berdyaev, Reinhold Niebuhr, Father d'Arcy, Christopher Dawson, Alfred Weber, Karl Jaspers 등이 꼽힌다.

44) Krishan Kumar, "Philosophy of History at the End of the Cold War," A. Tucker (ed.), *A Companion to the Philosophy of History and Historiography*(West Sussex, Uk Wiley-Blackwell, 2011), *op. cit.*, pp.550-552.

Fukuyama)의 '역사의 종말(Th End of History)'을 꼽을 수 있다.[45] 여기서 나타나는 역사의 종말이란 세계적인 사건들(worldly events)의 종말을 뜻하는 것이 아니라 역사를 이데올로기의 대결로 보았던 헤겔의 역사관에서 비롯된다. 즉 헤겔은 프랑스혁명으로 자유민주국가의 원칙이 승리한 것을 가지고 바로 이데올로기적 갈등의 역사가 종식되는 것으로 파악했다는 것이다. 그는 1806년 예나(Jena)전투에서 자유민주의 원칙을 대표하는 나폴레옹이 프로이센 군주를 격파한 것을 '역사의 종말'로 선언하였는데, 같은 논리로 후쿠야마도 소련의 붕괴로 이데올로기의 대결이 자유민주주의의 승리로 끝났다는 것을 역사의 종말로 서술하고 있다.[46] 즉 헤겔의 역사적 선언(1806년)이 어언 2세기에 걸친 우여곡절 끝에 실현되었다는 의미도 된다.

그러나 후쿠야마는 자유민주주의의 승리를 전망하면서도 한편으로는 현대 민주사회의 인간들이 안락과 동물적인 만족감에 빠져 있고 창조성과 정신력이라는 보다 높은 목표를 추구하는데서 오는 위험에 선뜻 나서지 못하는 것에 우려를 표한다. 극히 추상적인 목표를 달성하려는 의욕, 세계적인 이데올로기적 투쟁에 필요한 용감성, 대담성, 상상력, 이상주의 등은 경제적인 타산, 기술적인 문제에의 집착, 환경적 관심, 고도의 소비욕구의 충족 등으로 대체되었음을 지적한다.[47]

미래에 대한 희망이 앞서면서도 다소의 '우려'가 교차하게 되는 후쿠야마의 '역사의 종말'론은 약간의 '우울감'에 젖어 있다고도 볼 수 있다. 그러나 그는 역사에 있어서의 방향성을 강하게 주장하고 있으며 인류가 자유민주주의에 도달하게 되는 일관성 있고 방향성 있는 역사를 제언하는 긍정적인 측면을 인정받을 수 있게 된다.[48] 또한 그는 최근의 저술에서 자유민주주의

45) Francis Fukuyama, *The End of History and the Last Man*(Harmonsworth: Penguin, 1992).

46) *Ibid*., p.64.

47) 이러한 우려는 그의 1989년 논문에 나타난다. F. Fukuyama, "The End of History," *The National Interest*, 16, pp.3-18.

48) K. Kumar, *op. cit.*, pp.554-555.

의 역사에 필수적인 정치적 질서의 기본구조를 좀 더 구체적으로 밝히고
있는데 미래의 역사방향과 관련하여 매우 적절한 논의의 소재가 될 수 있다
고 보여진다.[49]

3) 문명의 충돌

1996년 헌팅턴(S. P. Huntington)은 『문명의 충돌(*The Clash of Civili-
zations*)』이라는 저서에서 자유민주주의가 정착되어 가는 세계사를 내다본
후쿠야마의 입장을 지나친 낙관론으로 보고 앞으로의 세계사에서도 다양
한 문명들의 갈등과 충돌이 가능하다는 전망을 내놓았다.[50] 그는 세계사의
기본단위를 문명(civilization)으로 잡고 중국, 일본, 힌두(Hindu), 이슬람
(Islamic), 정교(Orthodox), 서구(Western), 아프리카(African) 등의 주요
문명권들의 상호견제와 갈등의 세계적 질서를 그리고 있다. 1996년 현재로
이슬람과 서구의 갈등이 가장 두드러지지만 장기적으로는 서구와 중국의 문
명적 갈등이 보다 심대하고 장기적인 것으로 전망하고 있다.[51]

그는 문명들이 상호작용하는 세계사의 과정은 어떤 하나의 단선적인 방
향(unilinear direction)이 있는 것이 아니라 기본(Gibbon)식의 문명의 흥

---

49) F. Fukuyama는 자유민주주의가 정착되어 나가는 하나의 패러다임을 제시하고 있다.
우선 국가건설(state building)이 이루어지면 경제성장으로 갈 수 있으며, 경제성장은
사회적 동원(social mobilization)을 가져온다. 사회적 동원은 그 다음으로 민주주의
(democracy)로 이어지게 되며, 민주주의는 정당성(legitimacy)을 가져온다. 한편 이
미 이루어진 경제성장도 정당성 증대에 기여한다. 또한 경제성장과 법의 지배(rule
of law)는 서로 강화작용을 한다. 민주주의는 법의 지배에 계속적으로 기여한다. 가
장 중요한 시작은 국가건설과 경제성장의 초기 단계라는 점이 부각되면서 그는 이러
한 근대적 발전의 패러다임의 사례를 한국의 발전과정에서 찾고 있다. 중국은 한국이
밟은 길을 걷고 있으며 국가건설이 이루어지고 그 다음으로 경제성장의 단계에 머물
고 있는 사례로 보고 있다. F. Fukuyama, *The Origins of Political Order: From
Prehuman Times to the French Revolution*(New York: Farrar, Straus and Giroux,
2011), pp.474-475.
50) Samuel P. Huntington, *The Clash of Civilizations and the Making of the World
Order*(New York: Simon and Schuster, 1996).
51) *Ibid.*, pp.207-245.

망성쇠의 이야기가 되며, 문명마다 융성과 지배의 시기가 끝나면 다른 보다
정력적이고 창조적인 문명에게 그 자리를 물려주는 하나의 주기성을 받아들
인다. 이 점에서 그는 토인비(A. Toynbee)처럼 문명의 몰락의 가능성을 전
제한다고 볼 수 있다.52)

그러면 서구문명은 쇠퇴의 길로 접어들고 있는가에 대해서는 헌팅턴은
분명한 입장을 내놓지 않고 있다. 2001년의 9·11 사태에서처럼 이슬람의
부활과 강세가 두드러지고 또한 아시아의 경제적 역동성(특히 중국의 부상)
등은 분명히 서구에 대한 잠재적인 위험이 될 수 있으며 서구가 스스로를
가장 탁월하고 강력한 문명이라고 자만하는 것은 사태의 진전에 따라 이미
몰락한 다른 문명들이 겪었던 부도덕한 망상이 될 수도 있음을 경고한다.
역사에서는 불가피한 것이란 있을 수 없다. 유럽과 미국이 서로 협력하여
서구적인 정체성을 지켜나가게 되면 현재의 약점을 극복할 수도 있지만 서
구문화의 보편성(universality)을 너무 과신하는 것은 부도덕하고 위험하다
는 것을 강조하고 있다. 이 점에서 그는 일종의 불가지론(agnosticism)의
입장에 선다고도 볼 수 있다.53)

이상에서 살펴본 후쿠야마와 헌팅턴의 두 연구는 서로 상반되는 점이 두
드러지지만 문명을 기본단위로 하는 세계사의 연구라는 점에서는 매우 의미
있는 방향전환을 뜻한다. 즉 전통적인 역사철학에서 다루어지던 장기적이며
대규모적인 역사적 변화에 대한 진지한 연구를 오늘에 재시동하고 있다는
긍정적인 평가를 내릴 수 있기 때문이다.54)

---

52) K. Kumar, *op. cit.*, pp.557-558.
53) *Ibid.*, p.558.
54) *Ibid.*, pp.558-559.

VI. 결론

역사학의 고유영역과 인문사회과학의 외생적 연구추세가 만들어내는 새로운 학문적 환경속에서 정치학에 도움을 줄 수 있는 연구방법론상의 논의들을 살펴보았다. 우선 실증주의의 경우 법칙에 의한 역사적 사건이나 현상에 대한 설명방식을 그대로 접목시키기보다는 인과모형에 의한 설명이 권장될 수 있으며, 가급적 일단 만들어진 인과모형을 대조(contrast)에 의한 검증으로써 그 내용을 내실화시키는 방향이 권장될 수 있다. 그리고 최근에 일고 있는 해석주의의 적용과 관련해서는 설화의 특성과 그 구체적인 연구방향에 있어서는 화이트의 '메타역사'의 논리가 상당한 관심을 모으고 있으며, 포스트모더니즘으로 관심을 모으는 '메타설화'에 대한 보다 긍정적인 평가를 참고할 필요가 있다고 보아진다.

최근의 사회학에서는 구조와 행위, 문화적인 것과 물질적인 것의 배합 등에 관한 논의가 활발하게 되는데 역사학에서의 이와 관련되는 논의를 정리해 보았다. 역사적 인물(위인, 영웅 등)에 대한 지나친 집착보다는 그러한 인물들의 등장과 관련되는 역사적 상황(구조)의 중요성이 강조되었으며, 물질적인 것은 문화적인 것과 항상 맞물리면서 통합적 접근이 바람직하다는 방향이 권장된다.

피어슨(P. Pierson)에 의한 정치의 시간성(temporality)연구는 정치에 역사적 시간을 보다 실증적으로 도입하고자 하는 새로운 시도가 된다. 이미 정치학에서는 역사적 제도주의라는 연구영역으로 어느 정도 그 영향력이 확산되고 있지만 경로의존성, 타이밍과 계기성, 장기적 인과과정 등 정치의 역동성을 보다 구체적인 인과메커니즘으로 파악하고자 하는 새로운 시도를 대표한다.

끝으로 역사편찬과 역사철학의 전통적 연구분야가 된다. 이 분야의 연구에서는 설화(이야기)의 중요성이 두드러지지만 최근에는 '그림'의 논리가 새로운 방법론적 주제를 이루는 움직임을 살펴볼 수 있다. 그리고 이러한 새로운 역사인식을 바탕으로 세계사의 진행과 방향을 문화와 문명의 흥망성쇠의 이야기로 그 줄거리를 엮는 최근의 대표적인 두 연구를 정리해 보았다. 세계사의 진행을 자유민주주의의 탄탄한 행로로 파악하는 후쿠야마의 낙관적인 '역사의 종말론'과 이와는 달리 문명 간의 갈등가능성을 중요시하는 헌팅턴의 '문명의 충돌'이라는 매우 대조적인 연구가 학계의 관심을 모은다. 두 연구는 세계화라는 현세기의 일대변환을 문명 간의 상호작용으로 파악하고 그 방향성과 인류의 실용적 대응을 다룰 수 있는 시의적절한 연구동향을 마련할 것을 기대해 볼 수 있겠다.

정치철학

정치철학

정치철학(political philosophy), 또는 정치사상(political thought)은 우리들의 이상과 가치를 앞세우는 규범적 연구이다. 인간생활에 있어서 무엇이 옳고, 정당하고, 도덕적으로 맞는가의 논의에서 출발하여 정치와 관련되는 정치적 권위, 자유, 재산, 권리, 의무, 정의 등과 같은 기본적 가치들의 실현에 작용하는 조직과 제도적 배정 등의 문제를 '서술'이 아니라 '규범적인(normative)' 접근으로 다루는 연구분야가 된다.

모든 지식이 그러하듯이 정치철학의 연구도 시대의 변천과 사회의 변환에 맞물리지 않을 수 없게 된다. 정치철학이 철학의 흐름과 사회발전이라는 두 가지 측면으로부터의 작용력을 받게 되는 것은 어쩌면 당연한 일로 받아들이지 않을 수 없게 된다. 정치에 관한 철학적 연구이다 보니 철학의 기본 내용이 시대의 흐름에 따라 변화가 오게 되면 정치철학도 그에 상응하는 변환이 올 수 있다. 서구 철학의 판도가 근대적인 것으로부터 탈근대의 흐름으로 바뀌면 정치철학도 그 영향력을 외면할 수 없게 된다. 또한 철학연구의 대상이 되는 사회 자체의 변환도 중요한 변인이 될 수 있는데 20세기 후반부터 가속화되는 세계화나 환경문제의 등장은 정치철학연구의 의제를 매우 복잡하게 만들 것은 충분히 예견되는 일이다.

  정치철학의 연구에서는 고대로부터의 정치적 공동체라든가 공동선, 그리고 근대적인 자유와 평등 및 민주주의의 개념 등을 기본 내용으로 하는 '영속적인 의제(perennial agenda)'가 엄연히 존재하고 있는 것이 사실이지만 동시에 시대와 지역적 범위의 차이에서 오는 새로운 변환의 내용도 적절히 수용되는 '균형 있는 접근'이 강조되지 않을 수 없게 된다. 이러한 점을 참작하여 정치철학의 현대적 구성을 20세기 후반을 중심으로 재검토하는 선에서 출발하여 1) 현대정치철학의 연구동향, 2) 국가, 3) 자유, 4) 정의, 5) 민주주의, 6) 세계화 등의 주요 논제순으로 다루어 보기로 한다.

I. 현대정치철학의 연구 동향

  현대정치철학은 20세기 중반을 고비로 그 철학적 기조에 있어서 변화가 오기 시작한다. 즉 19세기 이후로 정착되어 온 역사발전의 결정론적 시각과 1930년대 이후에 등장한 실증주의적 흐름에 대한 비판의 목소리가 높아짐에 따라 새로운 변환의 계기가 조성된다. 이러한 철학적 변환의 흐름과 관련하여 정치철학에도 고전적 자유주의에 대한 비판과 재구성의 입론들이 가시화되고 그에 따르는 정치철학연구의 방법에 관한 활발한 논의가 전개되기에 이르는데, 그러한 일련의 과정을 다음과 같이 정리해 볼 수 있다.

1. 20세기 정치철학의 문제점

  19세기 이후로 서구 철학의 흐름을 주도한 것은 '역사'에 바탕을 두는 결정론적 시각이었다. 즉 헤겔이나 마르크스의 철학에 나타나는 기본 논리는 역사진행이 어떤 특정한 진로(course)를 거쳐서 정해진 종말에 이르는 이른바 '역사적 불가피성 명제(historical inevitability thesis)'였다. 역사추진의 동력이 정신이든 물질이든 미리 정해진 과정을 거쳐 역사의 어떤 종말에 이른다는 것이고 거기에는 역사적 필연성이라는 주장이 깔려 있다. 그리고 최근에 와서는 1989년의 동서 냉전의 종결로서 서구적 자유민주주의 이념의 승리를 역사진행의 종착으로 파악하는 후쿠야마(F. Fukuyama)의 '역사의 종말(Th End of History)'론도 이러한 흐름을 잇는다고 볼 수 있다. 그러나 이러한 결정론적인 관점의 경우, 인간의 사상과 행위가 역사적으로 결정된다고 전제되면 인간의 능력적 한계는 정해지고 개선과 변혁의 노력은 허무한 시도로 전락한다는 비판의 길을 열게 된다.

정치철학연구와 관련되는 또 다른 문제로서는 '과학'의 방법론이 미치는 영향력이다. 20세기에 들어서서 각광을 받게 된 실용주의 철학(Charles Peirce, William James)은 자연과학의 실험위주(experiment-based)의 실용주의적 접근에 따른 이해와 연구들은 민주주의적 정치제도와 실천에 완전히 부합될 수 있다는 주장을 폈다. 그러나 근대 자연과학의 발달과 민주적 정치의 부합성(compatibility)은 두 차례에 걸친 세계대전과 핵무기의 개발로 그 허구성이 드러났음이 지적된다. 특히 근대 자연과학을 지식의 패러다임으로 격상시킨 1930년대 이후의 논리실증주의(logical positivism)는 "우리가 파악할 수 있는 것은 복제할 수 있고 검증이 가능한 경험적 관찰에 근거한 '사실(facts)'뿐"이라는 주장을 폄으로써 정치철학이 딛고 있는 규범적 논의의 길을 막아 버렸다고 비판받는다.

이러한 분석적·언어학적 정치철학자들의 주장은 우리들에게 정치의 이상(ideals)을 제시하지 못하며 좋고 나쁘고의 가치와 관련되는 판단을 감정의 수준에 머물게 한다. 니체(Nietzsche)의 말대로 과학도 그 자체로서는 하나의 '가치(value)'에 불과하며 인간은 그것이 좋은 것으로 믿지 않는 한 받아들이지 않는다는 것이다.[1]

---

1) Catherine H. Zuckert(ed.), *Political Philosophy in the Twentieth Century: Authors and Arguments*(Cambridge: Cambridge Univ. Press, 2011), pp.3-5.

이러한 정치철학의 철학적 기반과 관련하여 제기되는 비판에 대해서는
20세기 후반에 들어서면서 몇 가지 대응으로 구체화된다. 무엇보다도 인간
의 주제성이 새롭게 정립되는 계기가 마련된다. 인간은 외부적인 자극에 단
순히 반응하는 수동적인 존재가 아니라 오히려 적극적으로 행동하며 주어진
상황하에서 일정한 방식으로 행동할 것인가 아니 할 것인가를 선택할 수
있으며, 또한 그러한 행동은 어떤 결과(effects)를 가져올 수 있다는 점이
강조된다. 즉 인간이 가지는 '행위(agency)'의 측면을 재인식하는 방향으로
정치철학의 주제를 재설정하는 대응이 모색된다. 20세기 후반에 들어서면
서 벌린(Isabela Berlin)이나 하트(H. L. Hart) 같은 자유주의 정치철학자들
은 인간이성과 지식의 한계를 전제하면서 인간이 그들 자신의 삶을 자유롭
게 설계할 수 있도록 보다 적극적으로 행동의 공간을 만들어 줄 것을 제의
한다. 그리고 또 다른 자유주의적 전통을 잇는 존 롤스(John Rawls)나 리처
드 로티(Richard Rorty) 등은 고전적 자유주의를 특징짓는 낡은 '사회계약
론(social contract)'을 지양하고 개인들이 그들 자신들의 생활계획을 실행
에 옮길 수 있는 자원의 마련을 위하여 국가의 보다 광범한 개입을 주창하
고 나서게 된다.[2]

2. 자유주의의 전통

20세기 중반에 들어서 나타나는 새로운 철학적 움직임에 따라 정치철학
연구에도 서구 자유주의의 전통을 새로운 내용으로 단장하려는 노력이 가시
화된다. 이들은 개인의 자유와 권리의 보호에만 치중할 것이 아니라 배분적
정의의 실현을 위해서 또는 다른 사회구성원들의 고통과 걱정을 덜어주기
위한 폭 넓은 개혁과 국가의 광범위한 개입의 필요성을 인정하는 방향으로
논의를 전개하게 된다. 그 대표적인 사례로서 롤스와 로티의 연구를 정리해

---

2) *Ibid.*, pp.6-7.

보기로 한다.

1) 롤스(John Rawls): 자유민주주의와 정의

롤스는 현대 자유민주주의의 기본적 제도들을 규제하기에 알맞은 '정의(justice)'의 개념을 제시한다. 즉 자유민주주의를 지탱할 수 있는 정의로운 사회란 1) 모든 개인들이 평등한 기본적 자유를 누릴 수 있는 평등한 권리를 가져야 하고, 2) 사회적·경제적 불평등은 최소 수혜자(the least advantaged)에게 최대의 혜택이 갈 수 있게 되고, 또한 그러한 불평등이 공정한 기회평등의 조건하에서 모든 사람에게 개방된 직책과 직위에 결부될 수 있을 때에만 정당화된다는 것이다.3)

그는 이러한 정의의 두 가지 원칙들이 인간의 합리적인 판단에서 가능한 맥시민 해결(maximin solution)에서 설득력을 가질 수 있기 때문에 자유주의 사회의 구성원들은 자발적으로 이러한 원칙을 받아들이고 서로 협력해 나갈 수 있다고 보았다. 정의로운 사회의 구성원들은 정의의 원칙에 따른 행동이 자기들에게 좋다고 믿게 됨으로써 서로가 협력하는 성향(dispositions)을 습득하게 된다. 따라서 정의에 바탕을 주는 헌법적 체제는 철학적 가정에서가 아니라 협력적인 사회구성원들의 성향에서 비롯되는 진정한 가능성으로 구체화된다고 본다.4)

정의롭고 자유로운 사회는 저변으로부터 침식하고 훼손하려는 세력이 없거나 그것이 극히 주변적인(peripheral) 경우에는 안정성을 유지해 나갈 수 있다. 그러면 그러한 안정을 뒤집는 결정적인 힘은 어디에서 올 수 있을까? 한 가지 예로써, 독일 바이마르공화국(Weimar Republic)의 엘리트들은 버젓한 자유주의적 의회체제는 불가능하다고 믿었다고 하는데, 그것은 독일이 베르사이유(Versailles)와 1920년대에 겪은 정치적·경제적 굴욕에서 오는

3) John Rawls, *A Theory of Justice*(Cambridge, Mass.: The Belknap Press of Harvard Univ. Press, 1971), pp.60-61, p.302.
4) Paul Weithman, "John Rawls and the task of political philosophy," in C. H. Zuckert(ed.), *op. cit.*, pp.190-191.

것이었다는 풀이가 있을 수 있다. 롤스에 의하면 자유주의적 헌법체제는 개인적 또는 집단적 '자존(self-respect)'을 떠받치는 정치적·경제적 토대가 마련되지 않는 한 그 안정성이 진정한 가능성이 될 수 없다고 보는 것이다.

무엇보다도 사람들의 '자존'의 사회적 기반을 좌우하는 것은 '일차적 재화(primary goods)'로서 사람들은 보다 많은 소득과 부(wealth), 그리고 특권적 지위를 탐내게 되는데 이것들은 모두가 인간의 불안과 걱정에서 비롯된다는 점이 강조된다. 또한 이러한 '걱정'은 신분(status)상의 극심한 갈등에서 나타나게 되는데 이것이 사회 내에 만연하게 되면 정의의 원칙에서 허용되는 몫보다 더 많이 요구함으로써 정의로운 사회를 크게 흔들어 놓게 된다는 것이다. 세금을 속인다든가 법을 잠깐 어기는 정도가 아니라 사회의 법 자체를 바꾸어 불평등을 보다 심화시키거나 심지어 정치권력을 매수하는 정도로까지 나갈 수 있다는 것이다. 따라서 이러한 파국을 예방하기 위해서는 신분상의 문제를 개선시킬 수 있는 인식, 즉 자유롭고 평등한 시민이라는 '공적 인정(public recognition)'이 절실하게 되는데 이것은 올바른 헌법, 헌법적 본질을 좌우하는 법과 정책들의 정당화, 또한 시민들이 공적 토론장에서 보여주는 상호존경심 등에서 구체화될 수 있다고 주장된다. 그리고 이러한 공적 인정은 신분상 걱정을 해소시켜줄 수 있으며 또한 자유롭고 평등한 신분이 보장되는 한 시민들은 부와 권력의 정당한 배분을 뒤흔들지는 않을 것이라는 제언으로 이어진다.[5]

2) 로티(Richard Rorty): 탈근대의 자유주의

로티는 현대 자유주의를 '탈근대 부르주아 자유주의(postmodernist bourgois liberalism)'로 부르고, 어떤 원칙이나 도덕과 같은 '토대'에 근거를 두는 근대적인 자유주의가 아니라 역사적으로 조건지어지고 관습이나 일화

---

5) *Ibid.*, pp.194-195. 이 부분에 대한 논의는 롤스의 1971년 이후의 다음과 같은 저술에서 구체적으로 이어진다. J. Rawls, *Political Liberalism*(Columbia Univ., 1996); J. Rawls, *Collected Papers*(Harvard University Press, 1999).

에 근거를 두는 포스트모던(postmodern)한 내용으로 해석될 수 있다고 주
장하고 나선다.

탈근대의 자유주의는 몇 가지 특성으로 파악될 수 있다.

첫째로 어떤 집단이나 공동체의 제도와 실천에 대한 도덕적 정당화는 철
학적인 메타설화(meta-narratives)보다는 역사적 설화(historial narratives)
로 이루어지며 그 사료편집을 뒷받침하는 것은 철학이 아니라 서술집단의
자기 이미지를 발전시키고 수정하는 하나의 '서술'로 파악된다. 모든 집단은
자기의 영웅을 신격화하고 자기의 적을 악마화하며 구성원 간의 대화를 증
진시키고, 집단의 주의를 환기시키는 서술적 방법을 통하여 집단의 자기 이
미지를 관리해 나간다.

둘째로 도덕성(morality)이란 집단의 구성원들이 서로 믿음, 욕망, 감정을
함께 공유할 때 생기는 '우리 개념(we-intentions)'이며 이것은 다른 집단이
갖는 것과 대조된다. 사람들이 도덕성에 호소한다고 할 때 그것은 바로 이
처럼 구성원 간에 중첩되고 공유되는 믿음, 욕망, 감정에 호소하는 것을 의
미한다.

셋째로 부르주아 자유주의와 같은 다원적 사회에 있어서는 내부적 갈등
이나 긴장이 일반적 원칙에의 호소에 의해 해결되기보다는 관습이나 일화
(anecdote)에 호소할 때 보다 쉽사리 처리될 수 있게 된다. 민주주의국가에
있어서의 정치적 담론이란 결국 다양한 관행들이 지금까지 끼쳐온 결과와
이러한 관행들이 바뀌었을 때 무엇이 일어날 것인가에 관한 '일화'들로 이루
어진다는 것이다.[6]

1989년 로티는 이상적인 자유사회의 제도들은 철학적으로 정당화되는 것
이 아니라 역사적 우연성의 소산임을 전제하고 이러한 자유사회의 시민들을
'아이러니스트(ironist)'로 그 특성을 부각시킨다. 우선 '아이러니스트'는 자

---

6) Richard Rorty, "Postmodernist Bourgeois Liberalism," *Journal of Philosophy*, LXXX,
   10(1983), reprinted in Thomas Docherty(ed.), *Postmodernism: A Reader*(New
   York: Harvester, 1993), pp.325-327.

기의 자율성을 스스로 창조(self-creation)해 나가는 과정이 우연적인 역사
적 상황을 피할 수 없다는 것을 전제하며 이에 대처하기 위해서는 재서술
(redescription)에 의존하게 된다는 것이다. 즉 자아에 대한 인식이나 자아
의 정체성에 관련되는 모든 것이 우연성의 결과로 보고 계속적인 재서술을
통하여 자기의 자율성을 스스로 창조해 나간다. 어떤 사회적 현안에 대하여
서도 그것을 해명할 수 있는 '궁극적인 표현형식(final vocabulary)'이란 있
을 수 없다는 철저한 의문을 가지고 있으며, 어떤 정해진 계약에 얽매이기보
다는 초연하고도 냉소적인 태도를 취하면서 꾸준한 재서술의 길을 택한다.
그리고 이러한 아이러니한 태도는 우연성을 강조하게 되면서 모든 사람들을
실용적이고, 관용적이며, 자유롭게 만들고 또한 수단적 합리성의 매력에 수
용적인 방향으로 유도할 수 있다고 본다.[7]

그러나 아이러니스트는 사적인 영역뿐만 아니라 다른 사회구성원들의 고
통과 두려움에 무관할 수 없는 사회적 책임의 문제가 제기될 수 있다. 이와
관련해서 로티는 역사가, 소설가, 민족지학자(ethnographers), 추문폭로언
론인(muckraking journalists)과 같은 특정분야 전문가들의 역할을 중시하
고 이들이 사회구성원들의 고통을 덜어주는 역할에 기대하기도 한다. 이 점
에서 아이러니스트의 재서술을 통한 공적 노력은 정당화될 수 있다고 보는
것이다. 1998년 그는 '국민 헌장(People's Charter)'을 제안하면서 선거자금
의 개혁, 보편적 건강보험, 공교육 지원 및 재원마련을 위한 소득세 증가
등을 제안하고 있다.[8]

---

7) Michael Bacon, "Richard Rorty: liberalism, irony, and social hope," in C. H. Zuckert(ed.), *Political Philosophy in The Twentieth Century: Authors and Arguments*(Cambridge: Cambridge Univ. Press, 2011), *op. cit.*, pp.206-209; Richard Rorty, *Contingency, Irony, and Solidarity*(Cambridge: Cambridge Univ. Press, 1989).
8) M. Bacon, *op. cit.*, pp.209-211.

3. 자유주의에 대한 비판과 재구성

20세기 후반에 제기되는 자유주의에 대한 비판은 주로 자유주의의 기저를 이루는 개인주의의 한계점을 지적하고 이에 대체될 수 있는 공동선과 공동체 중심의 내용으로 방향전환이 모색된다. 또한 지금까지의 정치사상의 기조를 좌우한 역사진행의 결정론적 관점에 초점이 모아지면서 인간의 주체성에 대한 새로운 인식전환이 가능해진다. 역사적 불가피성에 얽매이는 수동적인 인간이 아니라 비판과 실천의 역동성이 부각되는 '행위(agency)'적인 측면이 강조되기에 이른다. 그리고 이러한 새로운 인식론은 인간행위에 대한 해석학적 접근으로 구체화된다.

1) 매킨타이어(Alasdair MacIntyre): 공동선과 지역공동체 구상

매킨타이어는 정치적 자유주의를 세 가지 측면에서 비판한다. 첫째로 자유주의는 자본주의와 의회정치에 노동조합의 참여를 가능케 하는데 이것은 노동조합의 권력을 약화시키고 그것을 자본형성의 도구로 전락시켜 버린다는 것이다. 둘째로 자유주의는 엘리트 중심의 정치로서 대다수 국민을 정치적 참여에서 제외해 버린다. 셋째로 자유주의는 정치적 공동체와 국가를 개인들의 욕망을 만족시켜주는 단순한 수단으로 이해시키고 있는데 그렇게 형성되는 개인주의는 모든 개인들의 선호의 단순한 합(sum) 이상의 것으로서의 '공동선'의 개념과 부합될 수 없다는 것이다.[9]

그리고 그는 현대의 민족국가는 자본주의, 자유주의, 개인주의의 구상화(embodiment)이자 보호자로서 그 정치는 속임수 정치(sham politics)로 단정한다. 비록 선거에서 투표자에게 자유로운 선택을 하는 것처럼 보이게 하지만 실제로는 정치적 엘리트에 의해 매우 좁혀진 대안들의 선택에 불과하다는 것이며 선진 서구사회는 정치적으로 자유민주주의로 위장된 과두제

---

9) Alasdair MacIntyre, "Three Perspectives on Marxism: 1953, 1968, 1995," in *Ethics and Politics: Selected Essays*, Volume 2(Cambridge: Cambridge Univ. Press, 2006), pp.153-154.

에 지나지 않는다는 것이다.10)

그러면 선진 자유주의 사회의 약점에 대응할 수 있는 정치적 사고는 무엇일까? 매킨타이어는 그 해답을 선(good)이 권리에 우선한다는 아리스토텔레스 윤리(Aristotelian ethics)에서 찾는다. 인간의 모든 실천 속에 내재하는 '선'을 찾아내어 그것을 지탱해 나가는 미덕을 개발할 것을 제의한다. 즉 인간의 좋은 생활(good life)이란 사회구성원들의 협력적인 모험(cooperative venture)으로 가능하게 되는데 그것은 구성원들 개개인의 '선'의 단순한 집성(aggregates)이 아니라 구성원 모두가 진정으로 공유하는 '공동선(common goods)'으로 정의된다. 그는 진정한 '공동선'의 예로써, 즐거운 낚시 항해의 경우 선원 모두가 공유하는 선을 생각할 수 있고, 성공적인 현악 사중주의 경우 음악가 모두가 공유하는 선을 그 적절한 예로 들고 있다.11)

공동선을 실현하기 위한 정치는 작은 규모가 바람직하다는 주장이다. 모두가 이야기를 나눌 수 있고 서로가 상대방의 성격을 평가할 수 있고 모두가 공동선을 위해 공헌하기에 알맞은 규모가 상정된다. 학교라든가 교구(parish), 비슷한 소규모의 공동체 등이 거론되며, 민족국가의 수준은 곤란하며 그 이하의 정치를 바람직한 것으로 보고 있다. 민족국가에 대치되는 '지역(부분적) 공동체의 정치(politics of local communities)'가 주창되고 있는데 이러한 정치는 시장과 국가의 퇴폐적인 영향력에 대응하는 공동체적인 자위권의 성격을 띠며 이러한 밑으로부터의 부차적인 움직임을 통하여 지역공동체는 자유시장과 자유국가의 그릇된 영향력으로부터 오히려 자유를 신장해 나가는 이니시어티브를 장악할 수 있다. 특히 자유주의에 대한

---

10) A. MacIntyre, "Politics, Philosophy and the Common Good," in *The MacIntyre Reader*, Kelvin Knight, ed.(Notre Dame: Univ. of Notre Dame Press, 1998), p.237.

11) Arthur Madigan, S. J., "Alasdair MacIntyre on political thinking and the tasks of politics," in C. H. Zuckert(ed.), *Political Philosophy in The Twentieth Century: Authors and Arguments*(Cambridge: Cambridge Univ. Press, 2011), *op. cit.*, p.257.

그의 비판은 단순한 이론적 수준에 머물 것이 아니라 그 비판은 실천적이어야
하고 구체적인 소규모공동체의 구성과 유지, 그리고 실천, 공동선, 합리적
탐구, 미덕의 함양 등으로 구체화되어야 한다는 점이 역설된다.12)

2) 테일러(Charles Taylor): 정치의 해석학적 모형

테일러는 정치에 대한 이해와 해석에 있어서의 해석학적 모형(herme-
neutic model)을 통하여 인간생활의 새로운 변혁과 개선의 가능성을 제시
하고 있어 주목을 받게 된다. 특히 근대적인 맥락에서 사회과학을 지배해
온 자연과학의 연구방법론의 한계를 통렬히 비판하고 정치적 현실의 파악에
서 절실한 실천의 문제, 비판과 변혁의 문제들을 체계적으로 제시한 점을
높이 평가받는다.

그는 우선 인간의 모든 행동은 의미가 있다는 전제에서 출발한다. 선거에
서의 투표행위가 단순히 한 조각 용지에 대한 기계적인 표식행위가 아니라
투표자가 무엇을 생각하고 무슨 선택으로서 어떤 결과를 원하고 있는가의
'자기해석(self-interpretation)'의 과정으로 이해되어야 한다는 점을 강조한
다. 또한 이러한 의미부여는 사회 구성원 간에 오가는 모든 행위에 대하여
서로가 공유하는 '간주관적 의미(inter-subjective meanings)' 부여로서 구
성적 규칙(constitutive rules)과 규범으로 구체화된다고 보는 것이다.13) 그
리고 이러한 사회적 의미부여의 과정을 통하여 우리들의 현실이 재해석되고
사회적인 변혁과 개선이 이루어지게 되는데 이것을 가능케 하는 '정치이론'
의 몇 가지 두드러진 기능을 살펴볼 수 있다.

첫째로 정치이론은 정치적 실천들에 대한 형식적이고 체계적인 표명
(articulation)을 제공해 준다. 우리들이 무엇을 하고 있는가에 관한 실천의

---

12) *Ibid.*, pp.259-261.
13) Ruth Abbey, "Another philosopher-citizen: the political philosophy of Charles
Taylor," in C. H. Zuckert(ed.), *Political Philosophy in The Twentieth Century:
Authors and Arguments*(Cambridge: Cambridge Univ. Press, 2011), *op. cit.*,
pp.268-272.

중심적인 행위들을 서술하며 그에 절실한 규범들을 표출해 준다.

둘째로 실천을 지탱하거나 강화해 주며 경우에 따라서는 개선해 주는 기능을 수행한다. 참여자들로 하여금 무엇을 하고 왜 하는가를 이해시켜주고 자기-이해(self-understanding)를 통한 효과적인 실천자로 만들어 낼 수 있다.

셋째로 이론은 행위자로 하여금 실천에 대한 집착을 강화시킨다. 실천이 무엇에 관한 것이고 무엇이 좋고 칭찬받을 수 있는가를 주입시킴으로써 행위자의 실천에 대한 애착을 쇄신시켜 나갈 수 있다. 특히 정치생활에 있어서의 암묵적인 공유된 선(shared goods)을 일깨워줌으로써 그 인식도를 높여줄 수가 있다.

끝으로 정치이론은 실천을 뒤집는 비판적인 기능을 수행할 수 있다. 마르크스주의자들의 이론은 서구사회의 중심적인 실천으로서의 사유재산은 본질적으로 부당하며(unjust) 수탈적이기 때문에 타파되어야 한다고 사람들을 설득한다. 비록 비판이론들은 강약의 정도가 다르기는 하지만 어떤 사회적 실천에 도전하여 그것을 혁신하려는 비판적 기능만은 근대 서구적 전통의 중요한 부분으로 인정되어 왔다고 본다.[14)]

테일러(Taylor)는 정치이론의 특성과 관련하여 다음의 두 가지를 각별히 강조하고 있음을 눈여겨 볼 수 있다. 무엇보다도 사람들은 문제가 생기고 혼란스러울 때일수록 특정한 실천과 관련된 지배적인 이론이 부적절하다고 생각하게 되어 새로운 이론을 절실히 요청하게 된다는 것이다. 이 점에서 이론가들은 '문제에 쫓기는(problem driven)' 입장에 서게 되며 실천의 영역에서 제기되는 쟁점에 예민하게 반응하게 되고 경제, 공공영역, 국민주권 등과 관련되는 간주간적인 의미 및 사회마다의 차이성에 입각한 적절한 권고를 하게 된다는 것이다.

끝으로 그는 해석적 모형의 주축을 이루는 '자기-해석'의 변환가능성을 중요시한다. 어떤 시점에서 정착되는 자기-해석은 결코 교정할 수 없는 성격의 것이 아님을 강조한다. 인간 행위에 대한 어떤 해석은 다른 해석에

---

14) *Ibid.*, pp.271-272.

비해 우월할 수 있고, 또한 행위자의 자기-해석은 다른 해석이 나오면 수정
이 가능하다는 유연한 입장을 명백히 한다. 이론의 궁극적인 목적은 사회생
활을 변환시키는 것이며 또한 자기-해석의 변화에 있다는 것을 강조하는
대목으로 받아들일 수 있다.15)

II. 국가

정치학에서 국가(state)는 가장 중추적인 개념이다. 일정한 영토 내에서
법과 기본질서를 확립하고 국정의 원만한 수행을 담당하게 되는 국가의 특
성과 역할에 관한 연구는 정치학의 오랜 전통의 기본을 이루어 왔다. 국가
의 정치적 권위가 어떻게 정당화되며 그 제도적 장치들은 어떤 형태를 띠면
서 오늘에 이르렀는가에 대한 기본적인 의문과 해답들을 정치철학의 규범적
인 접근으로 다루어 볼 수가 있다. 특히 20세기에 들어서면서 가속화되는
세계화의 추세에 따른 국가의 위상변화에 초점을 두는 새로운 규범적 논의
들도 다루어 볼 수 있다.

1. 국가의 정당화

존 로크(John Locke)는 정치적 권위(국가)란 법을 만드는 권리로서 만약
복종하지 않으면 처벌을 받는 것으로 정의하였고 막스 베버(Max Weber)는
일정한 영토 내에서 물리적 힘의 정당한 사용의 독점을 (성공적으로) 요구
하는 인간 공동체로 정의한다. 특히 일정한 영토 내에서 폭력이나 강제력을

---

15) *Ibid.*, pp.274-277.

독점하는 것으로 파악되는 후자의 정의는 정치학에서 폭넓게 인용되는 근대 국가의 특성으로 자리매김해 왔다고 볼 수 있다.16)

이러한 국가가 어떻게 그 형성과 존립이 정당화(justification)되어 왔는가 를 다음의 요소들을 통해 살펴볼 수 있다. 첫째로 사회계약론(social con- tract)이 있다. 인간의 자연 상태(state of nature)가 만인의 만인에 대한 투 쟁이라는 홉스의 주장도 있지만 그것이 비교적 평화롭다는 로크의 기본전제 에서도 국가는 외부적 침략에 대비하고 대내적 국정수행을 위하여 모든 구 성원이 합의하는 계약에 따라 정당화된다고 본다. 즉 계약당사자들의 동의 (consent)에 의한 약속의 결과로 받아들인다.

둘째로 공리주의(utilitarianism)를 들 수 있다. 제레미 벤덤(Jeremy Bentham) 에 의하면 도덕적으로 올바른 행위란 가장 많은 효용을 가져오는 경우이기 때문에 국가도 어떤 주어진 상황하에서 국민을 위해 가장 많은 행복(행복의 극대화)을 가져올 때 정당화될 수 있다고 주장한다.

셋째로 '공정성의 원칙(principle of fairness)'이 있을 수 있다. 하트(H. L. A. Hart)는 개인들이 어떤 혜택을 받을 때 그에 상응하는 부담을 받아들 이지 않는다면 그것은 극히 공평하지 못하다고 전제한다. 따라서 개인들이 국가로부터 혜택(안전, 생활의 안정 등)을 받을 때에는 그에 상응하는 부담 (법의 준수, 세금납부 등)을 받아들이는 공정성의 의무(duty of fairness)가 있다는 것이다.17)

2. 마르크스주의 국가론: 현대적 구성

마르크스는 국가를 계급지배의 수단으로 보았다. 즉 그의 '공산당선언'에

---

16) Michael Rosen & Jonathan Wolff(eds.), *Political Thought*(New York: Oxford Univ. Press, 1999), pp.54-55.

17) Jonathan Wolff, *An Introduction to Political Philosophy*(Oxford: Oxford Univ. Press, 1996), pp.37-67.

나오는 것처럼 '근대국가의 행정부는 전체 부르주아지의 공동업무를 관리하기 위한 하나의 위원회에 지나지 않는다'는 것으로 요약될 수 있다. 계급지배를 초점으로 전개되는 극히 함축적인 정의를 그의 후계자들이 다루는 포괄적인 내용으로 정리해 볼 수 있다.

1) 마르크스 후계자들의 개념화

- 부르주아지의 억압적 수단으로서의 국가(Engels, Lenin)
- 지배계급의 도구(instrument)로서의 국가(Sweezy, Domhoff, Miliband)
- 이상적인 집단적 자본가로서의 국가(Engels, Hirsch, Alvater)
- 사회적 구성의 응집요인으로서의 국가(Engels, Poulantzas, Gramsci, Jessop)[18]

2) 도구주의와 구조주의의 문제

마르크스의 후계자들의 국가의 개념화와 관련된 가장 두드러지는 논쟁은 도구주의(Ralph Miliband)와 구조주의(Nicos Poulantzas)의 대결로 볼 수 있다. 도구주의(instrumentalism)는 자본주의사회에는 부르주아지로 이루어지는 지배계급이 있고 국가는 이들의 지배를 가능케 하는 중립적인 도구로 본다. 즉 자본가들이라는 인적 요소로 이루어지는 지배세력들의 '행위(agency)'의 측면이 강조된다. 반면 구조주의(structuralism)는 자본과 노동의 관계를 전제하여 그러한 구조 속에 들어가는 개인들의 역할을 부차적인 것으로 본다. 즉 행위자들(agents)은 객관적 구조의 짐꾼(bearer)에 불과하다는 입장이 될 수 있다.[19]

밥 제숩(Bob Jessop)은 이러한 구조(구조주의)와 행위(도구주의)의 대치상

---

18) Colin Hay, "(What's Marxist about)Marxist State Theory?" in Colin Hay, Michael Lister and David Marsh(eds.), *The State: Theories and Issues*(New York: PalgraveMacmillan, 2006), pp.60-62.

19) *Ibid.*, pp.70-73.

황을 통합하려는 노력의 일환으로서 '전략적-관계적 접근(strategic-relational approach)'을 제시하고 있다. 즉 행위자의 전략을 좌우하는 구조의 구체적인 맥락을 밝힘으로써 그것이 행위자의 전략적 선택에 미치는 영향력을 크게 부각시킬 수 있다. 예를 들면, 세계화에 따른 자본이동을 위한 전략의 경우 다음과 같은 고려가 불가피해진다. 세계화로 자본의 유출이 가능해졌으므로 기업에 대한 과세율은 낮추어야 하고 또한 지금까지의 복지수준도 축소하기 힘들기 때문에 세제상 편의나 유인책 등은 거두어들이는 방향전환이 불가피해진다. 즉 기업에 대한 과세증가의 전략은 선별될 수 없게 된다. 대체로 그 사회의 계급세력 간의 균형이라든가 당면하는 위기의 성격, 그러한 위기에 대한 국민들의 지각 등이 복합적으로 그리고 우연적으로 작용하면서 전략적 선택을 좌우하는 것으로 볼 수 있다.[20]

3) 안토니오 그람시(Antonio Gramsci)의 헤게모니론

그람시는 마르크스 역사철학에 인간의 주체성을 역동적인 행위자로 끌어들이는 뜻 깊은 전기를 마련한다. 그의 중심개념인 '헤게모니(hegemony)'란 지배계급이 우월적 지위를 유지하기 위하여 자신들의 도덕적·정치적·문화적 가치들을 사회 전체의 규범으로 만들어서 예하계급을 설득하는 과정을 지칭한다. 자본가계급의 권력은 국가의 억압 장치(repressive apparatus)에서가 아니라 종속계급의 지각을 형성하는 능력에서 비롯되며 피지배계급으로 하여금 체제의 우월성을 믿게 하든가 또는 그에 대한 저항이 무모함을 깨닫게 한다는 것이다.[21]

정치의 헤게모니적 특성과 관련하여 그는 '실행의 철학(philosophy of praxis)'을 강조한다. 우선 모든 현실을 실제의 생활경험으로부터 지나치게 유리시켜 보거나 또는 기계적인 격식으로 파악하려는 실증주의(positivism)

---

20) *Ibid.*, pp.75-76; Colin Hay, *Political Analysis*(New York: PalgraveMacmillan, 2002), p.130.

21) C. Hay, "(What's Marxist about) Marxist State Theory?" *op. cit.*, p.70.

나 신이상주의(neo-idealism)를 비판하고 실행과 관련되는 문제는 구체성, 특수성, 복합성, 차이 등에 초점을 두는 방법론적 혁신을 제안한다. 이를 위해서는 구체적인 개체성으로 이해되는 특정한 사실의 중요성을 밝혀내는 문헌학(philology)과 비평의 연구방법론을 권장하고 있다.

한편 정치적 운동과 관련해서는 정부권력의 장악을 시도하게 되는 경우, 지식인들에 대한 헤게모니를 확립하기 위해서는 첫째로 지지자들로 하여금 지배적 이데올로기에 대응하는 지적 위엄(intellectual dignity)을 갖게 할 수 있는 '철학'을 확립해 주고, 둘째로는 가장 동질적이고 수적 다수를 이루는 지식인들(초등학교 교사로부터 대학 교수에 이르는)에 대한 학교 교육프로그램(scholastic program)을 종용하고 있다. 그리고 이러한 헤게모니 정립과정에 있어서는 사회 내에서 부차적이고 특정한 업무에 초점을 두는 '특칭적 사회집단(subaltern social group)'의 역할을 중시하고 있다.22)

3. 자율국가론: 베버(M. Weber), 슈미트(C. Schmitt)

국가론에서는 사회적 계급구성과의 직접적인 지배관계를 초연하여 자율적인 입장에 선다는 이른바 '자율적 행위자(autonomous actor)'로서의 국가관이 있을 수 있다. 주로 베버와 슈미트의 입장을 소개하고 이들 이후의 학자들에 의해 형성되는 자율국가론의 특성을 간략히 정리해 볼 수 있다.

1) 베버의 국가관

우선 그는 국가란 일정한 영토 내에서 물리적 강제력의 정당한 사용을 독점한다고 전제함으로써 국가가 당면하는 여러 가지 역사적 상황에 따라서 막강한 힘과 영향력을 발휘할 수 있는 가능성을 열어놓고 있다. 특히 국가

---

22) Joseph Buttigieg, "Antonio Gramsci: liberation begins with critical thinking," in C. H. Zuckert(ed.), *Political Philosophy in The Twentieth Century: Authors and Arguments*(Cambridge: Cambridge Univ. Press, 2011), *op. cit.*, pp.54-57.

권력은 국정을 담당하는 정치지도자의 능력에 따라 그 내용이 달라질 수 있다는 점이 강조된다.

영국을 포함하는 세계의 어느 곳에서도 의회가 통치하고 정책을 결정하는 것은 아니다. 대부분의 대리자(의원)들은 정부를 구성하는 특정한 지도자나 소수의 지도자들을 따르게 마련이며, 이들 지도자들이 성공적으로 일을 수행하는 한 맹목적으로 추종할 뿐이다. 또한 그렇게 되어야만 된다. 정치적 행위는 항상 '소수의 원칙(principle of small numbers)', '소수의 지도집단(leading groups)'의 탁월한 정치적 조정능력에 따라 결정된다. 대중국가에 있어서도 이러한 황제정치주의적(Caesarist) 요소는 근절될 수 없다.23)

특히 그는 정치를 '독립적 리더십(independent leadership),' 즉 정치적 결사로의 국가를 이끌어 나가는 영도력으로 풀이하기도 하는데 국가는 그 리더십 여하에 따라 강제력의 행사가 여러 가지 형태로 나타날 수 있다는 점이 잘 부각된다.24) 한 가지 분명한 것은 국가가 부르주아지의 단순한 계급적 지배의 도구에 불과하다는 입장과는 극히 대조적이며, 국가의 자율적인 행동반경의 확대가능성을 내다보고 있다는 점이다.

2) 국가주권의 예외성: 칼 슈미트(Carl Schmitt)

독일 바이마르공화국(Weimar Republic: 1919~33)의 지도적 법률가로서 널리 알려진 슈미트는 정치에 대한 독특한 정의를 바탕으로 국가의 비상적인 권력 확대의 가능성을 주권론으로 이론화함으로써 학계의 관심을 모은다. 그는 우선 정치를 '적과 동지의 구별(friend-enemy distinction)'로 정의함으로써 주로 경쟁관계로 이루어지는 경제와는 달리 우리(us)와 그들(them)이라는 갈등적인 측면에 초점이 모아지는 '싸우는 전체(battling

---

23) Max Weber, *Economy and Society*, Vol.Ⅲ, Guenther Roth and Claus Wittich (eds.), (New York: Bedminster, 1968), p.1414.
24) Max Weber, "Politics as a Vocation," in H. H. Gerth & C. Wright Mills(eds.), *From Max Weber*(New York: Oxford Univ. Press, 1985), p.77.

totality)'의 양상을 띠는 적대관계로 특징지었다. 그리고 이러한 정치적 관계가 극악으로 바뀌어 극도의 혼돈을 초래하게 되면 국가의 주권이 발동된다고 보고 있다.

국가의 주권은 법의 규제를 받지 않는 초월성(transcendence)을 가지며 혼돈과 무질서의 극악의 상황, 즉 '예외적인(exceptional)' 경우에 한하여 새로운 법질서를 창조하는 데 등장하게 된다. 그리고 이러한 결정적인 순간에 임하는 '주권자(sovereign)'는 그러한 상황이 예외적인 것임을 결정하고 그러한 예외에 어떻게 대응할 것인가를 결정한다. 슈미트는 1933년 나치의 '국가사회주의노동자정당(NSDAP)'에 참여하게 되는데 그는 이 정당이 독일의 혼돈스러운 '예외적인' 당시의 상황을 극복하기 위한 역사적 성격을 가지는 것으로 평가함으로써 나치와의 협력을 비난받게 된다. 그는 이러한 예외적인 상황하에서의 주권적 발동을 기존의 헌법질서를 그대로 유지하면서 변혁을 시도하는 경우와 기존의 질서를 완전히 새로운 것으로 바꾸는 두 가지 형태로 다루고 있다.[25]

인간의 행동을 규제하는 규칙이나 법은 어디까지나 인간에 의해 만들어지는 것이기 때문에 인간적인 특질에서 초연할 수 없다. 즉, 인간사회의 모든 사안은 법과 규칙에 따라 자동적으로 결정되기보다는 인간의 결정이나 판단이 필요하게 된다는 것이다. 따라서 이러한 법적 질서에 대한 인간적 개입의 가능성을 전제한다면 사회적 혼돈과 위기적 상황에서의 국가의 개입, 즉 주권의 예외적 발동은 그 필요성이 인정될 수 있게 된다.[26]

---

25) 슈미트는 예외적인 상황하에서의 주권발동을 1) 대리적 독재(commissarial dictatorship)와 2) 주권적 독재(sovereign dictatorship)라는 두 가지 형태로 파악하고 있는데, 전자는 기존의 헌법을 지키는 국정수행으로서 미국 남북전쟁 당시의 링컨 대통령의 경우가 되고 , 그리고 후자는 구체제 붕괴 후에 새로운 것을 만들어내는 1958년 프랑스의 드골 대통령의 사례가 될 수 있다고 보았다. 이 부분은 그의 "Die Diktatur"라는 논문에서 발표된 것으로 되어 있다. Tracy B. Strong, "Carl Schmitt: political theology and the concept of the political," in C. H. Zuckert(ed.), *Political Philosophy in the Twentieth Century*(Cambridge University Press, 2011), pp. 34-36.
26) *Ibid.*, pp.38-39.

물론 슈미트의 '주권적 예외'의 논리는 헌정의 틀을 수시로 파괴하는 권위주의적 정치개입을 정당화하는 명분으로 이용될 위험성을 배제할 수는 없게 되어 있다. 그러나 역사적 상황의 특수성과 관련하여 주권적 개입으로 어떤 사회의 위기적 국면이 개혁과 발전의 결정적 전기로 이어졌다면 이러한 주권적 개입은 나름대로의 규범적인 설득력을 얻을 수 있게 된다. 특히 1958년 프랑스 드골(de Gaulle) 대통령의 정치적 개입으로 인한 제5공화국의 출범은 이러한 주권의 예외적 발동의 긍정적인 측면을 적절히 부각시키는 사례로 취급될 수 있기 때문이다.

3) 발전국가론: 찰머스 존슨(Chalmers Johnson)

20세기 후반에 들어서면서 국가론은 물리적 강제력의 독점이라는 구조적 특성에 대한 비중보다는 국가가 경제적 영역에 대한 간여로서 발전지향적인 역할을 담당하게 되는 측면에도 관심을 돌리게 된다. 이른바 '발전국가(developmental state)'란 사회·정치적 발전보다는 경제발전에 우선권을 두고 강력한 리더십을 발휘하여 급속한 경제성장을 이룩하는 모형이 된다.

존슨에 의하면 발전국가의 정상에는 단호하고도 기민한 리더십이 확립되어 경제발전의 포괄적인 목표를 설정하고 이를 실행에 옮길 유능한 선도기관(pilot agency)을 지휘·감독한다. 특히 유능하고도 사명감 있는 엘리트 관료로 구성되는 선도기관(예: 일본의 국제통상산업부, 한국의 경제기획원 등)은 경제발전계획의 수행에 있어서 정치권으로부터의 부당한 압력으로부터 보호되며(insulation), 금융통제와 행정지도의 효율적인 수단을 통하여 급속한 경제성장을 실현해 나간다.[27]

---

27) Chalmers Johnson, *MITI and the Japanese Miracle: The Growth of Industrial Policy, 1925-1975*(Stanford: Stanford Univ. Press, 1982), pp.314-315; Chalmers Johnson, "Political institutions and economic performance: the government-business relationship in Japan, South Korea, and Taiwan," in Frederic C. Deyo (ed.), *The Political Economy of the New Asian Industrialism*(Ithaca: Cornell Univ. Press, 1987), pp.151-152, pp.147-149.

일본의 1920년대 이후의 경제발전을 비롯하여 한국, 대만 등의 1970년 이후의 급속한 경제성장에 대해서는 세계적인 공인이 이루어져 있으나 그 과정에 있어서의 정치적 부담, 즉 권위주의적 통치스타일에 대해서는 계속적인 비판과 논란이 제기되어 왔다. 이와 관련하여 존슨은 다음과 같은 규범적 논의를 제기하고 있다.

> "발전국가에 있어서의 권위는 베버의 전통적 · 합리적 · 카리스마적인 삼위일체 중의 하나의 근원에서 비롯되는 것은 아니다. 그것은 오히려 혁명적인 권위로서 자기들의 사회적 · 정치적 · 경제적 질서의 변환에 심혈을 기울이는 국민들의 권위이다. 정당성의 확립(legitimation)은 국가의 업적(achievements)에서 발생하는 것이지 어떻게 권력을 장악하게 되었는가(the way it came to power)하는 방식에서 비롯되는 것이 아니다."28)

성공적인 발전국가의 경우 관료적인 통치자들은 통속적인 권위주의체제에서는 찾아보기 힘든 보다 경험주의적이고 비교조적인(undoctrinaire) 방향으로 갈 수 있게끔 하는 특별한 형태의 정당성을 가진다. 그리고 이때의 정당성은 국민 대다수가 믿고 있는 혁명적 프로젝트에 대한 헌신적인 태도에서 비롯된다. 따라서 성공적인 발전국가는 '유사혁명적인 체제(quasi-revolutionary regime)'로 볼 수 있으며 그 지도자들의 정당성은 어떤 외부적인 신성화나 영 · 미류의 형식적 절차에 따른 선출과 같은 근거에서 비롯되는 것이 아니라 그들 사회의 전폭적 지지와 거대한 사회적 프로젝트에서 나온다고 보고 있다.29)

---

28) Chalmers Johnson, "The Developmental State: Odyssey of a Concept," in Meredith Woo-Cumings(ed.), *The Developmental State*(Ithaca: Cornell Univ. Press, 1999), p.53.

29) *Ibid.*, pp.51-52.

4. 후기구조주의 국가론

후기구조주의(poststructuralism), 또는 포스트모더니즘(postmodernism)
으로 불리는 20세기 후반의 새로운 지식운동은 문학, 건축, 예술, 철학, 사
회운동의 광범위한 분야에 걸쳐서 혁신적인 사고와 비평의 연구분야를 형성
한다. 이 운동에서 비롯되는 사회과학의 방법론적 논의와 관련하여 제기되
고 있는 국가론의 재구성을 간략히 다루어 보기로 한다.

미셸 푸코(Michel Foucault)에 의하면 국가란 일정한 영토 내에서 억압
적인 강제력을 독점하는 유일한 중심(single centre)에 선다는 생각 자체가
잘못되어 있다고 본다. 인간을 통제하고 감시하고 규율하는 권력(power)은
이러한 유일한 중심에서 나오기보다는 사회 내에 흩어져 있으며, 다양한 기
술(techniques)과 형태를 띠면서 인간의 의식과 행동을 다스린다고 본다.
그러한 권력의 양상을 역사적인 추이로 살펴볼 수 있다.[30]

첫 번째 권력의 형태는 계층적이고 위로부터 아래로 강압되는 국가의 통
제력이다. 주로 17세기와 18세기의 권력 형태는 끔찍한 공개적 처형과 고문
의 형벌제도에서 잘 나타나는 통제의 주권적 형식을 띤 것으로서 유일한
중심에서 아래로 내려오는 명령과 강권적 실행을 내용으로 하는 계층적 권
력이었다.

둘째로 이러한 계층적 국가권력의 형태는 18세기 말엽부터 규율적 권력,
또는 '생명권력(biopower)'의 형태로 바뀐다. 즉 근대사회는 '격리의 제도적
네트워크'의 도움으로 순응적이고 규율화된 개인들을 만들어 낸다.[31] 판옵
틱(panoptic) 모형에 따른 감옥의 통제방식은 학교, 공장, 군영, 병원 등의
제도적 영역으로 파급되었고 이것은 개인을 순응화, 규율화시킬 뿐만 아니
라 19세기 자본주의의 발전에도 획기적인 기여를 하게 된다. 근대적인 통제

---

30) Alan Finlayson and James Martin, "Poststructuralism," in C. Hay, M. Lister and
D. Marsh(eds.), *The State: Theories and Issues*, pp.166-168.

31) Michel Foucault, *Power: Essential Works of Foucault, 1954-1984*, Vol.3, J. D.
Faubion, ed.(New York: The New Press, 2000), p.79.

의 형태는 감옥이나 공장처럼 일정한 공간에 국한되는 '한정화(localization)'의 성격을 띠게 마련이었다. 그러나 근대화과정은 이러한 규율적 통제를 '탈한정화'함으로써 비가시적이고 어디에서나 나타나게 만드는 강력한 파급력을 가졌다는 데 문제가 생긴다. 즉 근대적 통제는 제도의 틀을 깨고 밖으로 나와 사회전반에 자유롭게 순환하기에 이른다. 이제 생명권력은 '탈제도화(deinstitutionalization)'되면서 전 사회공간에 파급되며 그 결과로 전통적인 제도들(감옥, 법정, 병원, 수용소, 학교 등)은 새로운 일상생활의 제도적 영역(건강, 사회적 안전, 처벌, 성인교육 등)을 탄생시키게 된다.[32] 결국 국가는 중심적인 주권을 가지는 막강한 존재로부터 전락하여 종래와 같은 주권적 통제력은 약화되고 정책수립과 수행에 있어서도 효율성을 기대하기도 힘들게 된다는 것이다.

셋째로 탈제도화되는 사회는 '통치성의 레짐(regime of governmentality)'을 탄생시킨다. 사람들은 이제 건강, 사회적 안전 등의 새로운 제도적 틀 속에서 자기의 생명과 자유를 관리할 수 있는 보다 적극적인 역할을 수행할 수 있게 된다. 여기서 '통치성'이란 스스로를 규제하고 스스로를 교정하고 스스로의 향상을 도모해 나가는 새로운 사회적 통제를 지칭하는 개념이다. 이제 푸코는 개인과 개인 간의 관계에 새로운 관심을 두는 변화된 모습을 보여 준다. 이와 관련해서 그는 사회적 통제를 ① 자아의 비규율적 통제와 ② 타자의 비규율적 통제라는 두 가지로 나누어 다룬다. 전자의 경우 규율이나 복종과 같은 정상화 관계, 즉 판옵틱주의의 규율적 통제가 아니라 자기 자신을 관리하고 남에게 리더십도 만들어 주는 새로운 생활양식이 된다. 그리고 이러한 개인적 통제와 관련하여 그는 '에토포에틱(ethopoetic)'이라는 용어를 만들어 내어 그 구체적인 내용을 예시하고 있다.[33]

---

32) Alain Beaulieu, "The Hybrid Character of 'Control' in the Work of Michel Foucault," in Alain Beulieu and David Cabbard(eds.), *Michel Foucault and Power Today: International Multidisciplinary Studies in the History of the Present*(Lanham: Lexington Books, 2006), pp.26-27.

33) 이러한 생활양식에서는 구체적으로 다이어트 레짐(diet regime), 금욕, 명상, 호흡운

한편 '타자(others)'의 비규율적 통제에 관해서는 그의 말년의 사정상 상
세한 언급이 없기는 하나 몇몇 유고에 나타난 것을 종합하면 견유주의적
생활양식(cynical way of life)이 하나의 길잡이로 등장한다. 이 생활양식은
'팔헤이시아(parrhehsia: 진리를 솔직하게 말할 수 있는 용기)'와 금욕주의
적인 '에토포에틱'이 결합되는 내용이 된다. 견유주의자(cynics)는 미래에
대한 예언자도 아니고 말 없는 현재의 현인도 아니지만 스스로에 대한 비규
율적 통제의 기술을 터득하고 있으며, 한정된 범위 내에서 사람들의 관심을
가장 시급한 '현재'에 집중시키면서 진실을 밝혀내어 그들로 하여금 적절한
대응을 할 수 있게 만든다. 사람들로 하여금 현재를 무른 형태로 보게 하고
스스로의 심미화를 이루게 만들 수 있는 능력도 소유하고 있다. 미래의 우
주 정부와 관련하여 '인류의 공무원', '인류를 책임지는 사람'으로서의 견유
주의자는 새로운 제도와 새로운 권리의 설계자가 될 수 있다는 것이다.[34]

III. 자유

정치철학의 연구에서 자유(freedom)가 차지하는 비중은 매우 크다. 비록
자유의 내용이 시대적인 관심과 연구의 초점에 따라 매우 다양한 갈래로
이어져 오고 있지만 현대적인 논의에서는 주로 이사야 벌린(Isaiah Berlin)
에 의한 '2가지 자유 개념'(1958)에 따라 '소극적 자유'와 '적극적 자유'의 분

동, 수도생활, 구원 휴식(salvatory break; anakhoresis), 정신훈련, 언어화 훈련, 진
리에의 용기 등의 색다른 통제기술이 제시되고 있다. A. Beaulieu and D. Gabbard,
op. cit., pp.30-31.

34) *Ibid.*, pp.30-31. 견유주의에 관한 부분은 푸코의 다음과 같은 문헌에서 언급된다.
The Hermeneutics of the Subject(1981-1982); The Government of the Self and
Others: The Courage of Truth(1983-1984).

류에 따른 연구추세가 두드러진다. 이 양분법에 따른 자유의 기본적 특성을 살펴보고 최근에 나타나는 새로운 연구 추세 등을 간략히 정리해 보기로 한다. 그리고 자유의 용어 사용과 관련해서는 'freedom'과 'liberty'가 같은 의미로 사용되고 있는 관행을 따르기로 한다.

1. 소극적 자유(negative freedom)

'소극적 자유'란 장애(obstacles), 울타리(barriers), 또는 강제(constraints)가 없는 상태를 뜻한다. 벌린에 의하면 자유의 근본적 의미는 타인에 의한 족쇄, 투옥, 노예화 등으로부터의 자유를 지칭하며 이에 부연되는 의미와 은유 등으로 파악된다.[35] 보다 구체적으로 자유란 사람들이 타인들의 방해를 받지 않고(unobstructed) 행동할 수 있는 영역을 지칭하며, 만약 내가 달리 할 수 없는 일을 하는데 다른 사람들이 그것을 방해한다면 나는 그만큼 자유롭지 못하게(unfree) 된다. 그리고 이러한 영역이 다른 사람들에 의해 최소한의 정도를 넘어서 계약된다면 나는 그만큼 강제되거나, 심지어 노예화되는 것이다. '강제'란 내가 달리 할 수 없는 일을 하는 영역에서의 타자에 의한 의도적인 간섭(deliberate interference)을 함축하고 있다. 그리고 당신은 만약 다른 사람들로부터 당신의 목표달성을 방해받을 때에만 정치적 자유가 없는 것이지, 단순히 그러한 목표를 달성할 수 있는 능력이 없다고 해서 자유가 없는 것은 아니다.[36]

주로 외부로부터의 강제가 없는 '소극적 자유'의 개념은 정치사상사의 흐름에서는 정치적 자유주의(political liberalism)와 부합된다. 정부의 역할은 국내질서의 유지와 개인의 안전 및 사적 영역의 보호에 치중하는 최소

---

35) I. Berlin, "Two Concepts of Liberty," in *Four Essays on Liberty* (London: Oxford Univ. Press, 1969), p.lvi.

36) *Ibid.*, p.122.

국가(minimal state)에 머물고 자유방임적 자본주의에 동정적인 입장이 된다. 근세 초 영국의 로크(J. Locke), 밀(J. S. Mill), 프랑스의 콩스탕(B. Constant), 토크빌(A. de Tocqueville) 등이 이러한 소극적 자유의 입장에 선다. 그리고 현대적 맥락에서는 하이예크(F. A. von Hayek, 1960), 데이(J. P. Day, 1970), 오펜하임(F. E. Oppenheim, 1981), 밀러(D. Miller, 1983), 스타이너(H. Steiner, 1994), 카터(Ian Carter, 2011) 등이 포함된다.

2. 적극적 자유(positive freedom)

적극적 자유란 자기가 스스로의 주인(one's own master)이라는 의미가 된다. 나는 내 생명과 결정들이 내 스스로에 의존하고 어떠한 형태로든 외부적인 힘에 의존하지 않기를 원한다. 나는 다른 사람의 수단이 아니라 내 자신의 의도적 행위의 수단이 되기를 원한다. 나는 주체가 되기를 원하며, 객체가 되기를 원하지 않는다. 내 스스로의 이성과 의식적인 목적에 의해 움직이며, 외부로부터 주어지는 원인들에 의해 좌우되지 않는다.[37]

자기가 스스로의 주인이 된다는 의미로부터 적극적 자유는 '자기실현(self-realization), 자기결정(self-determination), 자기극복(self-mastery) 등의 용어로 표현되기도 한다. 그리고 개인이 정치적 행동을 통하여 스스로의 목적을 달성하려는 '행동의 측면'이 강조되다 보면 이와 관련하여 국가의 역할은 어떠해야 할 것인가가 중요한 논쟁으로 등장하게 된다. 국가는 개인들로 하여금 자기실현을 할 수 있는 정치적, 사회-경제적 조건을 마련해 주어야 한다는 주장으로 구체화될 수 있다. 근대국가의 참정권 확대와 복지주의(welfarism)의 정착은 이러한 적극적 자유의 논리와 부합되는 흐름으로 받아들일 수 있다. 근대에 들어서 고전적 자유주의에 비판적인 루소, 헤겔, 마르크스, 그린(T. H. Green) 등이 적극적 자유의 입장에 선다고 볼 수 있으

---

37) *Ibid.*, pp.123-124.

며 현대적 맥락에서는 밀느(A. J. M. Milne, 1968), 깁스(B. Gibbs, 1976), 테일러(C. Taylor, 1979), 크리스트만(J. Christman, 1991/2005) 등이 이에 포함된다.

3. '2가지 자유'에 관한 논쟁

소극적 자유와 적극적 자유의 두 가지 형태를 놓고 그 어느 것이 바람직한가에 대한 규범적 논쟁에 관한 대표적인 입장을 살펴볼 수 있다.

우선 벌린(I. Berlin)은 적극적 자유가 내 세우는 자기실현이나 자기 극복은 20세기에 들어서 등장하는 전체주의체제에 의해 곡해되고 남용된다는 위험을 전제로 오히려 소극적 자유의 필요성을 종용하는 방향으로 나가고 있다. 그는 인간의 경우 감정이나 비합리적 충동 및 즉각적인 쾌락에 따라 움직이는 '낮은 자아(lower self)'와 합리적이고 자성에 근거하며 도덕적인 행동 및 자기행동에 책임을 지는 이상적이며 자율적인 '높은 자아(higher self)'라는 두 개의 서로 '분할된 자아(divided self)'를 가진다고 보고 있다. 따라서 높은 자아의 통제하에 있는 사람이 진정한 자유를 누릴 수 있으며 낮은 자아에 얽매이는 사람은 합리적이고 자기실현을 할 수 있도록 강요할 수 있다는 주장으로 이어질 수 있게 된다. 특히 적극적 자유의 지지자들은 개인을 보다 넓은 유기적인 사회적 전체(종족, 인종, 교회, 국가 등)의 일원으로 파악함으로써 개인의 이익이 이러한 전체의 이익과 일체를 이루어야 한다는 사고로 직결될 위험성을 안게 된다는 것이다.[38]

반면 적극적 자유의 지지자들도 나름대로의 논리가 있다. 테일러는 영국과 알바니아(Albania)를 비교하여 자유의 정도를 측정하는 예를 들고 있다. 70년대의 알바니아는 영국과는 달리 종교가 금지되어 있고 도시의 교통신호도 적기 때문에 개인 생활에 대한 외부적 제약이 양적으로 완화되어 있으

---

38) *Ibid.*, pp.132-133.

므로 소극적인 의미에서의 자유가 영국보다는 많다는 이야기가 될 수 있다. 과연 알바니아가 영국보다 자유스러운 나라일까? 테일러는 자유의 내용을 이러한 외부적 제약에서가 아니라 개인들의 추구하는 목적의 의의(signi-ficance)에 두어야 한다고 주장한다. 개인들이 추구하는 욕망이나 목적이 일차적인 것이 아니라 2차적인 것이 되어야 하며, 그것은 높고 낮은 정도, 고상하거나 저속한 정도, 통합이냐 분절이냐, 의미 있는 것이냐 경박한 것이냐, 좋은 것이냐 나쁜 것이냐 등의 강한 평가의 기준에 따라 정해질 문제로 본다. 자유의 문제는 외부적인 장애에 의해서가 아니라 인간의 내부적인 것, 욕망이나 목적의 근본적인 성격 여하에 따라 결정되어야 할 문제로 보는 것이다.[39]

크리스트만도 적극적 자유의 지지론자이다. 그는 자유란 타인이나 자연적 상황에 의한 '강요의 부재(the absence of intrusion)'뿐만 아니라 '하나의 행위자로서의 유효성(effectiveness as an agent)'으로 정의한다. 유효한 행위자란 자기 스스로를 다스릴 수 있는 내부적 또는 심리적 능력뿐만 아니라 실제의 행동을 통하여 자신의 소원을 실행에 옮길 수 있는 적극적 능력(positive ability)을 가진다. 그런데 이러한 행위자의 실천이 어떠한 가치(values)에 따라 진행되느냐의 문제가 제기될 수는 있다. 예를 들면 벌린이 우려하는 것처럼 전체주의의 가치로 말미암아 행위의 성격이 왜곡되거나 남용될 수 있기 때문이다. 그러나 크리스트만은 분명한 선을 긋는다. 적극적 자유의 행위적 측면은 루소의 일반의지나 롤스의 정치적 자유주의에 나타나는 바와 같이 '자율적 행위(autonomous agency)'가 민주적 문화라는 가치와 맺어진다는 점을 분명히 한다. 즉 자율적 행위란 다양성, 관용, 정의, 자치와 같은 자유민주주의 가치를 전제로 한다는 점이 강조된다. 민주적 문화 속에서 사람들은 스스로를 사회구조를 형성하는 과정들의 일부로 파악하고 그 속에서 그들의 생활을 영위하며 그들의 이해가 공정하게 반영되고 그들

---

39) Charles Taylor, "What's wrong with negative liberty," in Alan Ryan(ed.), *The Idea of Freedom*(Oxford: Oxford Univ. Press, 1979), pp.183-193.

자신이 집단적 결정의 직접적 당사자임을 확인할 수 있다는 것이다.[40]

4. 공화주의: '비지배'로서의 자유

프티(Philip Pettit)는 자유를 '비지배(non-domination)'로 정의한다. 그리고 이 '비지배'의 원리는 로마 공화정의 정치이념인 공화주의(republicanism)에서 도출된다. 로마적인 사고에서는 인간이 자유를 누린다는 것은 법의 지배하에 주어지는 기본적인 선택의 틀이 보호된다는 의미를 지닌다. 법이 자유를 누리는 시민을 만들어 낸다는 것이다. 그리고 이때의 자유란 자유주의에서 논의되는 소극적 자유로서의 '비간섭(non-interference)'이 아니라 법의 보호를 받는 '비지배'의 내용으로 나타나게 된다.

그러면 '비지배'는 소극적 자유에서의 '비간섭'과는 어떻게 다른가? 첫째로 '비지배'로서의 자유는 단순한 '비간섭'과는 다르다. 예를 들면, 노예와 주인의 관계에서는 지배하는 사람(주인)은 자기 마음대로(at will) 그리고 처벌됨이 없이(with impunity) 피지배자(노예)를 지배할 수 있다. 지배자는 그 누구의 허가나 검토, 또는 처벌 없이 그 지배를 실행에 옮길 수 있다.[41] 따라서 노예는 만약 인자한 주인을 만나서 그로부터 간섭을 받지 않음으로서(비간섭) 자유롭게 보일 수 있을지라도 양자관계에서 오는 신분의 차이로 인한 지배는 언제든지 표출될 수 있고 또한 지속될 수밖에 없다. 결국 노예제도가 철폐되어 법의 지배하의 평등한 시민이 되어야만 비로소 자유롭게 된다. 즉 노예는 주인으로부터 간섭을 받지 않는다고 해서(비간섭) 자유(비지배)인 것은 아니다.

---

40) John Christman, "Can Positive Freedom Be Saved," in Steven M. Cahn and Robert B. Tallisse(eds.), *Political Philosophy in the Twenty-First Century* (Boulder, Colorado: Westview Press, 2013), p.156, 165.

41) Philip Pettit, *Republicanism: A Theory of Freedom and Government*(Oxford: Clarendon Press, 1997), p.22.

둘째로 사회관계에서는 간섭(interference) 자체가 지배를 뜻하는 것이 아니라 그것이 임의적인 것(arbitrariness)의 경우에만 지배가 된다는 것이다. 예를 들면, 안전벨트(seat belt) 착용법은 '비간섭'의 논리에 따르면 자동차 운행의 자유에 간섭하는 것으로 보일지라도 그것은 공공안전이라는 기준에서는 정당화될 수 있다. 즉 임의적인 것이 아닌 공공성을 띠게 되는 경우, 간섭은 지배에 해당될 수 없다는 이야기가 된다. 이상의 두 가지 특성에서 나타나는 '비지배'의 자유란 우선 지배관계(노예와 주인)가 되지 말아야 하고 또한 사회관계에 있어서의 간섭은 임의적인 것이 아닌 정당한 공공성을 띨 때에는 수용될 수 있다는 내용이 된다.

프티는 사회생활에서 나타나는 다음과 같은 지배의 은연한 표출 사례들을 제시한다. 말에게 고삐를 자유롭게 놔두면 말은 자유를 누리는 것으로 받아들일 수 있을지 모르나 안장에 누군가가 타고 있으면 그래도 말은 자유스럽지 못하다. 만약 A와 B라는 두 개의 문이 열려져 있을 때 그 어느 쪽을 선택하느냐는 자유로 받아들일 수 있으나 문지기가 거기에 있다면 그것도 진정한 자유가 될 수 없다는 것이다. 지배는 지속된다고 볼 수 있기 때문이다. 특히 감옥의 죄수들은 창살 안에서 별 다른 간섭 없이 적응에 의한 자유를 누릴 수 있다. 그러나 지배에서 벗어난 것은 아니다. 또 하나의 예로써 여성들은 역사적, 문화적인 상황에 따라 남편의 의지에 좌우되는 삶을 살면서도 점잔을 빼고 매혹적인 웃음으로 그를 즐겁게 만들어 놓음으로써 다양한 선택에서 자기의 뜻을 관철해 나갈 수 있다. 이른바 '영합(ingratiation)'에 의한 자유의 환각을 만들어 낼 수가 있다. 그러나 여성은 남편의 의지에서 벗어나 그의 강제로부터 빠져나오기는 힘들게 되어 있다. 죄수처럼 여러 가지 선택 면에서 자기가 자유롭다는 미혹에 사로잡힐 수 있지만 아무도 그에 속지 말아야 할 것이다.[42]

---

42) Philip Pettit, "The Instability of Freedom as Noninterference: The Case of Isaiah Berlin," in S. M. Cahn and R. B. Talisse (eds.), *Political Philosophy in Twenty-First Century* (Perseus Books, 2012), *op. cit.*, pp. 145-146.

정치적으로도 비간섭의 모양새로서 국가적 규모의 지배를 정당화하는 사례는 많다. 비교적 '권력 없는 자'들에게 간섭을 하지 않음으로써 그 대응 혜택으로 월등한 보상이 가도록 법적 체제가 만들어질 수 있다. 또한 '호의적 독재(benevolent dictatorship)'에서처럼 절대적 권력이 한 개인이나 집단에 귀속되면서도 독재자는 시민들에게 지나친 간섭을 자행하지 않을 수가 있다. 그리고 시민들이 서로가 간섭하지 않도록 만들 수도 있다.

공화주의에서는 '비지배'의 자유를 신장하기 위한 여러가지 방안이 논의된다. 프티는 공화주의적 이상이 모든 시민들에게 보편화될 수 있는 실행 방향으로서 국내적 정책결정의 광범위한 평등적 프로그램, 민주주의의 논쟁적 이미지, 국제관계의 영역에서의 비지배적이며 질서화된 국민들의 이상 등을 제시하고 있다.[43]

IV. 정의

정의(justice)란 사람들에게 각자가 당연히 받아야 할 것을 주는 것(giving people what is due to him)이다. 이른바 사회 안에서 각자가 한 일에 대하여 응분의 몫을 챙기는 '배분적 정의(distributive justice)'로 정의될 수가

---

43) *Ibid.*, pp.148-149. 이 부분과 관련되는 정책적 논의에서는 '비지배'를 보호, 신장할 수 있는 법적 체제의 확립, 경제적 최소 수혜자의 기본적 욕구의 충족, 아동보호와 성적 지배의 제거, 공공기관의 재량권 범위, 민주주의의 논쟁적(contestation) 요소의 증대, 시민적 미덕(civic virtues)의 보급과 부패 방지 등이 거론된다. Philip Pettit, *Republicanism*(Clarendon Press, 1997); John W. Maynor, *Republicanism in the Modern World*(Polity Pressm 2003); Richard Dagger, *Civic Virtues: Rights, Citizenship, and Republican Liberalism*(Oxford Univ. Press, 1997); Henry Richardson, *Democratic Autonomy*(Oxford Univ. Press, 2002); Maurizio Viroli, *Republicanism*(Hill and Wang, 2002).

있다. 그런데 이러한 배분은 사회 전체로 정치적·사회적 제도를 통하여 이루어져야 하기 때문에 항상 어떻게 이루어져야 할 것인가 하는 도적적인 의무와 관련되기 마련이다.

따라서 그러한 배분과 관련되는 규범적인 논의는 개념작용으로 보다 구체화되어야 할 필요가 있는데 여기에서는 최근에 나타나는 흐름을 ① 공정성으로서의 정의, ② 소유자격으로서의 정의 ③ 공적으로서의 정의, ④ 공동선으로서의 정의라는 네 가지 형태로 파악하여 보기로 한다.

1. '공정성'으로서의 정의

롤스는 정의를 '공정성'을 기준으로 하는 배분으로 파악한다(justice as fairness). 그는 우선 사회구성원 모두가 '무지의 베일(veil of ignorance)'에 가려짐으로써 각자의 사회적 지위(예: 소득과 생활수준, 계급적 위치 등)에 얽매이지 않는 가상적인 상태(원초적 입장: original position)에서 이루어지는 배분이야말로 가장 합리적이고 공정한 것임을 주장한다. 그리고 이러한 상황하에서 합의되는 두 가지 원칙은 다음과 같다.

첫째로 사회는 그 구성원에게 기본적 자유 또는 권리(표현, 종교, 결사, 직업의 자유 등)를 주어야 한다. 둘째로 만약 사회적·경제적 불평등이 존재한다면 모든 시민들이 그러한 보상적 지위를 극복하기 위하여 기회의 평등을 누릴 수 있어야 하며, 동시에 최소 수혜자에게 최대의 혜택이 가도록 되어야 한다는 것이다.[44]

롤스의 정의론에 대한 문제 제기에서 가장 관심을 모으는 것은 그의 가상적 상태에서 나오는 '계약'의 성격이다. 근세 초의 홉스, 로크, 루소 등의 정치사상은 한결같이 '사회계약'을 전제로 하는 정치적 합의가 주요 내용으

---

44) John Rawls, *A Theory of Justice*(Cambridge, Mass.: The Belknap Press of Harvard Univ. Press, 1971), pp.18-19, 60-61, 140-141, p.302; 오명호, 『현대정치학: 이론적 구성과 연구 동향』(한양대학교출판부, 2010), pp.321-327.

로 되어 있다. 롤스의 무지의 베일을 전제로 한 원초적 상태의 합의도 그러한 가상적 계약으로서 아무런 구속력(binding force)이 없지 않느냐는 반론이 제기된다. 그러나 문제는 그렇게 간단하지 않다. 왜 그의 정의의 원칙을 따라야 하는가? 그 답은 당신이 합의하였으므로 따라야 할 의무가 있는 것이 아니냐의 문제가 아니라 롤스는 정의가 요구하는 바를 정확히 제시하고 있기 때문에 당신이 그에 따라야 할 의무가 있다는 것이다. 가상적인 계약은 정의가 요구하는 것을 파악하는 올바른 방법을 제시하고 있다는 점이 강조된다. 만약 다른 방법이 있다면 그에 따를 수도 있는 문제이다. 가상적인 계약이란 어떤 원칙들이 정당한 것인가를 생각하게 만드는 하나의 고안(device)이며 그것이 정당하기 때문에 받아들이는 것이지 그것에 합의했다고 해서 지킬 의무가 생기는 것은 아니다. 계약 사상에 관한 찬반 논쟁에서 참고되어야 할 대목으로 받아들일 수 있다.[45]

2. '소유자격'으로서의 정의

정치철학에서 '자유지상주의(Libertarianism)'로 널리 알려져 있는 노직(R. Nozick)에 의하면 정의란 사람들의 자기 소유(self-ownership)의 권리와 자기 재산을 소유할 수 있는 권리를 존중해 주고, 자기 것을 가지고 무엇을 할 것인가를 결정하게끔 하는 것으로 정의된다(justice as entitlement).[46] 국가의 적절한 역할은 자원의 배분을 통하여 어떤 이상적인 공정한 분배를 가져오는 일에 간섭하는 것이 아니다. 롤스처럼 최소 수혜자들을 돕는다고 정부가 복지정책을 편다든가 하는 간섭행위는 국민들의 사유재산의 정당한 소유에 대한 부당한 침해가 된다. 국가는 사유재산에 대한 부당한 침입으로

45) Adam Swift, *Political Philosophy*, Second ed.(Malden, MA.: Polity Press, 2006), pp.27-28.
46) Robert Nozick, *Anarchy, State, and Utopia*(New York: Basic Books, Inc., 1974), p.ix, pp.30-31.

부터 오히려 시민들을 보호하는 역할에만 충실해야 한다는 것이다. 그런데 사람들이 자기 것을 가지고 무언가 할 수 있는 일은 세 가지 형태를 띨 수 있다.

첫째로 '최초 습득(initial acquisition)'으로서 그 누구보다도 앞서 자기 소유로 만드는 경우가 된다. 아무도 없는 신대륙에 처음 발을 들여 놓는 사례가 될 수 있는데 그때에 점유하는 토지나 자연자원은 선착순의 논리로 자기 소유가 된다.

둘째로 개인이 습득한 재산은 다음 단계로 주로 시장을 통해서 서로 교환하게 되면서 '자발적 이전(voluntary transfer)'의 과정이 된다. 주로 자기 것을 남의 것과 교환하는 관계로 별 문제가 없을 수 있으나 경우에 따라서는 강요가 개입되는 부당한(unjust) 이전이 생길 수 있다. 역사적으로 북미나 호주에서 일어난 백인 정착자들의 원주민에 대한 부당한 이전이 문제될 수 있다.

셋째로 부당한 이전으로 인한 사태를 고치기 위한 '교정의 원칙(principle of rectification)'의 형태가 등장할 수 있다. 그러나 실제로 현존하는 사회적 불평등은 구조적인 것으로서 그 자체가 부당하다고 할 수 없기 때문에 어떤 상태를 교정할 것인가는 매우 어려운 과제가 된다. 개인의 재산권은 존중되어야 하고 국가의 강제적 행동은 재산권의 보호에만 국한되어야 한다면 그러한 상황에서 생기는 배분은 그 자체가 정당한(just) 것이 되기 때문이다.[47]

국가의 재분배 정책에 대한 그의 반대는 단호하다. 그것은 어떤 사람들을 다른 사람들의 수단으로 사용한다는 점을 크게 부각시킨다. 칸트(Kant) 철학에서처럼 다른 사람들을 우리들 자신이나 또 다른 사람들의 수단으로 대우해서는 안 된다는 도덕성을 중요시한다. 어떤 분배의 유형을 유지한다는

---

47) A. Swift, *op. cit.*, pp.32-34. 이전 과정에서는 각종 '불의(예: 노예제도, 정복, 절도, 사기 등)'가 생길 수 있는데, 이러한 불의(injustices)를 시정해야 한다는 당위성은 주장되고 있으나 어떻게 다루어져야 할 것인지의 언급은 극히 미흡하다는 지적을 받는다. Robert E. Latin, "On Rectification in Nozick's Minimal State," in *Political Theory*, 5(2), (1977), pp.233-246.

것은 '복수가 개재되는 개인주의(individualism with vengeance)'나 다름없
는 자유의 재앙이 될 것을 우려한다. 특히 배분적 정의(예: 롤스의 정의론)
를 앞세우는 유형을 유지하기 위하여 개인의 소득에 과세하는 것은 '강제노
동'이나 다름없다고 비판한다. 일정한 시간(n시간)으로 벌어들이는 소득을
빼앗아가는 것은 빼앗긴 사람으로 하여금 다른 사람을 위하여 n시간을 더
일 하도록 강요하는 것이나 다름없기 때문이라도 지적한다.[48]

그러나 노직의 재산권에 대한 소유의 절대성에 대해서는 비판적인 견해
가 많다. 국가의 과세는 다양한 용도(예: 경찰, 국방, 공교육, 보건 등)에
사용되기 마련이고 교육이나 보건에 대한 과세는 자기에게 돌아오는 혜택도
있다. 그리고 자기 것이라고 해서 무조건 사용권이 주어지는 것도 아니다.
자기가 만든 것에 절대적인 권한이 있다면 부모가 자기의 아이들을 팔아서
노예로 만들 수도 있다는 주장으로 이어질 수도 있는 문제가 된다.[49] 그리
고 노직은 교정을 위한 정치적 간여의 필요성은 인정하나 앞에서도 지적
되었듯이 그 내용은 구체성을 결하고 있다.

3. '공적'으로서의 정의

인간의 사회생활에 있어서는 개인이 가지는 재능이나 노력, 또는 쌓아온
업적 등에 무게를 두는 이른바 '공적'이 정의의 기준이 되어야 한다(justice
as desert)는 입장이 있을 수 있다. 유능하고 부지런히 일하는 사람은 무능
하거나 무기력한 사람보다 공적이 많아서 그만큼 보상이 많아야 한다든가,
그러한 공적의 결정은 사회관계에 있어서 능력이나 근면보다는 운에 많이
좌우된다든가 또는 사회의 구조적·제도적 특성에 좌우된다든가 하는 여러
가지 견해도 가능하게 된다.[50] 우선 이러한 공적의 문제는 세 가지 입장으

48) Nozick, *op. cit.*, pp.167-169.
49) A. Swift, *op. cit.*, pp.35-37.

로 정리될 수 있다.

첫째로 '관습적인 견해(conventional view)'로서 사람들이 다른 사람에 비하여 공로를 인정받는 것은 자기들이 통제할 수 없는 요인들에서 비롯된다는 입장이 된다. 예를 들면, 유명한 골퍼 타이거 우즈(Tiger Woods)와 저명한 사회사업가인 메이슨(Jean Mason)의 엄청난 소득차이는 그들의 '노력'의 차이에서 비롯되는 것은 아니다. 둘은 모두가 각자의 영역에서의 기능과 노력이 있으나 사람들은 우즈의 뛰어난 골프 실력에 보다 비중을 둔다는 점에서 그것은 극히 관습적인 견해로밖에 받아들이지 않을 수 없게 된다.

둘째로 '극단적인 견해(extreme view)'가 있을 수 있는데 이것은 사람들이 각자의 '노력의 정도의 차이,' 즉 양적 비례에 따라 공적(보상)이 적어지거나 많아지는 것이 아니라는 입장이 된다. 어떤 사람이 매우 열심히 일했다고 해서 그렇지 못한 사람에 비해 공적을 인정받는 것은 아니라는 것이다. 사람들의 성격이나 심리적 특성은 유전적 구성과 그들의 어릴 적의 사회화에 달려 있기 때문에 사회생활에 있어서의 공적은 여러 가지 형태로 다르게 나타나게 되며 노력의 결과는 아니라는 주장이 된다. 다분히 공적의 평가는 노력이 아니라 운(luck)에 달려 있다는 견해도 가능해진다.

셋째로 위의 둘을 합친 중간적인 '혼합적 견해(mixed view)'가 있을 수 있다. 공적이 지능이나 사회적 신분의 차이와 같은 '통제 불능인 상황'에 전적으로 좌우되는 것도 아니며, 어느 정도 각자의 선택에 따라 공적이 다르게 나타나게 된다고 본다. 즉 얼마나 열심히 일하는가, 어떠한 직업을 선정하는가 하는 선택의 변수가 작용할 수 있다는 입장이 된다.[51]

'공적'이라는 용어는 여러 가지 맥락에서 매우 엉성하게 사용되므로 그 개념적 특성을 좀 더 한정적으로 구체화시킬 필요가 있게 되는데 몇 가지로

---

50) 공적으로서의 정의에 관한 연구분야는 다음을 참조할 수 있음. Louis Pojman & Owen Mcleod(eds.), *What do we deserve?*(Oxford Univ. Press, 1999); Serena Olsaretti(ed.), *Desert and Justice*(Oxford Univ. Press, 2003); David Miller, *Principles of Social Justice*(Harvard Univ. Press, 2000); A. Swift, *op. cit.*, p.49.

51) A. Swift, *op. cit.*, pp.41-42.

정리해 볼 수 있다.

첫째로 공적은 어떤 제도적 맥락과 관련되어 엉성하게 사용될 수 있다. 예를 들면 특히 경제·금융의 제도적 영역 내에서 MBA라는 자격이 보수나 승급에 유리한 공적으로 인정받을 수 있다. 그러나 특정인을 이러한 자격만으로 공적을 인정하는 것은 진정한 공적이 될 수 없으며 근본적으로 부당한 (unjust) 것으로 보아야 할 것이다.

둘째로 사람들은 공적이라는 용어를 어떤 '보상'의 의미로 사용하는 경우가 많다. 매우 위험하고 긴장되고 불결하고 권태롭고 과도하게 낙인되는 일을 하는 사람은 비교적 안전하고 안락하고, 흥미롭고 건강하며 명성 있는 직업에 종사하는 사람보다 많은 보수를 받는 것을 당연한 공적으로 여길 수 있다. 즉 쉬운 일보다 어려운 일에 대한 보상의 의미로 사용되는 경우로서 정당한 보상으로 받아들여질 수 있는 문제이다. 그리고 이러한 용어사용은 사회적인 평등화(equalization)를 만들어내는 데도 기여할 수 있다.

셋째로 어떤 결과와 관련되는 '보상적인 차이'의 의미로 사용될 수 있다. 의료분야에서 뇌수술 외과의사는 간호사보다도 많은 보수를 받는데 그렇지 못할 때에는 아무도 그 일을 하지 않을 것이라는 '결과'를 우려하기 때문에 그러한 보상적 차이가 생긴다는 것이다. 그러나 뇌수술 외과의사의 경우 그러한 직책에서 오는 책임감이라든가 스트레스, 그리고 어려운 의술적 기능의 습득 과정 등이 아울러 참작되어 간호사보다는 많은 보상적 차이가 돌아간다고 주장될 수 있다. 이 경우 진정한 정의로운 요구(justice claim)로 받아들여질 수 있으며 '공적'의 의미로 정해질 수 있다. 그리고 모두가 값진 투자로 여기는 대학 교육도 그에 상응하는 높은 보수가 보장되는 경우 정당한 보상적 차이의 범주에 들어갈 수 있다.[52]

---

52) *Ibid.*, pp.44-47.

4. 공동선으로서의 정의

현대의 정치철학연구에서 각별한 관심을 모으는 공동체주의(communi-
tarianism)에서는 정의란 '공동선'을 실현하는 것이다(justice as common
good). 인간은 태어나면서부터 공동체의 일원으로서의 사회적 정체성(가
족, 친지, 이웃, 도시, 직업, 종족, 민족 등의 구성원에서 비롯되는 일체감,
집단적 선호, 이익, 권리주장 등)을 갖게 되며, 여기에서 비롯되는 은혜, 유
산, 올바른 기대, 의무들을 피할 수 없게 되어 있다.53) 따라서 정치사상의
흐름에서 논의되어 온 '공리주의(utilitarianism)'나 칸트 철학에서처럼 개인
의 이해(효용)나 권리, 선택 등을 앞세우는 이른바 '방해받지 않는 자아
(unencumbered self)'에 근거하는 정의관은 이제 공동체의 일원으로 맺어
지는 연대, 공동체에 대한 충성, 그리고 도덕적 책임 등을 내용으로 하는
'방해받는 자아(encumbered self)'에 바탕을 두는 '공동선'의 정의관으로
바꿀 것을 주문한다.54)

'공동선'이란 아리스토텔레스(Aristotle)의 목적론적(teleological) 사고에
바탕을 두고 있으며 공동체의 모든 구성원들이 공유하는 생활양식을 뜻하며
모두를 위한 '좋은 삶(good life)'을 실현하는 것이다. 여기서 선(good)이란
개인적인 선의 실현뿐만 아니라 그것이 모든 사람에게 이루어지도록 하는
공동선이 되어야 한다. 따라서 샌델(M. Sandel)에 의하면 정의란 공동선에
관한 추리(reasoning)와 그에 관한 미덕을 함양하는 것이 된다. 정의로운
사회는 공리주의에서처럼 효용을 극대화한다든가 칸트 철학에서처럼 개인
의 권리와 선택에만 치중할 것이 아니라 공동체 구성원 모두가 '좋은 삶'의
의미를 함께 논하고 여러 가지 찬반에 수용적인 공공문화(public culture)를
만들어 나가야 한다.55) 그리고 공동선의 실행에 있어서는 자유주의의 전통

---

53) Alasdair MacIntyre, *After Virtue*(Nortre Dame, Ind.: Univ. of Notre Dame Press,
1981), pp. 204-205.

54) Michael Sandel, *Justice: What's the Right Thing to do?*(New York: Farrar, Straus
and Giroux, 2009), pp. 216-220.

에서처럼 어떤 목표의 소중함보다는 그것을 달성하는 공정한 절차와 중립성에 무게를 두는 '절차 공화국(procedural republic)'에서도 탈피할 것이 요청된다.56) 정의의 실현에는 공동선의 발견과 실천에 앞장서는 보다 적극적인 '공동체국가'로 대체되어야 한다는 것이다.

샌델은 정의실현을 위한 '공동선 정치(The politics of common good)'의 과제를 다음과 같이 제시한다. 첫째로 정의로운 사회는 강한 공동체의식을 요구하기 때문에 시민들의 공동선에의 헌신감각을 함양시켜야 할 것이며, 좋은 삶에 대한 사생활 중심의 사고보다는 시민적 미덕을 증대시키는 방법을 모색해야 할 것이다. 특히 공동선을 위한 희생과 봉사가 절실하게 되는데 2009년 미국 오바마 대통령에 의해 제기된 '학생 공공봉사 프로그램(AmeriCorp public service program)'이 그 적절한 예로 소개된다.

둘째로 시장의 도덕적 한계가 철저히 인식되어야 한다. 예를 들면, 학생들의 표준화된 시험 성적에 따라 선생들의 보너스를 지급한다든가 이민자들에게 시민권부여의 높은 금전적 수수료를 요구한다든가 하는 시장중심의 물욕적인 접근은 지양되어야 할 것이다.

셋째로 불평등에 관한 대응책이 중요하다. 빈부의 극심한 격차는 민주적 시민에 요청되는 연대의식을 잠식할 수 있다. 사립학교는 부유층, 공립학교는 빈곤층, 부유층을 겨냥한 개인건강클럽, 부유층 거주지역의 안전전담시설 등은 사회의 불평등 구조가 만들어 내는 심각한 병폐로 이어질 수 있다. 국가의 재정 면에서는 공공서비스의 쇠퇴를 가져오고 시민의식 면에서는 '시민적 미덕'의 부식을 가져올 수 있다. 빈부 모두에게 이득이 될 수 있는 각종 공공시설(교육, 교통, 건강, 위락, 도서관, 박물관 등의 분야)의 확대가 바람직하다.

끝으로 '도덕적 참여(moral engagement)'의 정치가 이루어져야 한다. 어

55) *Ibid.*, pp.260-261.
56) M. Sandel, *Democracy's Discontent*(Cambridge, Mass.: Harvard Univ. Press 1996), pp.4-5.

편 사람들은 '좋은 삶'을 위한 공적 참여는 시민영역의 침범이며, 정치와 법은 도덕적, 종교적 논쟁에 말려들지 말아야 한다고 생각한다. 그러나 우리는 보다 건전하고 참여적인 시민생활(civic life)을 필요로 한다. 회피적 입장은 오히려 시민생활에 대한 존경심을 희석시키고 도덕적 찬반 논의 자체를 억압함으로써 극심한 반작용과 분노를 자아내며 공적 담론을 무력화시킨다. 따라서 도덕적 참여의 정치는 '회피의 정치(politics of avoidance)'보다는 훨씬 고무적인 이상이며 정의로운 사회를 위한 보다 유망한 기초가 될 수 있다.57)

V. 민주주의

민주주의(democracy)는 국민의, 국민에 의한, 국민을 위한 정부라는 정의는 변함없는 정치철학연구의 기본 전제가 되어 있다. 민주주의에 관한 오랜 정치사상적 연구에서는 플라톤의 민주주의 반대론의 흐름도 있지만 대체로 민주주의는 좋은 일(good thing)로 받아들여져 왔으며, 많은 나라들은 그들의 정치체제를 민주주의라는 수사적 매력으로 분석하는 경향(예: 인민민주주의, 기초민주주의, 지도민주주의, 유기적 민주주의 등)이 두드러져 왔다.58) 특히 20세기 종반에 들어서면서 냉전의 종식으로 인한 소련의 붕괴는 민주화의 물결을 세계적 규모로 확산시켰으며, 이어서 21세기에 들어 불어닥친 중동, 아랍권의 민주화 열기는 민주주의의 세계화를 '역사의 종말'로 받아들이는 분위기를 더욱 강화시켜 나가고 있다. 그리고 세계화에 병행되

57) M. Sandel, *op. cit.*, pp.263-269.
58) Jonathn Wolff, *An Introduction to Political Philosophy*(Oxford: Oxford Univ. Press, 1999), pp.68-69; Bernard Crick, *Democracy*(Oxford: Oxford Univ. Press, 2002), pp.7-8.

는 현대적 정보통신기술의 비약적 발전은 민주주의의 실행에 있어서의 혁신
적인 의사소통과 협의의 새로운 규범적 맥락을 만들어 주고 있다고 볼 수
있다.

이제 민주주의는 그와는 대조적인 독재나 권위주의와의 차별화보다는 민
주주의의 유형에 속하는 정치제제들이 내세우는 민주주의적 단장을 그 '정
도'에 따라 분석하는 것이 바람직하게 된다. 또한 민주주의가 기본적으로
'국민에 의한 정부'라는 '절차(procedure)'의 특성으로 파악될 수 있다면 그
러한 절차가 만들어 내는 결과의 수단적인 측면과 함께 그러한 절차 자체가
지니는 본질적인 가치를 검토해 보는 정치사상 고유의 규범적 논의도 새롭
게 조명될 필요가 있다. 이러한 점에 착안한 최근의 논의들을 정리해 보고
자 한다.

1. 민주주의의 정도(degree)

민주주의의 확산이 세계적 규모의 추세가 되면서 나타나는 다양한 민주
주의적 체제들은 그 특성 면에서 민주적이냐 아니냐(독재 또는 권위주의
등)의 '이분법'적인 논의도 중요하지만, 그보다는 민주주의를 표방하는 많은
나라들의 국가적 특성(권력구조, 정책결정, 국민신임 등) 면에서의 '정도'를
검토해 보는 것이 보다 바람직한 연구가 될 수 있다.[59]

1) 정책 결정의 직접성 및 간접성
정책 결정은 어떤 쟁점을 놓고 국민 모두가 투표에 임할 때 직접(direct)
민주주의가 된다. 그러나 그들을 대신해서 결정을 내릴 대표자들을 선출하
기 위하여 투표하게 되면 간접적인(indirect) 민주주의가 된다. 때에 따라서
는 어떤 결정이 매우 중요하거나 논쟁이 되고 있는 사안일 때에는 국민 전

---

59) A. Swift, *op. cit.*, p.184.

체의 직접위임을 묻기 위하여 국민투표(referendum)를 실시하게 되는데 이 경우는 보다 민주적인 것으로 받아들여진다. 그리고 간접투표 방식의 경우 최종결정에 이르는 과정이 여러 개로 겹치면 그만큼 민주성은 줄어든다.

민주주의 이론에서는 대체로 간접적인 '대의정부(representative govern-ment)' 방식에 회의적이며 주로 4년에 한 번씩 대표자를 뽑아 정책결정에 임하게 하는 방식보다는 모든 국민이 토론에 임하고 정책 결정에 직접 참여하는 '참여 민주주의(participatory democracy)'가 선호된다. 그러나 모두가 참여한다고 해서 그들이 국정의 복잡한 내용을 숙지하고 현명한 정책결정을 이루어낼 것인가는 그리 간단한 문제는 아니다.

정보통신 기술의 비약적인 발전으로 '직접 민주주의'가 가능하게 되는 새로운 국면이 만들어지고 있다. 모든 가정에 컴퓨터 터미널을 만들어 놓고 모든 유권자들이 그들의 투표권을 행사할 수 있으며, 의회에서 논의되고 합의된 법률안에 대하여 최종적인 가결권을 행사할 수 있다. 이른바 '원격민주주의(teledemocracy)'가 가능해질 수 있으며 보다 민주적이고 참여 민주주의에 가깝다고 할 수 있다. 그러나 문제는 그렇게 간단치가 않다. 그런 식의 투표자들의 경우 과연 정치적 현안에 대한 내용을 잘 알고 있느냐, 또한 충분한 검토를 거쳤느냐 하는 문제가 제기될 수 있으며, 원격 투표는 단순한 컴퓨터 마우스의 클릭으로 끝나버리는 부실한 결과를 초래할 수도 있다.

문제가 이렇게 제기되면 (a) 법을 만드는 대표자들을 비록 짧은 기간(4년)이라도 선출하는 참여방식과 (b) 아무런 지식이나 이해를 갖지 않는 시민들에 의한 컴퓨터 터미널을 통한 직접 투표라는 두 가지 선택이 제시된다면 어느 것이 바람직할까? 후자가 보다 민주적일 수 있으나 전자가 보다 나을 것이라는 판단이 나올 수 있다.

2) 대표자들(대의원)의 책무

대의체제에 있어서는 대표자들이 그들의 선거구민들에게 책무(accoun-tability)를 진다. 대표자들이 선거구민에게 책임을 지는 가장 직접적인 방법은 '소환제도(recall)'로서 언제든지 신속하게 대표자들의 책임을 물을 수 있다. 선거구민들의 대표자들에 대한 완전한 민주적 통제를 가능케 한다. 또 하나의 방법으로서는 대표자들을 종신제로 선출하는 방법으로서 그들에게 전적인 독립성을 부여하여 국정현안에 대한 결정권을 부여하는 방식이 된다. 이 두 가지 극단적인 경우의 중간적인 방식으로 주기적인 선거(주로 4년)를 통한 대표자 선출 방식이 채택된다.

대표자들로 하여금 거수기처럼 어떠한 방식으로 투표하게 한다든가 또는 선거구민의 소원에 맞지 않는다고 즉각적인 소환을 하는 방식은 비록 보다 직접적이며 민주적인 모양새가 되더라도 여러 가지 그릇된 논쟁들을 걸러내는 조심스럽고 냉정한 국정 수행을 보장하지는 못한다. 대의제도에 의한 정치의 장점은 정치적 실행에 있어서의 '분업(division of labour)'의 논리에서 찾아야 한다. 많은 정치적 현안은 복잡하고 기술적인 성격을 띠게 마련이다. 따라서 모든 사람들이 여기에 무조건 매달리기보다는 몇백 명 정도의 사람들(대표자)을 선별하여 그들로 하여금 전적으로 생각하고 일하게 만드는 것이 보다 효율적인 결과를 만들어 낼 수 있다. 그들이 보다 현명해서가 아니라 그들이 특정한 분야를 전담하는 분업의 논리에 따라 국정을 수행하는 것이 보다 좋은 결과를 가져올 수 있다는 점이 강조될 수 있다.

3) 영향력 행사를 위한 기회의 평등

정치체제는 그 시민들이 정치적 영향력 행사를 위하여 평등한 기회(equality of opportunity)를 가질수록 민주적이다. 예를 들면, 사회적으로 어떤 사람들은 다음 끼니가 어디서 오게 되는가를 걱정하는 데 모든 시간을 소비하는가 하면 어떤 사람들은 태어날 때부터 정치적 쟁점을 생각하고 연구하는 훈련을 받았고 그들의 견해를 일관되고 그럴듯하게 제시할 수 있는 기능을 구비할 수 있다. 그런데 이러한 두 종류의 사람들에 의해 내려지는 결정은 전체의 견해를 반영한다고는 볼 수 없다. 즉 시간과 정력, 기능을 소지한 사람들의 견해가 반영되기 마련이어서 기회의 평등은 주어지지 않았다고 볼 수 있으며 또한 결정자체도 민주적이라고 받아들이기는 힘들게 된다.

대체로 정책결정에의 영향력과 관련해서는 두 가지 두드러진 견해가 나

오기 마련이다. 첫 번째 견해는 결정에 작용하는 '기회'가 평등해야 한다는
입장이다. 배분적 정의에 바탕을 두는 평등의 개념이 아니라 시민으로서 정
치적 현안을 잘 이해하고 선택을 평가할 수 있는 필수적 자유(requisite
freedoms)가 보장되면 그러한 사회는 민주적이라고 보는 입장이다.

두 번째 견해는 평등이 철저히 보장되어야 한다는 입장이다. 정치적 영향
력은 정치과정에 있어서의 투입(input)에 좌우되며 참가자들의 재력이나 사
회적 지위가 결정적인 역할을 한다고 본다. 만약 어느 일방이 선거에 있어
서의 광고 선전경쟁에 유리한 부유한 지원자를 갖고 있으면, 일반 시민들의
단순한 기부에 의존하는 상대방보다 훨씬 영향력 있는 입장에 서게 된다.
선거에 작용하는 부의 영향력이 결정적인 요인이 되며 평등은 기회로서가
아니라 실제적인 투입으로 나타날 수 있음을 확인시켜준다. 따라서 실제적
인 투입(자원)에 무게를 두게 되면 선거에 있어서의 '헌금'의 정도를 제한해
야 한다는 개혁론이 대두될 수 있다. 롤스는 이러한 개혁이 공정성 면에서
정당화된다는 입장이며 결정을 좌우하는 자원 면에서의 불평등을 완화할 필
요성을 주장한다.

4) 민주적 의지의 권위 범위

민주적 절차가 적용되는 '권위의 범위(scope of authority)'를 어떻게 정
할 것이냐의 문제가 된다. 즉 민주적 절차의 적용을 매우 '좁은 범위의 쟁점
(narrow range of issue)'에 국한할 것이냐, 그렇지 않으며 '넓은 범위의 사
안'으로 넓힐 것인가의 문제가 될 수 있다.

우선 정치적 결정과 국가 행위가 개재되는 '공적인 것'과 개인들이 스스로
결정을 내려야 할 '사적인 것'이 구별되는 '정치의 범위'의 문제가 제기된다.
예를 들면, 사람들의 성생활은 그들이 결정할 문제이지 정체(polity)가 어떤
집단적 성생활의 문제를 왈가왈부할 일은 아닌 것으로 정해져 있다. 민주적
절차의 문제가 개재될 사안이 아니다.

민주적 결정의 범위에 대한 제한은 두 가지 형태로 나누어 생각해 볼 수
있다. 첫째로 그러한 제한은 민주주의의 이상(ideal)에 호소함으로써 정당

화 된다. 만약 국가 시민들이 어떤 하위집단의 투표권, 공직 임용권, 표현의 자유 등을 박탈한다든가 하게 되면 그것은 민주주의의 이상을 그들에게 부정하는 결과가 된다. 비록 어떤 민주적 절차를 밟았더라도 민주적인 원칙들을 위반하는 것이 되기 때문이다. 민주적 이론은 민주적 권위라 할지라도 스스로 민주국가의 일원임을 부정하는 '자기 폐지(self-abolition)'는 받아들이지 않는다는 것을 분명히 한다.

그러나 모든 민주적 의지의 범위에 대한 제한이 민주주의의 이상에만 의해서 결정되는 것은 아니라. 예를 들면, 국가는 성적 관심이나 종교에 관한 자유를 박탈하기 위한 결정을 내릴 수 있는데 반드시 비민주적이라고 단언할 수 없는 경우가 있을 수 있다. 동성연애자(homosexuals)들의 법 개정 운동의 권리를 박탈하는 민주적 결정은 민주적 원칙에 위배될 수는 있다. 그러나 그들이 자기들이 좋아하는 동반자와 침대를 함께하는 자유를 박탈하는 것은 비록 부당하기는 하지만 민주적 가치를 위반하는 것은 아니다. 오히려 이 사례는 우리들이 민주적 가치의 동요를 정당하게 제한함으로써 사람들로 하여금 '사적인 것(private)'이라는 명목으로 일정한 생활 영역에서 권한을 행사하는 것을 방지할 수 있는 경우가 된다.[60]

2. 민주적 절차의 '수단성'과 '본질적 가치'

민주주의는 정치적 결정을 내리는 하나의 '절차'로 생각할 수 있다. 그런데 어떤 정책결정 절차를 좋고 나쁜 것으로 만드는 것은 그 절차에 따라 만들어지는 결정의 내용에 좌우된다. 즉 절차가 좋은 결정을 만들어내면 그것은 좋은 절차가 되고 나쁜 결정을 만들어 내면 나쁜 절차가 된다. 절차가 지니는 '수단성(instrumentality)'에 초점을 두는 분석이 된다. 그러나 이 문제를 좀 더 다른 각도에서 다루는 입장도 있다. 즉 어떤 산출이나 결과와

---

60) *Ibid.*, pp.184-193.

같은 수단성보다는 민주주의라는 절차자체의 '본질적 가치(intrinsic value)'
에 초점을 두는 평가 방식이 있을 수 있다. 민주주의는 좋은 법률을 만들어
서가 아니라 민주적 입법과정은 여러 가지 가치들(공정성, 평등, 자율 등)을
실현해 주기 때문에 좋다는 입장이 있을 수 있다. 이 대조적인 입장을 정리
해 볼 수 있다.

1) 수단성의 측면

첫째로 민주적 절차는 시민들의 좋은 또는 올바른 결정(good or correct
decisions)을 가져올 수 있다. 콩도르세(M. Condorcet)에 의하면 만약 평
균적인 사람이 어떤 사안과 관련하여 그릇된 것보다는 올바른 생각을 가질
가능성이 있으면 대다수(majority)의 의견도 올바를 가능성이 있다고 보고
있다. 즉 다수의 의견이 존중되는 민주적 절차가 공동선을 찾아낼 수 있는
좋은 길이라는 주장으로 이어질 수 있다. 뿐만 아니라 민주주의는 하나의
'협의 절차(deliberative procedure)'로서 토론, 숙고, 토의 등을 통하여 당
초에는 어설프고 이기적인 견해를 가진 시민이라 할지라도 좋게 변화시켜
올바른 해답에 가까운 판단을 내릴 수 있게 만든다. 토론과 토의는 어떤
사안과 관련된 좋은 정보를 수집하는 데 매우 좋은 방법이 된다. 그런데
정치적 결정은 매우 복잡한 경험적 쟁점에 관한 판단이 개재되기 때문에
서로 다른 사람들이 어떤 정책의 결과를 놓고 상의한 견해를 가질 수 있다.
이런 경우에 비판적인 반대 심문, 또는 경험적 주장과 반론 등은 어떤 정책
이 실행되면 어떤 결과가 올 것인가에 대한 적절한 증거파악과 상세한 내용
검토를 가능케 한다. 그리고 공개 토론회에서의 토론은 사람들의 도덕적 사
고의 질을 높이고 사적 이해보다는 공동선을 추구하게끔 만드는 '공공 정신'
의 증대에도 기여할 수 있다.

둘째로 민주적 절차는 시민들의 '지적, 도덕적 발전(intellectual and moral
development)'을 가져온다. 법이 다른 사람들에 의해 그리고 그들만을 위
해 만들어지는 체제에서는 그러한 법에 의해 지배받는 사람들의 자율성과
자기 지배(self-rule)의 선(good)을 박탈할 뿐만 아니라 그들의 발전 자체를

방해하는 결과가 된다. 마치 어린이들이 자기들의 결정을 내릴 기회가 주어지지 않으면 능력 있는 성인으로 성장할 수 없듯이 비민주적 체제는 사람들을 발육부진으로 만들고 성인들로 하여금 스스로의 지적, 도덕적 능력을 발전시킬 기회를 박탈해 버린다. 자기들의 능력과 재능을 발전시킬 기회가 주어진 사람들은 정치적 결정을 잘 내릴 수 있으며 덜 이기적이며(도덕적 발전) 정보수집과 평가에도 훨씬 낫다고 볼 수 있다. 그리고 이러한 지적, 도덕적 발달은 구체적인 결과의 문제로 취급되어야 한다. 정치적 참여는 분명히 발전에 공헌하며 시간의 경과에 따라 사람들을 좋게 변화시킨다는 점이 강조된다.

셋째로 민주적 절차는 '인식적 정당성(perceived legitimacy)'을 가져온다. 정치에 있어서는 어떤 결정이 내려졌는가도 중요하지만 그러한 결정을 어떻게 받아들이느냐가 중요하다. 즉 결정은 인식 면에서 정당한 것으로 (legitimate) 받아들여져야 한다. 국가는 결정의 강행을 위해서 경찰이나 군대를 동원할 수도 있는데 이러한 조치는 매우 값비싼 대가를 지불해야 하고 오래 지속되기는 힘들다. 따라서 결정은 정당한 것으로 인식되는 것이 민주주의의 값진 일면이기도 하다. 그러나 여기에서 '정당성' 자체와 '인식되는 정당성'과는 차이가 있다는 점이 강조된다. 예를 들면, 수세기 동안 영국은 하나님의 대표자를 자처하고 신권에 의한 지배를 내세우는 군주에 의해 통치 되어왔으나 국민들은 그러한 주장을 받아들였고 그 이유로 복종을 일상화하였다. 왕이나 그의 명령은 '인식된 정당성'으로 받아들일 수밖에 없었다. 현대 민주주의의 법을 준수하는 국민들은 왕의 통치권을 무조건 받아들이는 중세의 신하와 같은 유사성을 벗어나기 힘들다.[61]

2) 본질적 가치의 측면

첫째로 민주적 절차는 '자율로서의 자유(freedom as autonomy)'를 본질적인 가치로서 가진다. 사람들은 자기들이 만든 법률하에서 생활할 때 이른

---

61) *Ibid.*, pp.213-221.

바 '자율', '자기지배(self-rule)'로 불리는 자유를 누린다. 그리고 이러한 자유는 민주적 절차에 본질적인 것으로서 절차의 결과(consequences)를 따지는 수단적인 것과는 다르다. 예를 들면, 자유를 내세우는 독재자(liberal dictator)의 경우 자기 국민에게 많은 '소극적 자유'를 허락할 수 있으며 경우에 따라서는 민주체제하의 소극적 자유보다도 많을 수 있다. 즉 자율의 성격이 결과가 아니라 본질적인 것이란 것을 뒷받침해 준다.

민주주의에서는 전체적 투표에서 '패배하는 소수(outvoted minority)'가 불가피해진다. 이들은 엄밀한 의미에서 자기가 찬성하지 않은 결정에 승복해야 한다는 점에서 자율(자유)을 누릴 수 없게 된다. 이러한 사태를 어떻게 설명해야 할 것인가? 민주주의는 그래도 다른 체제에 비하면 사람들에게 보다 많은 자율을 준다는 점에서 정당화된다. 투표에서 진 '패배한 소수'이긴 하지만 독재하에서 살고 있는 사람들보다는 법률을 만드는 데 다른 사람들과 평등하게 참여할 기회가 주어지며, 그들의 의견이 정책결정에 정당하게 반영되고, 그리고 집단적 결정에 완전한 역할을 부여받는다. 독재자나 또는 외세의 지배하에서는 상상할 수 없는 값진 자율이 보장될 수 있는 것이다.

둘째로 민주적 절차는 '자아-실현(self-realization)'의 본질적 가치를 가진다. 자치적인 정치 공동체의 구성원들은 집단적 결정과정에의 참여로써 번성하는 인간생활을 실현해 나간다. 인간의 특징적인 측면은 서로가 함께 모여 어떻게 자기들의 집단적 업무를 조직하느냐를 결정하는 능력을 가지고 있다는 점이다. 개미들은 매우 복잡하고도 질서 있는 상호작용의 유형을 만들어 낸다. 벌들은 벌집을 만드는 데 뛰어나며 서로가 어디서 화밀을 찾을 것인지를 상세히 알린다. 그러나 인간 이외의 동물들은 자성과 토론을 갖지 못하며 그들의 상호작용을 규제할 규칙들을 집단적으로 결정하지 못한다. 즉, 그러한 자기실현의 능력은 인간에 국한된 것이며 그렇지 못하면 완전한 인간이라고 할 수 없다. 인간은 그런 의미에서 정치적 동물(political animal)인 것이다. 그리고 민주주의하에서만 모든 시민은 정치생활에 완전히 참여하게 되며, 정치적 창조를 만들어내는 스스로의 본성을 실현해 나갈 수 있다. 또한 이러한 자기-실현의 과정은 정치적 참여의 '결과'가 아니라 참여의 본질적인 가치라는 점이 강조된다.

셋째로 '평등(equality)'은 민주주의의 본질적인 가치이다. 민주주의는 시민들의 평등한 지위를 존중해 주는 입법적 절차라는 생각은 민주적 이상의 핵심을 이룬다.

비록 결정과정에서 견해의 차이가 생기더라도 그것을 타개하는 공정한 방법은 모든 참여자들의 '동등한 발언권(equal say)'에 의해야 한다. 즉 사람들은 법에 의한 대우에서만 평등한 것이 아니라 법을 만드는 투입(input)에서도 평등해야 한다는 것이다. 그런데 이러한 평등한 발언권에 의한 '투입'은 다음과 같은 몇 가지 형태로 나누어 생각해 볼 수 있다.

(1) 평등한 발언권이 투표의 형태로서 단순한 개인적 선호로 집성(agg-regated)되는 경우가 대부분이나 경우에 따라서는 최근에 관심을 모으는 '협의민주주의(deliberative democracy)'에서처럼 민주적 토론, 논쟁, 자성, 청문, 반대에 대한 반응 등을 통하여 사람들의 견해를 변화시키고 개선시키는 집단적 협의의 형태를 띨 수도 있다.

(2) 평등한 발언권이 '시장(market)'에서처럼 단순하게 사람들의 소망에 대응하는 정치인들의 반응이나 정책으로 나타나는 경우도 있지만 시민들의 공동 관심사를 토론과 심의를 통하여 함께 논의하는 '공개 토론(forum)'의 형태를 띨 수 있다. 전자는 '전자민주주의'에서처럼 형식에 치우치는 것이지만 후자는 결정의 '내용'을 배려하는 신중한 형태가 될 수 있다.

(3) 민주주의에 있어서는 평등의 논리가 다수결 원칙으로 나타날 수밖에 없게 되어 있다. 모든 표를 평등하게 다루어야 한다는 불가피한 경우가 되지만 때로는 소수자의 입장도 고려해야 한다는 주장이 나올 수 있다. 즉 어떤 결정이 얼마나 많은 표를 얻었느냐가 아니라 투표자의 선호의 '강도(intensity)'를 참작하는 형태가 논의될 수 있다.

(4) 민주주의의 대표성과 관련되는 '직접' 또는 '간접'의 형태가 있다. 직접민주주의가 간접민주주의보다 완전한 평등을 구체화한다는 것은

분명하다. 그러나 모든 쟁점이 국민투표로 다루어지기도 힘든 만큼
대표자를 선출하여 그들로 하여금 정책 결정에 전념하게 하는 것이
비록 여러가지 문제점도 뒤따르지만 현실적으로 받아들여지는 형태
로 인정된다.[62]

VI. 세계화

20세기 말엽부터 21세기에 들어서면서 통신과 수송기술의 비약적인 발전
으로 인한 세계화(globalization)는 '시간-공간의 압축현상'을 수반하면서
세계적인 규모의 정치, 경제, 문화의 일대 변환으로 이어지고 있다. 이 과정
에서 특히 경제적 불평등에 수반되는 빈곤의 문제를 비롯하여 인권 및 환경
문제 등에 관한 새로운 규범적 논의가 활성화되고 있는데 이와 관련되는
최근의 몇 가지 대표적인 연구들을 간략히 다루어 보기로 한다.

1. 세계적 빈곤의 문제

세계화의 경제적 상호연결의 기본 마디는 신자유주의적 제도적 확장으로
파악될 수 있는데 이러한 세계적 자본주의는 나름대로의 세계적 규모의 무
역 진흥과 자본의 자유로운 이동으로 인한 세계적 부의 창출로 정당화되고
있지만 그에 따르는 불평등의 문제, 특히 후진지역의 빈곤의 문제 해결에는
매우 미흡하다는 비판적 시각이 나온다. 토머스 포기(Thomas Pogge)는 세
계적 빈곤(world poverty)의 문제와 관련하여 선진국들의 역사적 책임과

---

62) *Ibid.*, pp.204-213.

함께 현존하는 세계적인 '제도적 질서'의 부당성을 부각시키고 이에 대한 선진국들의 도덕적 책임과 응분의 교정노력을 제안한다. 그 기본 취지를 요약해 보기로 한다.

1) 세계적 빈곤의 기본 성격

우선 서구열강의 식민지주의에 의해 자행된 역사적 과오와 그 책임이 강하게 제기된다. 흔히 선진-후진 간의 경제적 격차의 문제는 나라마다의 국민적 근면성, 문화, 사회적 제도, 토양, 기후, 또는 운(fortune)에 좌우된다는 통속적 풀이를 강하게 비판하고, 후진지역의 오늘날의 빈곤은 식민지 시대의 폭력적인 역사의 산물임을 지적한다.

오늘날의 부유한 나라들은 일찍이 가난한 나라들의 국민들을 가축처럼 무역의 대상으로 삼았고, 그들의 정치적 제도와 문화를 파괴하고 그들의 토지와 자연자원을 수탈하고 자신들의 산물과 관습을 그들에게 강요하였던 '실제의 역사(actual history)'를 문제삼는다. 그리고 식민지 시대의 일은 이미 지난 일인데 그와 무관한 우리 후대에게 책임을 묻지 말아야 한다는 주장도 있으나, 그러한 선대의 죄(sins)로 얻은 과실(예: 후기식민지 시대에 들어서의 유리한 고지로부터의 출발에서 오는 세계적인 지배와 그로 인한 계속적인 이득)에 대한 도덕성에 관한 문제에 이르러서는 오히려 오늘날의 가난한 나라들에 의한 보다 강력한 도덕적 요구가 받아들여져야 한다고 주장한다.

뿐만 아니라 현재 진행되고 있는 선진국 주도의 제도적 조치들(institutional arrangements)은 잘사는 나라들(better-off)이 못사는 나라들(worse-off)에게 부과하는 방대하고도 피하기 힘든 박탈이라는 점에서 그 부당성이 지적된다. 또한 극심한 불평등의 재생산을 피할 수 있는 제도적 대안이 분명히 존재함에도 불구하고 현재의 부당한 제도적 질서가 지속되고 있음을 비판한다. 그리고 이러한 극심한 불평등은 유전적 장애(genetic handicaps)라든가 자연적 재해와 같은 사회 외적 요인(extra-social factors)에서 비롯되는 것도 아니라는 점이 아울러 강조된다.[63)]

2) 현 제도적 질서에 관한 두 가지 논쟁

현재의 세계적 규모의 제도적 질서(institutional order)와 관련해서는 두 갈래의 두드러지는 논쟁이 전개되고 있다. 첫째로 현재의 제도적 질서는 극심한 빈곤과는 관련이 없다는 주장이 있다. 즉 나라마다의 차이(지배 엘리트의 무능, 부패, 민중탄압 등)에서 비롯되는 수행능력상의 격차의 결과로 보는 입장이 있다. 이러한 발전도상국가의 능력 차이에 따라 어떤 나라에서는 빈곤이 없어지고 어떤 나라에서는 그렇지 못하다는 주장으로 이어진다. 마치 학교 성적의 격차와 관련해서 어떤 학생들은 공부 잘하고 어떤 학생들은 놀고 지내면서 뒤처지는 것에 비유하는 방식이 된다. 그러나 이러한 견해는 세계적인 요인들(수업, 교과서, 교실 등의 학습의 질)을 참작하지 않는 우를 범한다. 훌륭한 선생은 학생들의 수업 열의와 참여 및 예습 등의 효과적인 학습방법을 통하여 학생들의 성적을 크게 향상시킬 수 있다는 단순한 교훈을 외면하고 있다.

둘째로 포기는 현재의 '제도적 조치'가 빈곤의 지속에 결정적으로 관련되고 있다는 입장에 선다. 세계무역기구(WTO)의 협상과정에서 부유한 나라들은 관세, 쿼터, 반덤핑 관세, 수출신용대부, 자국 생산 업자에 대한 보조금 등으로 자국 시장에 대한 계속적이며 편파적인 보호를 주장했다. 이러한 보호주의는 자기들의 수출이 개방된 시장으로 우대될 것을 고집하고 주창하는 부유국들의 위선을 나타내는 두드러진 사례가 된다. 그 결과는 가장 가난한 나라들의 수출기회를 크게 감소시켜 버렸다. 만약 부유국들이 가난한 나라들로부터의 수입에 대한 보호주의적 장벽을 완화하였더라면 가난한 나라들의 수많은 사람들은 실업에서 벗어나고 임금은 격상되고 수출에서 오는 세입은 매년 수십 억으로 증대하였을 것이다. 그리고 당시의 무역기구 협상에서는 이른바 '지적재산권(intellectual property)'의 보호가 가난한 나라들을

---

63) Thomas Pogge, "World Poverty and Human Rights," in Steven M. Cahn and Robert B. Talisse(eds.), *Political Philosophy in the Twenty-First Century*(Perseus Books, 2012), pp.254-256.

배려함이 없이 관철되었는데 음악과 소프트웨어, 생산과정, 지역적 상표, 종자, 생물학적 종, 약품 등과 관련되는 이러한 재산권에 대한 사용료는 부유한 나라들의 거대 회사들에 지급되는 형식으로 제도화됨으로써 가난한 나라들을 더욱 어렵게 만드는 데 일조를 했다. 일례로 만약 가난한 나라들의 경우 자국 생산업자가 생명연장 약품을 자유롭게 제품화할 수 있었더라면 매해 수천만 명이 병마로부터 살아남을 수 있었을 것이다.

한편 지적재산권 보호로 수십억의 사용료를 요구하면서도 부유국들은 그들이 지구적 공해와 자원고갈에 끼친 부정적 결과에 대해서는 응분의 대가를 꺼리고 있다. 지구적 공해가 가난한 나라들의 주민들에게 보다 치명적이고 그들의 자원 수출에서 받는 대금들은 그들의 적정한 소비수준을 감당하기도 힘들고 또한 자체적인 자원개발을 위한 적절한 투자를 가능케 할 정도도 못된다. 그리고 자연자원이 풍부한 후진국의 경우, 자원수출로서 받는 대금들은 그들 나라의 지배층에게 돌아가게끔 되어 있는 데 문제가 있다. 그들 지배층이 민주적으로 선출되었는가, 또는 국민들의 필요(needs)에 대한 적절한 배려를 하는가의 문제가 제기된다. 경우에 따라서는 민심과 유리되는 엄청난 잔학성과 낭비로 이어지는 위험이 항상 도사리게 된다.

이러한 세계적인 '제도적 질서'와 그로부터 파생되는 '세계적 빈곤'의 연결에서 나오는 결론은 분명해진다. 소수의 세계적인 엘리트, 즉 부유한 나라들의 시민들과 풍부한 자원을 가진 발전도상 국가들의 정치적, 경제적 권력의 소유자들로 하여금 세계적 재산 구도(global property scheme)를 강행하게끔 만드는 세계적인 상황하에서 우리 모두를 위한 세계적 자연자원의 정당한 배분을 요구할 수 있는 길은 무엇일까?

한 가지 분명한 것은 우리들이 세계적인 극빈자들에게 하나의 부당한 (unjust) 세계적인 제도적 질서를 강요하는 데 동조하는 한 그들에게 엄청난 해(harm)를 끼친다는 점이다. 현존하는 국제무역질서(WTO)라든가 풍부한 자원을 가진 개발도상국 지배층의 부당한 지배를 지속시키는 세계적인 '제도적 질서'가 바로 그 주범이 된다. 부유한 나라들의 정부가 이러한 제도적 질서의 구축과 지속에 일차적인 책임을 져야 하고 또한 이들 나라들의 많은

시민들이 이러한 책임을 공유해야 한다. 그리고 세계적인 극빈층은 우리들
이(선진제국) 향유하고 있는 현재의 풍요는 그들의 정당한 몫을 박탈한데서
가능하였다는 점에서 이러한 불의에 대응하여 강력한 도덕적 요구(moral
claim)를 할 수가 있다는 것이다.[64]

2. 인권

'인권(human rights)'이란 사람이 하나의 인간으로서 당연히 가질 수 있
는 권리로서 어떤 인종이나 국가, 또는 문화의 차별을 받지 않는 보편적인
가치로 정의될 수 있다. 이 인권 개념은 근세의 계몽사조로 거슬러 올라가
지만 세계적인 관심으로 고조되기 시작한 것은 2차 대전 직후 1948년 UN에
의해 채택된 '세계 인권선언(UDHR: Universal Declaration of Human
Rights)'에서 비롯된다. 이 선언을 계기로 다양한 국제적 조직과 협약들이
만들어지면서 인권은 이제 인류의 미래를 위한 도덕적 비전으로서, 그리고
인류 모두의 '성취의 공동 표준'으로 받아들여지고 있다. 특히 20세기 말엽
에 다가선 세계화의 추세로 국가 간의 관계와 그 상호의존성이 증대되면서
인권문제는 그 실행 면에서 여러 가지 새로운 과제들이 나타나게 되는데
그와 관련되는 최근의 몇 가지 논의들을 정리해 볼 수 있다.

1) 세계적 인권의 새로운 의제(agenda)
세계화는 인권의 개념을 세계적인 '구성원'의 차원으로 승격시킨다. 이제
인간은 어떤 특정 민족이나 국가뿐만 아니라 '세계적인 질서'의 일원으로서
의 권리(membership rights)를 가지게 되고 이에 따라 모든 개인이나 국가
들은 또한 그러한 권리를 보호하고 실현하기 위해 필요한 '세계적인 의무
(global responsibilities)'를 진다.[65]

---

64) *Ibid.*, pp.257-260.

리스(Mathias Risse)는 인권과 관련되는 '세계적 의무'를 두 가지 형태로 파악한다.

첫째로, 국가(states)나 기타 권력적 실체들(powerful entities)은 그들의 권력이 개인들로 하여금 기본적 욕구의 충족을 못하게 해서는 안 되는 근본적 보장을 마련해야 한다. 생명과 신체적 보전 및 개인적 자유(예: 강제노동으로부터의 자유, 양심과 표현, 결사, 운동의 자유, 이민의 자유 등), 정치적 자유(예: 책임 대표제), 정당한 절차의 자유(예; 공정한 재판) 등이 보장될 수 있게 만들어야 한다.

둘째로, 국가나 권력적 실체들은 개인들이 기본적 욕구들을 실현할 수 있도록 기회를 보장해 주어야 한다. 최소한의 적절한 생활수준(예: 의식주의 문제)을 누리게 할 수 있도록 기회를 보장해 주어야 하며, 특히 어느 정도 경제적으로 여유 있는 나라들의 경우, 기초 교육의 보장, 그리고 노동시장에서 배제되지 않을 정도의 일할 수 있는 권리 등이 보장되어야 할 것을 제안한다.66)

한편 세계화는 세계적 질서의 구성원들에게 새로운 권리와 의무의 근원을 만들어 낸다. 그 첫 번째가 '계몽적 자기이익(enlightened self-interest)'의 개념이다. 모든 당사자들, 특히 국가나 권력적 실체들은 자기이익의 정립에 있어서 도덕적인 고려가 앞서는 계몽성을 보일 필요가 있다. 즉 국가적 권위가 남용되어 평화를 위태롭게 한다든가 외부적 피해(예: 난민)를 가져오는 일이 없도록 자기이익을 관리해야 한다는 것이다. 난국에 처한 국가들

65) 권리(rights)와 의무(obligations)의 관계는 동전의 양면처럼 권리가 주장되면 그것을 실현하기 위한 의무가 뒤따르게 되어 있다. 만약 생명의 자유가 주장되면 정부가 공적 질서를 유지하고 개인적 안전을 확보하기 위한 의무를 지게 된다. 소극적 권리(negative rights)는 국가로 하여금 그 권력을 제한, 또는 제약할 의무를 지게 만들고 적극적 권리(positive rights)의 경우는 국가로 하여금 경제생활을 관리하고 복지봉사의 의무를 다하게 만든다. Andrew Heywood, *Political Theory*(New York: Palgrave-Macmillan, 2004), p.197.

66) Mathias Risse, *Global Political Philosophy*(New York: PalgraveMacmillan, 2012), pp.31-33.

은 세계적인 취약점(global liability)이 된다. 난민을 만들어서 인근에 방출하고 이웃과 갈등을 만든다. 금융위기들(financial crises)은 국제적으로 전파된다. 마약거래, 돈세탁, 테러 등은 지구적인 네트워크로 이루어지기 때문에 세계적인 대책이 절실하다. 질병 통제는 환경적 배려와 맞물리는 과제이기도 하다. 또한 반대로 무역으로부터의 이득, 과학, 문화, 사업, 여행 등에서의 협력은 발전의 동력이 된다.

두 번째 '소스'는 '상호연결(interconnectedness)'이다. 예를 들면, 노예제도는 그것이 아무리 자비로움으로 단장되더라고 모든 개인들이 그에 대한 국가의 보호를 요청하는 사안이 될 수밖에 없다. 세계화의 진행으로 초국적 상호작용이 증대되면서 수많은 사람들이 국경을 넘어 밀입국되어 성 산업(sex industry)에서 유린되고 개인적 가정용도와 저임금 공장에서 혹사된다. 모든 나라들이 이러한 노예화에 대응하여야 하고 또한 이러한 노력은 계몽된 자기이익의 개념과도 합치된다.

셋째로, '절차상의 소스(procedural sources)'가 매우 중요한 과제로 등장하게 된다. 인권 문제는 그 실행의 절차와 관련하여 우선 국내적으로 어떤 사안을 인권문제로 결정짓는 권위적인 메커니즘이 마련되어 있어야 하고, 동시에 국제적으로 그것을 인권문제로 수용하는 구조가 마련되어야 한다. 국내, 국제적인 수용절차가 필요하다는 이야기가 된다. 무엇보다도 어떤 사안이 인권으로 보호되어야 한다는 점이 결정되어야 하고, 그 다음으로 그러한 인권 사안(예: 인권 범죄)에 대하여 국가가 보편적인 관할권(universal jurisdiction)을 요청하고, 또한 국제형사재판소(International Criminal Court)가 예를 들면, 관련된 개인들을 대량학살, 반 인도범죄(crimes against humanity), 전범(war crimes), 침략범(crime of aggression) 등으로 처벌할 수 있는 일련의 절차가 된다. 아직 이러한 일련의 절차는 국가고유의 관할권과 국제사회의 합의가 전제되는 어려운 문제이기 때문에 구체적인 단계로 정착되지는 않았지만 인권문제의 미래를 위해서는 필요한 절차상의 당면과제가 된다.[67]

2) 인권 실행상의 주요과제

인권문제의 실행과정은 (1) '자유 권리(liberty rights: 자유, 안전, 재산 등)'의 선언으로 나타나는 보편성이 강조되는 측면과, (2) 그 다음 단계로서 구체적인 의무의 부과와 관련되는 배정(allocation)의 측면이라는 두 가지로 구분될 수 있다. '세계 인권선언(UDHR)'처럼 보편성이 강조되는 일차적 단계는 그 다음으로 구체적인 실행의 의무에 초점을 두는 2차적인 의무배정의 단계가 되는데, 여기서는 국가가 결정적인 역할을 담당하게 된다. 인간생활의 필수적 조건으로서의 재화와 서비스, 특히 식량과 건강관리에 관련되는 1966년의 '경제, 사회 및 문화적 권리에 관한 국제협약(International Covenant on Economic, Social, and Cultural Rights)' 등은 이러한 인권의 제2차적 배정과 밀접한 연관을 갖게 된다.[68] 이러한 의무배정에 있어서의 국가의 역할과 그에 따르는 몇 가지 현안을 오닐(Onora O'neill)은 다음과 같은 네 가지 형태로 다루고 있다.

첫째로 국가는 입법과정에서 '복잡성(complexity)' 문제에 직면한다. 세계화로 인한 상호의존성의 증대로 나타나는 '서로 상충되는 권리'의 복잡한 틀을 적절히 조정해 주어야 할 과제를 안게 된다. 인권 존중의 시대에 들어선 입법(legislation)은 장황하면서도 요구가 넘치는 과정이 된다. 오늘날의 선진국(예: 영국)에서는 주요 현안과 관련하여 등록하고, 허가를 받아내고, 상의를 할 의무들과 함께 여의치 않을 때에는 의의를 제기할 권리가 보장되어야 하며, 동시에 문서의 기록, 공표, 보고 등과 관련되는 복잡한 절차가 입법으로 구체화되어야 한다. 그리고 이러한 입법과정은 복잡한 규제, 집요한 지도, 적절한 관행과 관련되는 장황한 수칙, 지나친 책임성 등으로 그 복잡성이 가중된다. 그리고 이러한 상세한 사회적 통제는 복잡한 권리체계의 원만한 실현을 위하여 불가피하며 이를 위하여 모든 생활영역의 활동에

67) *Ibid.*, pp.35-38.
68) Onora O'neill, "The Dark Side of Human Rights," in Steve Cahn and Robert Talisse(eds.), *Political Philosophy in Twenty-First Century*(Perseus Books, 2012), pp.239-241.

복잡한 요구와 부담의 부하가 절실하다고 정당화된다.

그러나 이러한 복잡성의 증대는 정부 당국은 물론 모든 인권 관련 제도 및 개인들의 엄청난 부담을 가져올 뿐만 아니라 인권의 2차적 의무를 지게 되는 생활분야, 즉 식량이나 의술분야의 적극적인 참여(active engagement)를 제약해 버리는 결과로 초래할 수 있다. 예를 들면, 식량을 생산하고 병자를 돌볼 사람들에게 그들의 기본적인 과제와는 무관한 지나친 요구사항(허가, 제3자와의 협의, 기록, 공개, 보고, 검사관이나 규제기구의 제반요구)에 대해서는 저항과 분노가 뒤따르게 마련이다. 복잡성이 가져오는 인간적, 재정적 손실과 부담에 대한 적절한 대응책이 절실해진다.

둘째로 준수(compliance)의 문제가 있다. 고도로 복잡한 입법과 규제, 그리고 통제에 직면하는 개인들은 두 가지 역할에 직면하게 된다. 의무수행자로서는 고분고분하게 그러한 규제와 통제를 준수하는 역할을, 그리고 권리 소지자로서는 타자들(others)이 그것을 받아들이지 않을 때에는 배상이나 고소가 허용되고 권장될 수 있다. 그러나 입법이 요구하는 복잡한 요구조건들이 자신들의 실질적인 업무에 손실을 가져오는 경우에는 단순한 '준수'는 매우 어렵게 된다. 여론 환기나 입법적 통제에 대한 반대는 어느 정도의 심리적 위안은 되지만 오히려 모든 것을 단념하고 자신의 사업에서 탈퇴(exit)를 선택하는 방향으로 갈 수 있다. 예를 들면, '농부들이나 의사들'에게 탈퇴는 식량을 생산하고 환자를 돌보는 일을 단념하는 것을 의미하게 된다.

셋째로 '고소(complaint)'의 방법이 있을 수 있다. 개인들은 일이 몹시 꼬일 때에는 권리 소지자(right-holders)로서 고소를 하고 배상과 보상을 시도한다. 물론 인권을 중시하는 국가의 입법과 규제는 여러 가지 구제책을 마련해 놓고 있으나 문제는 그리 간단치가 않다. 그러한 고소의 구제절차가 매우 복잡하고 소모적이며, 실망적일 경우가 있을 수 있는데, 이렇게 되면 개인들은 이러한 구제절차를 택하지 않는다. 농부들이나 의사들의 경우 최종 선택은 자기직업에의 충실이냐, 탈퇴냐의 양자택일이 된다.

끝으로 보상과 비난의 문제가 있다. 어떤 현안에 대하여 피해와 고소의 입장에 서는 경우, 운이 좋으면 배상이나 보상을 얻을 수 있거나 그렇지 않으면 누군가를 비난하는 어설픈 기쁨을 누릴 기회를 가질 수도 있다. 보상이란 것은 복잡한 과정상의 투쟁에 비하면 그만한 가치가 있기도 힘들지만 비난(blaming)의 경우는 대조적으로 손쉽고 값싼 즐거움을 줄 수 있다. 비난에 나서는 사람은 피해자로서의 역할과 신분을 크게 내세워 만족감을 가질 수 있고 분노와 어느 정도의 우월성의 감각을 즐길 수가 있다. 그리고 만약 어떤 비난받을 만한 피의자가 없으면 인권의 실행을 담당하는 체제나 제도적 틀, 특히 입법적조치의 채택에 비난의 화살을 돌릴 수도 있다.[69] 비난에는 어둡고도 유혹적인 즐거움의 저류가 흐른다. 인권을 앞세우는 국가권력에 의한 통제와 규율은 사람들의 구석진 생활영역으로 확장되면서 생활의 활력보다는 사람들로 하여금 비난의 즐거움에 빠져들게 만들 수 있다. 인권문제는 지배계급뿐만 아니라 억압된 자들을 위한 그 화려한 이데올로기적 특성에 안주할 것이 아니라 인권문제의 내부적 구조와 관련되는 한계, 구체적인 대가와 이득의 검토가 절실해진다. 특히 농부나 의사와 같이 모든 사람들의 버젓한 생활수준 보장의 열쇠를 쥐고 있는 사람들에게는 부담스러운 절차의 준수, 그에 대한 분노와 항의, 사회적 공헌의 거부보다는 좀 더 그들의 적극적인 열의와 노력이 구체화될 수 있는 길이 제안된다.[70]

3. 환경(environment)

환경문제는 21세기의 가장 중요한 인류의 당면 과제가 된다. 특히 지구온

---

69) 오닐은 비난의 심리적 과정과 관련하여 다음과 같은 니체의 글을 인용한다. 곤경에 처한 사람들은 고통스러운 감정의 핑계(pretexts)를 만들어내는 의도와 능력을 소지하며, 그들의 품고 있는 의심을 즐기고 나쁜 행동과 손상을 생각하고, 어둡고 의심스러운 이야기들을 들추어내어 거기에 도취된다. 심지어 그들은 그들과 가까운 친구, 아내, 아이들 모두를 범죄자(criminals)로 취급하고, '나는 고통을 받고 있다', '누군가가 이에 대한 비난을 받아야 한다'고 강변하는 지경에 이른다는 것이다. O. O'neill, *op. cit.*, p.250.
70) *Ibid.*, pp.247-251.

난화로 인한 기후변화의 문제는 인류의 생존과 지속가능한 발전을 좌우하게 될 절실한 당면과제로 인식되기 시작하였으며 1990년을 즈음하여 구체화된 '기후변화에 관한 정부 간 위원회(IPCC: Intergovernmental Panel of Climate Change)'에 의한 본격적인 활동과 범지구적 대책의 논의는 매우 중요한 의미를 지닌다고 볼 수 있다.[71] 기후변화의 기본특성과 이에 대한 범지구적 대책을 둘러싼 최근의 규범적 논의들을 몇 가지로 정리해 볼 수 있다.

1) 지구의 집단적 소유(collective ownership)

지구는 전 인류가 공유하는 '집단적 소유'의 개념이 폭넓게 수용되어 나가고 있다. 리스(Mathias Risse)는 집단적 소유의 근거로서 세 가지 요인들을 제시한다. 첫째로 지구상의 자원과 공간은 모든 인간 활동의 전개에 귀중하고도 필수적이며, 지구는 인류의 자연적 서식지(natural habitat)로서 모두의 생존에 절실한 자원의 닫힌 체제임이 강조될 수 있다. 둘째로 인간의 기본적 욕구(basic needs)의 만족은 그 자체로서 도덕적인 성격을 띠기 때문에 집단적 소유가 주장될 수 있다. 셋째로 지구상의 자원과 공간은 인간의 간여에 의해서 만들어진 것이 아니기 때문에 그 누구도 그 창조에의 공헌을 주장할 수가 없게 되어 있다. 모든 인간은 언제 어디에 살든 근원적인 자원과 공간에 대하여 일종의 소유주장을 할 수가 있다는 것이다.[72]

기후변화의 심각성에 대응하는 방안으로서는 완화(mitigation)와 적응

---

71) IPCC는 1988년에 조직되어 활동을 개시하였으며 1992년 154개국이 참석한 '기후변화에 관한 유엔 기본 협약(UNFCCC: United Nations Framework Convention on Climate Change)'의 체결로 2000년도에 1990년도 수준의 온실가스 배출수준을 달성할 것을 합의했고, 이어서 1997년 '교토의정서(Kyoto Protocol)'의 체결을 가져오게 된다. 이와 관련된 일련의 활동 결과에 대해서는 Jerry Silver, *Global Warming & Climate Change Demystified*(New York: McGraw-Hill, 2008), pp.73-74, p.109 참조.

72) Mathias Risse, *Global Political Philosophy*(New York: PalgraveMacmillan, 2012), p.127.

(adaptation)이라는 두 가지 방법이 있다. '완화'는 온실 가스의 감축(reduc-tion of greenhouse gases)으로서 에너지 사용의 변화(화석연료의 사용보다는 풍력, 태양열, 생물자원, 핵분열과 융합, 탄소격리 등의 방법 채택), 농업의 개혁, 살림황폐화 방지 등 지구의 냉각효과를 가져오는 것이다. 적응은 기후변화에 대한 비교적 장기적 예측에 따라 새로운 환경에 적응해 나가는 방법이 된다. 농업에 있어서는 기후변화에 따른 새로운 영농환경에 적합한 농작물의 선택, 낮은 해안지역에 대해서는 바다 장벽을 건설할 수 있고 저지대와 홍수침범지역에 건축허가를 제한하는 조치 등이 포함된다.73)

그런데 이러한 기후변화의 대응책은 인류의 이해와 협력 및 적극적인 공헌이 전제되는 '배분적 정의(distributive justice)'의 문제로 다루어질 수 있다. 즉 기후변화 개선에 절실한 인류 모두의 공헌을 어떻게 서로가 공정하게 나누어(share) 실행에 옮길 수 있느냐의 '도덕적 의무(moral obligation)'의 문제가 된다는 것이다. 리스는 그 근거로서 네 가지 해답을 제시한다.

첫째로 인간의 생명에 관한 도덕적 의의면 에서의 인간적 의무의 문제를 지적한다. 즉 기후변화는 많은 사람들, 특히 적도(equator) 주변 지역의 사람들의 생명 조건들을 위협할 잠재성을 가지고 있다.

둘째로 기후변화는 인간의 활동의 결과로 빚어지는 것이며 소행성(asteroid)으로 인한 재앙과는 그 성격이 다르다. 온실효과 조성자들은 그로 인한 피해에 대한 책임을 면키 힘들게 되어 있다.

셋째로 도덕적 사고의 공리적 측면의 호소력도 참작될 필요가 있다. 공리주의의 입장은 다른 해법에 비하여 보다 '최대의 복리(maximal amount of well-being)'를 추구하게 되는데 기후변화의 참혹한 결과를 고려한다는 이 공리적인 해법이 장기적으로 공헌하는 점이 많을 수 있다.

넷째로 지구는 인류의 집단적 소유이기 때문에 기후변화에 관한 부담(burdens)의 문제는 하나의 도덕적 문제로서 정의의 실현과 관련된다는 점이 강조되지 않을 수 없게 된다.74)

73) J. Silver, *op. cit.*, pp.91-117.

2) 계몽적 인간중심주의

지구의 집단적 소유개념에 입각한 배분적 정의를 실현하기 위한 기본적 대책은 구체적으로 '계몽적 인간중심주의(enlightened anthropocentrism)' 로 요약될 수 있다. 환경론자 중에는 생명공동체(biotic community)의 기본 구조를 그대로 보존할 것을 전제로 이에 반하는 인간중심사상을 비판하는 입장이 있다.75) 그러나 이러한 입장은 지구의 집단적 소유의 개념과는 상치되며 환경문제에 대한 기본적 입장은 모든 가치들은 인간의 척도에 따른 인류의 가치에 기준을 두어야 하고 이러한 인간적 가치를 추구하고 존경하는 데 초점을 두어야 한다는 입장에 무게가 실린다. 따라서 지나친 생명공동체주의도 아니고 또한 자연은 인간의 단순한 정복대상이라는 종래의 인간중심주의도 아닌 좀 더 완화된 형태로서의 계몽적 인간중심주의가 바람직하다는 주장이 된다.

계몽적 인간중심주의는 그 실행적인 측면에서 '지속가능성(sustainability)' 의 문제와 연계된다. 지속가능성이란 환경도 보전하면서 동시에 개발(특히 경제발전)도 추진한다는 최근의 환경문제 해법으로 각광을 받는다. 그러나 이 해법은 (1) 약한(weak) 지속가능성과, (2) 강한(strong) 지속가능성으로 나누어 생각해 볼 수 있다. 전자는 모든 자본의 쇠퇴하지 않는 군체(non-declining stock of total capital)의 보존을 주장하는 입장이며, 후자는 자연적 자본(자원, 식물, 생태계, 종 등)의 특정형태만의 쇠퇴하지 않는 군체의 보존만을 주장하는 경우가 된다.

전자의 경우 모든 자본은 서로가 호환될 수 있으며 어떤 특정한 것만의 보존이 주장되지 않으나, 후자의 경우는 어떤 형태의 자본은 매우 의미 있고 중요한 것이어서 꼭 보존되어야 한다는 입장이 된다. 후자의 경우 예를 들

---

74) M. Risse, *op. cit.*, pp. 125-126.

75) 예를 들면 레오포르드(Aldo Leopord)는 '생명공동체'의 통합, 안정, 아름다움을 그대로 보존하는 길만이 올바른 윤리적 기준이 된다는 전제하에 이를 저해하는 인간중심주의에 유보적인 입장을 취한다. A. Leopord, *Sand County Almanac*(Oxford: Oxford Univ. Press, 1949), p. 224f.

면, 어떤 투구벌레(beetles)는 보존될 가치가 없다고 주장할 수 있다는 것이다. '강한 지속가능성'의 입장은 자연자원의 수단적 가치를 중히 여기는 결과로서 '약한 지속가능성'은 인류의 미래에 최적의 안전선을 마련하지 못한다고 보는 것이다. 특히 강한 지속가능성의 주장에 있어서는 '자연적 자본(natural capital)'이란 생명다양성(biodiversity)이라든가 생태계(ecosystem), 또는 지구적 기후, 오존층 및 토양보전과 같은 이른바 '생명보존체제(life-supporting systems)'를 지칭하며 이에 대한 훼손만큼은 절대적으로 피해야 하며 또한 이러한 자연적 자본은 다른 자본으로 대체될 수 없는 '비대체성(non-substitutability)'의 특성이 강조된다.[76]

3) 기후변화의 기본 정책적 방향

기후변화에 대응하는 기본 정책적 방향은 '적응'과 '완화'의 두 가지로 나누어 볼 수 있다. 우선 적응은 과거의 오염배출(emissions)의 결과로 빚어진 기후변화에 대한 적응이라는 점에서 과거의 오염에 대한 책임문제가 제기될 수 있다. 예를 들면, 해수 수면의 상승에 대한 방어벽 구축은 과거 선진제국의 산업화에 따른 화석연료 사용에 의한 온실효과에서 비롯되었기 때문에 선진국의 책임과 부담의 문제가 제기될 수 있다.

그러나 이 문제에 관한 한 과거의 오염자들(past emitters)의 경우 산업화의 초기 단계에서는 온실효과가 그렇게 심각한 결과를 가져올 것은 알 수 없었을 것이라는 변명론이 가능해질 수 있다. 이 문제가 본격적으로 논의되어 온실효과의 결정적 폐해론이 국제적 여론으로 확산되기 시작한 1990년 기준으로 좀 더 다른 처방이 제시될 수 있게 된다. 1990년 이후의 오염자들은 그 책임과 부담이 논의될 수 있으나 그 이전의 오염에 대해서는 책임을 묻지 말아야 한다는 주장이 설득력을 가질 수 있다. 1990년 이후의 오염자

---

76) 이 두 가지 지속가능성의 문제는 Eric Neumayer, *Weak vs. Strong Sustainability* (Cheltenham: Elgar, 2003)에 의해 제기되었으며, 여기에서의 논의는 M. Risse, *op. cit.*, pp.132-133을 참조하였음.

들은 부강한 나라들의 경우 그 보상은 현 시점에서 적응이 절실한 나라들에 대한 재정적, 기술적 원조의 형태를 띨 수 있다.

한편 완화와 관련해서는 어떤 나라들이 어느 만큼의 희생과 부담을 져야 할 것이냐를 결정해야 한다. 온실효과의 축소를 위해서 산업생산을 수정해야 할 나라들은 (1) 일인당 국부(per-capita wealth) 면에서 변화를 수용할 수 있는 '능력이 있는 경우(ability to pay)'와, (2) 일인당 가장 많이 '오염시키는 자의 부담(polluters pay)'의 경우로 나누어 생각할 수 있다. 이 두 가지 기준을 합친 하나의 지표(index)를 만들어서 나라마다의 완화의 부담규모를 설정할 수가 있다. 즉 이 지표에 비추어 일인당 국민소득 면에서 그 순위가 높고 또한 일인당 오염배출 면에서도 그 정도가 높을 수 있게 되면 그에 따라 각자의 의무와 희생의 정도가 결정될 수 있다. 리스는 이러한 그의 제안이 대기권의 오염도를 흡수하는 데 있어서 도덕적으로 적절한 고려들을 '사려 깊은 균형(reflective equilibrium)'으로 만들 수 있다고 주장한다.77)

---

77) M. Risse, *op. cit.*, pp.138-143.

정치적 담론

제**4**장

정치적 담론

I. 서론

담론(discourse)은 최근의 인문-사회과학 분야의 이론적 구성 면에서 폭넓게 사용되고 있는 개념이다. 정치학에서도 이 '담론'이라는 개념적 틀을 통하여 정치적 사건이나 현상을 분석하는 연구동향이 폭 넓게 파급되어 있다. 대체로 담론이란 무언가 의미를 만들어내는 언명이나 텍스트를 뜻하는 극히 일반적인 사용에서부터, 어떤 특수한 구조를 지니면서 사회현상의 특정 주제와 관련되는 의미구성체, 예를 들면 페미니즘 담론, 제국주의 담론 등을 지칭하는 데 원용되기도 한다.

그리고 좀 더 이론적으로 그 의미를 특수화시켜서 다양한 언명이나 텍스트를 통하여 만들어지는 '규칙'을 강조하면서 그러한 규칙이 인간의 행동과 실천을 규제하는 측면에 초점을 두는 학문분야를 생각해 볼 수 있다. 즉, 담론분석은 주로 규칙에 지배되는 인간행위의 다양한 형태를 다루는 폭 넓은 연구분야로 정의해 볼 수 있다.

담론분석은 해석학, 현상학, 구조주의 등을 한데 묶는 이른바 사회과학에

서 의미를 만들어내는 이해와 해석에 초점을 두는 '해석주의'의 전통을 이어
받는다. 그러나 담론구성의 논리가 보다 체계적으로 정립되기에 이른 것은
최근에 와서 후기구조주의를 대표하는 학자로 알려져 있는 미셸 푸코
(Michel Foucault)의 역할이 두드러진다. 그는 의미를 만들어내고 인간의
행동을 규제하는 규칙으로 이루어지는 담론이 어떻게 형성되고 유지되며 변
환되는가 하는 과정을 체계적으로 다루면서 고고학과 계보학이라는 독특한
방법론적 지표를 마련해 놓고 있으며 정치학을 포함하는 사회과학 전반에
걸쳐 이론적 구성 면에서 괄목할 만한 영향력을 보여주고 있다. 여기에서는
이러한 새로운 담론 분석의 최근 연구동향을 정치학과 연계시키는 데 주안
점을 두고자 한다.

담론이 무엇을 뜻하는가의 정의에서 출발하여 그 기본적 특성을 부각시
킬 것이며 담론과 이데올로기의 차이점, 담론의 기본구조, 그리고 정치학에
서의 적용범위 등을 검토한 다음 최근에 나타난 구체적인 연구사례들을 정
리해 보기로 한다. 사례 연구에 있어서는 1) 1980년대의 영국의 대처리즘
(S. Hall), 2) 정치적 상호작용과 표상(P. Chilton), 3) 남아프리카공화국의
'아파르트헤이드(Apartheid)' 담론, 4) 비판적 담론 연구(Critical Discourse
Studies), 5) 실용적 추리와 입론 등을 다루어 보기로 한다.

II. 담론이란?

담론이란 말(utterances)이나 언명(statements)으로 이루어지는 의미구성
체를 뜻하며 '규칙'에 지배되는 인간의 행동이나 실천을 만들어 낸다. 우선
규칙을 둘러싼 몇 가지 기본적 특성을 살펴보기로 한다.

1. 규칙

규칙(rules)이란 말이나 언명들을 만들어 내고 그 적용한계와 공간적 범위를 설정하며 일상적인 행동이나 실천으로 연결되는 구체적인 과정들을 규제한다. 켄달(G. Kendall)과 위캄(G. Wickham)은 담론분석의 과정을 규칙을 중심으로 다음과 같은 다섯 단계로 나누어 제시하고 있다.

① 규칙적이고 체계적인 언명들(statements)의 묶음을 파악.
② 언명들을 만들어 내는 규칙의 확인.
③ '말할 수 있는 것'의 한계를 설정하는 규칙의 확인 [폐쇄(closure)는 아니다].
④ 새로운 언명이 만들어질 수 있는 공간 만들기의 규칙 확인.
⑤ 모든 실천은 물질적이며 동시에 담론적이라는 사실에 관한 규칙의 확인.[1]

첫 번째의 단계는 예를 들면, 의학이나 심리학과 같이 공적 장치(public apparatus)로 뒷받침되면서 그와 관련되어 논의되는 물체(things)나 용어(words)들이 규칙적이고 체계적인 언명들의 묶음으로 파악이 가능하게 되는 경우가 된다.

두 번째 단계는 언명들의 생산을 가능케 하는 규칙들을 확인하는 일이 된다. 인간의 어리석음이나 비이성적 행위에 관한 의학적 담론은 정신병자를 만들어내고, 행형학적 담론(penological discourse)은 범죄자를 만들어내며, 성에 관한 담론(discourse on sex)은 성적 관심(sexuality)을 만들어내는 식으로 담론은 무언가 생산하는 데 초점을 두는 규칙들이 강조된다.

---

[1] 이 부분은 M. Foucault의 담론개념에 근거하고 있음을 전제하고 있다. Gavin Kendall and Gary Wickham, *Using Foucault's Methods*(London: Sage Publications, 1999), p.42.

수학적 담론의 경우 y = 2x + 5일 때 만일 x = 2이면 그 급수는 9, 23, 51 등으로 만들어지는 과정이 분명한 규칙으로 확인될 수 있다. 또 하나의 예로는 고해성사의 역사에 나타난다. 고해성사는 가톨릭교의 연례행사 정도였던 것이 르네상스를 계기로 성에 대한 인식이 달라지면서 주간행사로 바뀌고 그에 따라 고해성사의 새로운 규칙이 정착되었다고 한다. 고해성사의 진행, 고해실의 구조, 고해자와 진행자를 위한 텍스트 등에 관한 규칙에 변화가 온다. 성적 관심은 중요한 죄(cardinal sins)가 된다는 사고의 전환이 고해성사의 규칙을 바꾸면서 담론의 새로운 언명들을 생산하였다고 볼 수 있다.[2]

세 번째 단계는 '말할 수 있는 것(the sayable)'의 한계를 설정하는 규칙이 된다. 예를 들면, 성적 관심에 관한 과학적인 정신병학적 언명(psychiatric statements)에서는 마술이나 요술에 근거한 언명은 허용되지 않는다. 앞에서 제시된 수학적 담론이나 고해성사에 관한 담론에서는 '말할 수 있는 것'에 관한 한계가 분명히 드러나고 있음을 알 수 있다.

네 번째 단계에서는 새로운 언명이 만들어질 수 있는 '공간(space)'에 관한 규칙인데, 새로운 것이 만들어질 수 있는 가능성과 관련된다. 새로운 것을 위한 공간이란 정신병이나 범죄자들과 같이 인간의 본성을 이해할 수 있는 새로운 카테고리가 만들어지는 경우가 되는데 이러한 새로운 발명은 학교라든가 병원, 감옥과 같은 '공적 장치'에 좌우되며 개인적인 차원의 사색적 노력에 의존하지는 않는다.

마지막 단계는 실천이란 물질적이며 동시에 담론적(discursive)이라는 점을 강조하는 규칙이 된다. 즉 물질성(materiality)과 사상(thought)의 불가분의 관계를 전제하는 대목이 된다. 감옥과 관련되는 실천은 '담론적인 것(행형학)'과 '물질성(감옥구조 및 감옥생활)'의 결합으로 파악될 수 있으며, 성적 실천은 '담론적인 것(성과학, 심리학 등)'과 '물질성(성: sex)'의 결합으

---

2) 이 부분은 Ian Hunter의 예시로 되어 있음. G. Kendall & G. Wickham, *op. cit.*, p.36.

로 그 규칙이 이루어진다고 볼 수 있다. 이 점에서 지식이란 사고나 사상, 의견, 아이디어 등으로 귀결될 수 없으며 오히려 문학적 훈련, 학교교육, 인쇄, 전문적 지식 관련 조직들(예: 과학, 공학, 의학 등)의 물질적인 가동이 크게 작용되는 것으로 이해되어야 한다고 주장된다.[3]

2. 권력과 지식

담론은 권력의 영향을 받는다. 권력은 담론을 만들거나 변화시키는 작용력을 갖는다. 앞에서 담론의 규칙성과 관련된 논의는 푸코의 경우 '고고학(archeology)'으로 불리지만 권력이 담론구성에 작용하여 지식을 만들어 내는 과정은 '계보학(genealogy)'으로 불리면서 그의 후기 연구과정을 특징짓는다.

권력은 전통적인 사회과학에서 억압을 내용으로 하는 부정적인 특성으로 파악되지만 푸코는 권력이란 무언가를 만들어 내는 생산적인(productive) 측면을 강조한다. 그리고 지식의 '진실'과 관련되는 부분에 있어서도 권력이 갖는 생산적인 작용력이 결정적이라는 독특한 논리를 전개한다.

> 진실(truth)은 과학적인 담론의 형식과 진실을 생산하는 제도들에 중심을 잡는다; … 진실은 몇몇 거대한 정치적, 경제적 장치들(대학, 군대, 저술, 미디어)의 지배적인 통제하에서 생산되고 보급된다; 그리고 진실은 총체적인 정치적 논쟁과 사회적 대결(이데올로기적 투쟁)의 문제이기도 하다; … 진실은 그것을 생산하고 지속시키는 '권력의 체제(systems of power)'와 그것을 유도하고 확장하는 권력의 결과(effects of power)라는 순환적인 관계로 연결된다. 그것은 하나의 진실의 체제이다(regime of truth).[4]

---

3) G. Kendall & G. Wickham, *op. cit.*, pp.42-45.

4) Michel Foucault, *Power/Knowledge: Selected Interviews and Other Writings 1972-77*(New York: Pantheon Books, 1980), pp.131-133.

진실은 총체적인 정치적 논쟁과 사회적 대결 속에서 정치적, 경제적 장치들(제도)에 의한 지배적인 통제하에 생산되고 보급되며, 진실의 구성은 '권력의 결과'라는 점이 강조된다. 그리고 이러한 입장은 어떤 초월적인 방법으로 사회현상 속에서 진실을 발견해 낸다는 근대적인 인식론과는 매우 대조적이라는 것을 알 수 있다. 진실은 발견하는 것이 아니라 만들어 내는(생산) 것이라는 후기구조주의의 입장이 분명해진다.

진실을 추구하는 지식과 권력의 관계는 몇 가지 사례로 검토될 수 있다. 예를 들면 인간노동에 있어서는 어떤 형태의 지식은 진실이 아니라고 배제 될 수 있다. 즉 건강에 관한 대안적인 지식은 기존의 의학적 기준에서 응분의 평가를 받기 힘들며 무언가 돌팔이 영역에 해당되는 열등하고도 아마추어 같은 취급을 당하면서 종래의 의학체제에 '진실'의 권위를 유지시켜 준다. 즉 담론으로 구성되는 지식의 진실문제는 어떤 실재(real)의 참된 표상(representation)이라기보다는 서로 대항적인 담론들의 경우 어떤 담론이 지배적인 것으로 격상되느냐 하는 제도적 맥락과 사회 구성원들의 찬반 결과에 달려 있다고 보게 된다.5)

또 하나의 예로는 빅토리아 왕조시절(Victorian period) 어린이들의 수음행위의 금지와 관련되는 담론의 예기치 않던 결과와 관련된 것이 있다. 18세기에 들어서 어린이들과 청년들의 성에 관한 담론이 증대하면서 교육자들이나 의사들은 어린이들의 자위행위를 하나의 전염병으로 취급하게 되고 감시수단의 도입, 자백유도의 방편 마련, 다양한 교정담론(corrective discourses) 등이 시도되었으며 부모들이나 선생들은 모두가 모든 아동들을 죄인처럼 의심하는 상황이 전개되었다고 한다. 그러나 푸코에 의하면 빅토리아 왕조시기에 발생한 남아 어린이들의 자위행위에 대한 경계심은 어린이들의 자위적 실제행위를 박멸하기보다는 오히려 그들의 성적 관심을 증대시킨 요인이 되었다는 점을 지적한다. 즉 권력의 간섭 증대는 담론의 증대로 이어지는 과정이 된다.6)

---

5) Norman Fairclough, *Discourse and Social Change*(London: Polity, 1992).

권력과 지식의 관계는 감옥의 탄생과 관련된 예에서 보다 두드러지게 나타난다. 18세기 말까지만 해도 프랑스의 형벌제도는 체형의 형태를 띤 육체적 고통(고문, 공개적 처형)의 부가였는데, 이것이 18세기의 사회적 변화로 개인의 권리와 재산권의 보호 등을 앞세우는 개혁운동이 나타나게 되자 폭력적 처형에 대한 비판과 행형제도의 개혁이 논의되기에 이른다. 종래와 같은 육체적 고통이 아니라 일정한 공간과 시간의 제약 속에 죄수들로 하여금 육체적, 정신적 훈련을 받게 함으로써 도덕적 개조를 꾀하는 '감금(incarceration)제도'가 등장하게 된다.

감옥이라는 일정한 공간에 죄수들을 수용하여 부단한 응시(gaze)와 감시(surveillance)를 통하여 그들의 육체를 순응적으로(docile) 만드는 이른바 '생명권력(biopower)'이 등장한 셈이다. 이 권력의 출현으로 개인의 신상과 일상적 활동에 관한 자료들이 서류화되고 기록으로 분류되면서 권력의 규율적 기술(disciplinary technology)은 더욱 섬세화되어 다양한 학문적 분야의 형성을 자극하게 된다.

즉 새로운 권력이 행형(penology)에 관한 다양한 지식의 생산을 가져오게 된다. 그리고 권력의 규율적 기술이 감옥뿐만 아니라 병원이나 행정기구의 영역에도 보급되기에 이르자 그러한 특정한 제도적 영역마다의 전문화된 사회과학(심리학, 인구학, 통계학, 범죄학, 사회적 위생학 등)들을 탄생시켰다고 주장된다.[7] 이제 권력의 기술은 그 참모습을 드러내지 않으면서 사회과학이라는 지식의 형태를 통하여 권력의 행사에 기여하게 되며, 권력은 지식형성의 주체, 대상, 양식(modalities) 등에 결정적으로 관여한다는 측면에서 지식을 생산한다고 말할 수 있다.[8]

---

6) Michel Foucault, *The History of Sexuality: An Introduction*, Vol.2 (Harmondsworth: Penguin, 1978), p.32, 42.

7) Herbert L. Dreyfus & Paul Rabinow, *Michel Foucault: Beyond Structuralism and Hermeneutics*, 2nd ed.(Chicago: The Univ. of Chicago Press, 1983), pp.144-152, 184-189, 159-160.

8) Michel Foucault, *Discipline and Punishment: The Birth of the Prison*, translated

III. 담론의 주요 특성

1. 담론과 실재: 인식론

담론과 관련되는 방법론적 논의는 담론과 실재(the real)의 관계설정이 된다. 이른바 인식론으로 불리는 이 철학적 논의에서는 담론이 우리가 당면 하는 현실세계를 어떻게 파악하느냐의 문제와 관련된다. 실증주의의 전통에 서는 특히 구조주의만 하더라도 인간은 현실세계를 움직이는 규칙성이나 법 칙을 거울과 같이 정확이 표상할 수 있다는 입장에 서지만 담론분석에서는 이 기본전제를 받아들이지 않는다. 실재의 파악은 담론에 의해 만들어지는 구성의 결과로 보는 것이다. 즉 실재가 존재하는 것을 부정하는 것은 아니 지만 그것은 어디까지나 우리들의 담론을 통하여 만들어진 구성물이라는 것 이 푸코의 기본입장이다. 이 문제는 라클라우(Laclau)와 무페(Mouffe)에 의 해 매우 설득력 있게 제기된다.

> 모든 대상(object)이 담론의 대상으로 구성된다는 점은 사고(thought)와는 별도의 세계가 존재하느냐, 또는 실재론(realism)과 관념론(idealism)의 대립과 는 무관한 일이다. 지진이나 떨어지는 벽돌과 같은 사건은 나의 의지와는 관련 없이 분명히 존재한다. 그러나 대상으로서의 그러한 특성이 자연현상으로 구성 되느냐 그렇지 않으면 하나님의 노여움의 표현으로 구성되느냐는 어디까지나 담론적 영역의 구조화(structuring)에 달려 있다. 이러한 대상들이 사고와는 무 관하게 존재한다는 것을 부정하는 것이 아니라 그것들이 어떤 발생의 담론적 조건 밖의 대상으로 구성될 수 있다는 극히 대치되는 주장을 부정하는 것 이다.[9]

---

by Alan Sheridan(New York: Vintage Books, 1977), pp.27-28.

9) Ernesto Laclau & Chantal Mouffe, *Hegemony & Socialist Strategy*(London: Verso, 1985), p.108.

우리의 대상으로서의 세계 그 자체에는 어떤 내재적인 질서가 있는 것이 아니라 우리들의 언어적 기술을 통하여 그 세계 위에 질서를 부과하는 것이다. 그리고 이때 만들어지는 담론적 구조들은 세계 속의 대상물이나 사건들을 실재하는 것처럼 보이게 만든다는 것이다. 그리고 '실재'가 우리들의 사고나 행동에 영향을 미치는 것을 결코 부정하지도 않는다. 푸코는 대상에 대한 우리들의 인지형성(perception)을 좌우하는 담론적 제약(discursive contraints)에 관해서도 다음 몇 가지를 지적한다.

첫째로 담론은 시야(vision)의 축소를 가능케 한다. 즉 실재하는 것으로 받아들일 수 있는 범위를 좁힘으로써 연구의 영역을 제한시킬 수 있다. 그리고 둘째로 이러한 제한을 통하여 일단 담론으로 선정되는 대상물이나 그 영역들은 권위와 정당성이 부여될 수 있게 만든다. 셋째로 이렇게 만들어지는 언명들은 구체적인 대상물로서 실재에 대한 우리들의 질서구성을 우리들의 필요에 따라 담론을 다양하게 구성할 수 있는 길을 열 수 있게 한다.

예를 들면 19세기만 하더라도 박테리아는 '동물'이라는 범주 속에 들어 있었으나 지금은 스스로의 범주를 구성하고 있듯이 마름(algae), 이끼, 버섯, 규조류 등의 미소유기체들은 부단히 그 범주가 재정의되고 있다. 그러한 범주화가 바뀐다는 것은 동물과 식물 사이에는 어떤 자연적으로 구성된 경계가 있는 것이 아니라 인간의 필요에 따라 그것이 좌우된다는 것을 뜻한다.

우리가 실재를 파악하는 길은 담론이나 담론적 구조(discursive structures)를 통하는 길밖에 없으며 그러한 파악의 과정에서 우리들은 경험이나 사건들을 주어진 구조로서 범주화하고 해석하게 되고, 그러한 해석의 과정에서 담론적 구조들을 견고화함으로써 그 구조의 밖에서는 생각하기 힘들게 된다는 것이다.[10]

---

10) Sara Mills, *Discourse*(London & New York: Routledge, 2004), pp.46-49.

2. 담론과 이데올로기

담론은 이데올로기와 마찬가지로 사회현상에 대한 의미를 부여하고 인간의 행동과 실천을 규제하는 면에서는 같은 의미로 사용될 수 있다. 그러나 담론의 주창자로서의 푸코는 마르크스주의의 이데올로기론은 그대로 받아들이지 않는다.

첫째로 이데올로기는 마르크스주의의 입장에서 인간과 사물의 진실을 은폐하는 허위의식(false consciousness) 또는 상상된 표상(imagined representation)으로 단정되고 진실을 밝힐 수 있는 이론적인 지식을 별도로 강조하고 있는데 푸코는 이러한 양자의 구별은 잘못된 것이며 모든 언명들은 그것이 이론적이든 아니든 똑같은 위상과 타당성을 가진다고 주장한다. 즉 모든 지식은 사회적, 제도적, 담론적 압력(discursive pressure)의 결합으로 결정되며 마르크스주의에서 주장하는 이론적 지식이라고 그 예외가 될 수 없다고 본다.

둘째로 인간의 주체성(subjectivity)과 관련된 문제이다. 푸코는 근대의 인간적 주체성에 관한 기본전제를 받아들이지 않는다. 즉 데카르트적 주체(Cartesian subject)에서처럼 이성을 가진 개인이 자연과 사회의 숨은 진리를 발견할 수 있는 능력을 가졌다는 기본전제에 의문을 제기한다. 인간의 주체성은 역사적 틀(historical framework) 속에서 형성되며 계보학에서 주장하는 것처럼 지식, 담론, 객체의 영역 등의 구성의 문제는 어떤 초월적인(transcendental) 주체와 관련시키지 않아도 충분이 설명될 수 있다는 것이다. 그리고 마르크스주의에서는 이데올로기의 통제에서 벗어날 수 있는 개인적 주체성을 인정하고 있으나 이러한 주장이 무리한 것임을 지적한다.

셋째로 담론에 대한 경제의 우위를 당연시하는 입장에도 문제를 제기한다. 즉 마르크스주의에서처럼 상부구조로서의 이데올로기가 경제적 토대에 대하여 가지는 부수적 의미부여에 따라 담론도 그러한 약화된 내용으로 부각되는 것에 이의를 제기한다. 경제와 사회구조 그리고 담론 간의 관계는 매우 복잡한 상호작용을 이루기 때문에 그중 어떤 것이 지배적인가 하는 문제는 단언하기 힘들다는 입장이다. 특히 경제적인 불균형에 입각한 권력 관계와 국가 통제(state control)의 중요성은 어느 정도 인정하지만 경제관계가 일차적(primary)이라고는 보지 않으며 권력관계 범위 속의 하나의 형태에 지나지 않는다고 보고 있다.[11]

3. 담론적 구조: 제외와 순환

담론적 구조는 우리들이 무엇을 말할 수 있고(what we can say), 무엇이 정당한 지식인가를 정하는 언명들의 구성체이다. 구체적으로 담론 속에 어떤 것을 포함시키고 어떤 것은 제외할 것인가에 관한 규칙을 정하는 문제이기도 하다.

우선 어떤 것은 제외(exclusion)되어야 한다는 금지 또는 금기(taboo)되는 절차의 문제가 있을 수 있다. 일반적으로 서구 사회에서는 죽음이나 성(sex)은 '제외'의 범주에 속한다. 영국 문화에서는 자기 배우자가 죽으면 매우 가까운 친구조차 피하는 상황이 만들어진다. 죽음에 관한 이야기의 어려움과 또한 적절한 자기감정 표현의 용어 부족 등 주변의 분위기가 주된 원인으로 설명된다. 그러나 어떤 문화에서는 죽음이란 공개적으로 토론될 수 있는 주제이며 여러 가지 물질적인 실천, 의식, 인공물(artefact) 등을 통하여 이야기가 많아진다.

성에 관해서도 마찬가지다. 빅토리아 시대의 영국에서는 성에 대하여 공개적으로 토론하기 힘들었으며 점잖은 사회에서 존경받는 지위에 있으려면 성적 주제는 어떻게 해서라도 피하는 경향이 권장되었다. 그러나 영국 사람들은 그들의 식민지였던 인도 등에서는 사찰이나 역사적 기념물 등에서 매우 외설적이고 색정적인 조각들에 직면하게 된다. 다만 이러한 문제들은 모두가 어떤 특수한 역사적 시기에 생긴 담론적이며 제도적인 제한으로 받아

---

11) *Ibid.*, pp.26-32.

들여질 수 있을 뿐이다.

그리고 광기(mad)에 관한 담론도 제외의 대상이 된다. 정신이상이거나 합리적이지 못하면 그들의 이야기는 무의미한 것으로 단정되었고 20세기의 영국에서조차 정신분열병 환자의 언어는 고려의 대상에 들지 않았으며 그들이 말할 때는 관심을 두지 않은 것으로 되어 있다.

담론적 구조는 '참된 지식(true knowledge)'과 '거짓 지식(false knowledge)'의 구분과도 관련된다. 6세기 희랍에서는 언명의 내용은 진실의 기준이 될 수 없으며 그러한 언명이 이루어진 상황(circumstances), 즉 말하기 자체, 그 의미, 그 형식(form), 참조사항(reference) 등이 보다 중요한 것으로 나타나기 시작한다. 푸코는 이것을 '진실에의 의지(will to truth)'로의 운동으로 부르고 이로 인하여 지적 주체(knowing subject)에게 특정한 지위, 특정한 응시(gaze), 특정한 기능이 부과되는 것으로 보고 있다. 서구 문명에서도 18세기에 이러한 진실에의 의지가 격화되면서 진실과 거짓에 대한 지나친 구분이 강조되기 시작한다. 흔히 일상적 사건이 가질 수 있는 도덕적, 상징적, 종교적 의미보다는 사건에 대한 뉴스(news)의 생산과 정확한 표상이 역설되고 점차로 소설과 사실적 설명의 구분도 보다 두드러지게 나타난다. 그리고 이러한 진실에의 의지는 교육제도, 출판업, 법적 제도, 도서관 등의 광범한 제도들로 뒷받침되면서 진실이나 사실적인 것에 대한 극도의 집착을 가져오게 된다. 푸코에 의하면 이러한 진실에의 의지는 비록 풍요나 온화하고도 음험한 보편적 세력으로 받아들여질 수도 있지만, 이 거대한 제도적 기구(machinery)가 무언가 소중한 것을 제외하게 되는 것을 전혀 모르고 넘어갈 수도 있음을 지적한다.[12]

한편 담론적 구조는 순환과정(circulation)을 통하여 어떠한 담론은 그대로 보존되는 내부적, 외부적 메커니즘을 갖추고 있는 것으로 파악될 수 있다. 우선 주석서(commentary)는 다른 사람들에 의해 주석 또는 해설된다는 점에서 타당성과 가치를 인정받는다. 성서는 이 범주에 속하며 주석은 계속

---

12) *Ibid.*, pp.57-60.

지속되면서 가장 정당성 있는 지식으로 순환된다. 또한 대규모의 담론적 집체로 내부적인 규제로서 순환을 가능케 하는 것으로서는 우리가 만드는 '학문적 분야(academic discipline)'를 꼽을 수 있는데 여기서는 무엇을 이야기할 수 있고 또한 그 이야기가 사실 또는 진실로 받아들여질 수 있는가를 결정한다. 특정 학문분야와 관련하여 어떤 방법, 명제와 논쟁의 형식, 대상의 영역들이 진실인가를 결정하는 담론적 한계(discursive limits)를 만들어 놓고 있다. 그러나 푸코는 이러한 학문적 분야의 담론적 제약이 자유로운 연구를 통하여 진실의 추구가 권장되는 계몽적인 제도라기보다는 담론의 규제에 그치는 단순한 형태가 될 수 있다고 본다. 예를 들면, 강의자(lecturers)는 말할 수 있는 권리를 가지고 있으며 강의에 관한 한 그의 허락 없는 다른 이야기는 정도이탈로 받아들여진다. 그리고 무엇이 지식으로 통용될 수 있는가를 정하는 엄격한 규칙이 있으며 이미 확립된 과거의 지식에 근거하지 않고 관행적인 수필이나 논문의 격식을 따르지 않을 때에는 비난을 받거나 실패로 단정된다.

저자(author)의 역할도 담론적 구조에 있어서 주요한 비중을 차지한다. 푸코에 의하면 저자는 텍스트(texts)를 쓰고 그 의미를 재가하는 궁극적인 개인이라기보다는 여러 담론들을 묶고 그것에 통일과 의미의 근원을 마련하는 하나의 원칙으로 되어 버렸다고 본다. 즉 '저자의 죽음(death of the author)'을 내세우는 바르테스(R. Barthes)나 푸코의 입장은 저자의 역할에 지나친 비중을 두기보다는 오히려 텍스트 해석에 있어서의 독자의 역할이나 '저자-기능(author-function)'에 비중을 둘 것을 제안한다. 예를 들면, 셰익스피어의 작품을 한데 묶어서 공통된 스타일적인 측면을 부각시키는 점에 의문을 제기하고 저자의 생애에 초점을 두고 텍스트를 분석하는데서 탈피할 것을 강조한다. 모든 텍스트는 어떤 개인으로서의 저자의 두드러진 창조력의 산물이라는 점에 대해서 이의를 제기하며, 새로운 아이디어가 탄생되더라고 그것은 어디까지나 그 이전에 생각되었던 제약 속에서의 산물이라는 점을 지적하고 어떤 근원(origin)의 존재와 작품의 소유권(ownership)을 문제삼는다. 개인의 능력을 뛰어넘는 너무도 많은 요인들의 작용을 중요시해

야 한다는 것이다. 모든 개인들은 아이디어나 텍스트를 만들어내는 데 있어
서 잠재적으로 창조적일 수 있으나 교육체제에서 비롯되는 사회적 압력 등
에 동조해야 하는 제약을 피하기 힘들게 되어 있다. 결론적으로 무언가를
말할 수 있고 무언가 지식으로 인정된다는 것은 극히 제한되고 한정된 범위
안에서만 가능하다는 점을 강조하는 의미로 받아들일 수 있다.13)

4. 담론 간의 갈등과 논쟁

담론은 연구 대상을 중심으로 다양한 형태로 전개될 수 있다. 사회, 경제,
정치, 문화와 같은 학문적 영역별로 구분될 수 있고 사건이나 현상을 둘러싼
다양한 일상적 담론이 가능할 수 있다. 대체로 이러한 복잡한 담론적 구성
과정에서 어떤 지배적인 담론이 형성되면 그에 따른 특정한 담론적 구조가
검토될 수 있고 그에 상응한 인간의 행동과 실천에 관련되는 규칙과 그 변
환과정 등이 연구될 수 있다.

그러나 담론은 다른 담론과의 관계를 참작하지 않을 수 없으며 어떤 담론
하나를 놓고 고립된 형태로 다룰 수 없다는 문제가 제기된다. 담론 간에도
사회적 인정과 수용을 둘러싼 갈등과 논쟁이 있을 수 있고 그것이 정치적,
경제적 쟁점과 결부될 때에는 담론 간의 갈등과 투쟁도 피할 수 없게 된다.
바로 이러한 문제를 다루기 위해 등장한 것이 '비판적 담론 분석(critical
discourse analysis)'이다.14)

이러한 담론 간의 상호관계는 일상생활에서도 흔히 발견될 수 있는데 예
를 들면, 의사와 환자의 관계에서 나타나는 담론 간의 논쟁이 참고될 수 있
다. 의사는 일방적으로 환자에 대한 자기의 통제를 강요하기보다는 환자가

---

13) *Ibid.*, pp.60-67.
14) 비판적 담론 분석에는 다음과 같은 학자들이 거론된다. R. Fowler, R. Hodge, G.
    Kress, T. Trew, N. Fairclough, T. van Dijk, R. Wodak.

제기하는 애매한 반응과 이의에 직면할 수 있으며 그 상호작용은 경우에 따라 분절되고 질서가 흐트러질 수 있다. 의사는 기술적인 의학(technolo-gical medicine: 모든 병을 맥락과 무관한 신체적 증상으로 다루는 기술적 합리성)의 담론에 따르고 환자의 경우는 생활세계(life world: 모든 병을 자기생활의 다른 측면과 관련시키는 상식적인 합리성)의 담론에 집착하는데서 오는 갈등이 조성될 수가 있다. 페어클라우(N. Fairclough)는 이러한 경우가 '동종 요법의사(homeopath)'와 그의 환자의 관계로 비유될 수 있으며 두 담론은 단순히 공존한다기보다는 갈등관계에 있다고 보고 있다. 즉, 사회관계는 한 가지 형태의 담론이 일방적으로 부과되는(환자에 대한 의사의 담론) 관계가 아니라 상이한 담론형태들이 상호 작용 속에서 서로가 올라서고자 하는 충돌로 파악될 수가 있다는 것이다.[15]

이러한 담론들의 상호작용을 전제한다면 문제영역을 좀 더 확대하여 사회체제의 측면(계급, 계층, 지역, 주변집단 등)이나 주요 쟁점(환경, 핵확산, 젠더, 복지, 위생 등)들을 중심으로 전개되는 권력관계가 담론 간의 상호작용에 반영될 수 있는 길이 열리게 된다. 이 경우 담론 간의 상호관계는 권력관계와 이데올로기적 투쟁의 양상으로 바뀌면서 때에 따라서는 극심한 대립과 논쟁, 그리고 투쟁의 양상을 띠게 된다. '비판적 담론 분석'은 푸코류의 안정된 담론관계에서 벗어나서 대립과 논쟁, 그리고 담론의 변환에 대한 새로운 관심과 연구과제로 이어질 수 있는 방향전환이 될 수 있다.

---

15) Norman Fairclough, *op. cit.*, pp.144-148.

IV. 정치적 담론(I): 대처리즘

영국은 1970년대 후반 극심한 경제적 난국(팽창예산과 공공부문적자, 스태그플레이션(stagflation), 높은 실업률 등)에 직면하게 되자 종래의 케인즈주의(keynesianism)로부터 적절한 통화수준과 균형예산을 표방하는 통화주의(monetarism)로 바뀌는 경제정책상의 일대 전환을 단행하여 영국경제의 회생에 성공하였다. 이 정책적 변화는 1979년 5월 보수당 대처(M. Thatcher) 총리의 등장으로 가능하게 되었는데 이러한 역사적 변환에 관한 이론적 구성을 종래와 같은 계급분석이나 제도주의의 맥락에서가 아니라 담론적 변화의 틀로서 분석하는 홀(S. Hall)의 연구를 검토해 보기로 한다.[16]

1. '대처리즘(Thatcherism)'의 헤게모니 계획

정치의 본질을 헤게모니(hegemony)로 보는 관점은 그람시(A. Gramsci)에서 비롯된다. 그는 자본주의체제의 지배양식이 강제력이 아니라 피지배계급의 동의(consent)를 전제로 하는 지적이며 도덕적인 리더십에 근거한다는 이른바 '헤게모니' 개념을 제의했다. 홀은 이러한 헤게모니개념에 입각하여 대처 총리의 정책적 내용을 담론으로 구성하고 있다.

우선 헤게모니는 현존하는 정치적 형성(formation)을 논박하고 해체하는 투쟁; 경제, 시민사회, 지적 도덕적 생활, 문화 등의 많은 사회적 영역에서 지도적 지위의 확보; 광범하고도 차별화된 형태의 투쟁수행; 대중적 동의를 얻기 위한 전략적 조치의 수행; 새로운 역사적 계획(historic project)에 충분히 부합되는 사회적 권위의 확보 등을 의미한다.[17] 즉 대처 총리가 이끄

---

16) Stuart Hall, *The Hard Road to Renewal: Thatcherism and the Crisis of the Left* (London & New York: Verso, 1988).

는 보수당의 경우 국민의 동의를 얻어 지도적 지위에 올라서서 새로운 역사
적 계획을 수행할 수 있는 권위를 얻기까지 부단히 대항세력(노동당)과 투
쟁하여야 하는 헤게모니 계획의 핵심내용이 잘 부각되고 있다.

그런데 이러한 헤게모니 계획(hegemonic project)이 성공하기 위해서는
문화의 힘과 이데올로기의 역할이 매우 중요한 변수로 등장하게 되는데 대
처리즘은 이러한 부분에서 괄목할 만한 성과를 거둔 것으로 분석된다. 즉
도덕적 행위의 문제, 젠더와 성적 관심, 인종과 민족성, 생태적-환경적 쟁
점, 민족적 정체성 등의 문화적 영역과 그 뿌리에 관한 문제 등을 둘러싼
각별한 관심과 설득노력이 헤게모니 계획의 성공적 수행에 상당한 기여를
하였다는 것이다. 그리고 이러한 문화적 논의들은 어려운 이론적 언어보다
는 극히 '상식'에 입각한 설득이 주효했다고 보고 있다. 즉 그람시의 말대로
상식은 특정한 사회집단을 한데 묶고 그들의 도덕적 행위와 의지의 향방
(direction of will)에 영향을 가져올 수 있다는 것이다. 뿐만 아니라 대처리
즘은 이데올로기의 역동적인 역할에도 견인적인 비중을 두었다. 이데올로기
에 포함되는 다양한 구성요소들의 적절한 배합을 통하여 새로운 의미들을
만들어 내게 되는데 예를 들면, 자유, 선택, 국민, 공공선(public good) 등
으로 이루어진 이데올로기적 기호들(담론적 구성요소)로서 '영국적인 것'은
무엇이며 누가 그것을 이야기할 수 있고 누가 이야기할 수 없는가를 제시하
고 있다.[18]

2. 반 집성주의

대처리즘의 기본내용은 반 집성주의(Anti-Collectivism)로 요약될 수 있
다. 전후 일관되게 추구되어 온 케인즈주의는 조합주의적 국가 개입을 핵심

---

17) *Ibid.*, p.7.
18) *Ibid.*, pp.8-9.

〈표 4-1〉 집성주의와 반집성주의의 비교

집성주의(사회민주주의: 노동당)	반집성주의(대처 총리의 보수당)
집성적 사회복지	개인적 자유와 기업(enterprise)
합의정치(consensus politics)	영국국민과 국가의 도덕적, 정치적 회춘
사회주의	법과 질서의 회복
비효율적 조합주의	단호한 리더십(decisive leadership)
비대한 노동조합	강한 국가(strong state)

으로 하는 집성주의였는데 이것이 대처리즘에서는 통화주의로 대체되면서 하이에크나 프리드먼이 주창하는 소유적 개인주의(possessive individualism)와 자유시장이라는 묘약이 핵심이 되는 '반 집성주의'가 등장하게 된다. 종래의 집성주의와 반집성주의의 차이는 다음과 같이 정리될 수 있다. 대처리즘의 담론에서는 국가경영자나 노동조합의 메마른 권력(sterile power)보다는 개인적 자유에 바탕을 두는 힘찬 기업이 강조되며, 쇠퇴일로에 접어든 영국국민과 국가보다는 도덕적·정치적 회춘이 역설되고, 사회 내의 권위의 추락과 합의정치의 혼돈, 그리고 과부하되고 허약한 복지국가에 대조되는 법과 질서의 회복, 단호한 리더십이 주창된다.[19]

특히 반집성주의는 경제정책 면에서 종래의 집성주의와 크게 대조되어 논의된다. 집성주의의 핵심은 '집산적 사회복지(collective social welfare)'로서 개인에게 지나친 세부담(over-taxed)을 주고 국민들은 복지국가라는 '응석받이 취급(coddling)'으로 길들여지고 또한 국가적 선심기부로 말미암아 도덕적 기질이 매우 허약해진 국민적 기강해이로 비판된다. 따라서 이를 극복하기 위한 반집성주의는 경쟁과 수익성의 회복이며 견고한 돈(tight

19) *Ibid.*, pp.46-47; A. Gamble, *The Free Economy and the Strong State*(London: Macmillan, 1988); David Howarth, "Discourse Theory," in D. Marsh and Gerry Stoker(eds.), *Theory and Methods in Political Science*(New York: St. Martin's Press, 1995), p.125.

money)과 건전한 재정(sound finance)이 된다. '당신은 벌어들인 이상으론 쓸 수 없다'는 식으로 국가경제도 가정예산의 모형으로 정당화된다. 그리고 영국국민의 본질은 자조와 개인적 책임이라는 도덕주의의 언어로서 재해석 됨으로써 이른바 '합의정치'를 부정하고 구걸자(scrounger)의 이미지로부터 벗어날 것을 주문한다.[20]

3. 대중 호응적 단합

담론으로서의 대처리즘은 대중의 호응을 얻는 단합(populist unity)을 만들어 낸다. 여기에서 나타나는 '포퓰리즘(populism)'은 역사적으로 형성된 바 있는 '유기적 토리즘(organic toryism)'과 '신자유주의(neo-liberalism)'가 결합된 형태가 된다. 전자는 일찍이 디즈레일리 총리(1804~81)가 주창한 '일민족 보수주의(one-nation Conservatism)'에서 비롯되며 하나로 통합되는 국민을 대상으로 특히 상류층의 책임감(noblesse oblige)을 강조하는 전통을 대표한다. 후자는 낡은 자유주의가 제구실을 못하여 정치적 기반을 흔들게 되자 '정치경제학'과 '소유적 개인주의(possessive individualism)'라는 언어를 통하여 지나친 국가간섭(statism)을 견제하고 수익성과 경쟁력 강화에 초점을 두는 보수주의적 수사(rhetoric)로써 재구성한다.

〈표 4-2〉 유기적 토리주의와 신자유주의의 결합

유기적 토리주의		신자유주의
민족(nation), 가족		자기이익(self-interest)
의무, 권위, 표준	+	경쟁적 개인주의
전통주의(traditionalism)		반국가주의(anti-statism)

20) S. Hall, *op. cit.*, p.47.

대처 총리는 특히 지배층과 피지배층을 한데 묶는 '역사적 블록(historic bloc)'을 이루어 냈는데, 그 비결은 '국민(the people)'이라는 언어의 유효적절한 사용에서 가능했다는 풀이이다. 그는 '사람들의 모임'에서 '그들(them)'과 '우리 쪽(us)'의 구별이 있어서는 안 되며, 당신들 모두는 '우리(we)'가 되어야 한다고 역설한 것을 홀은 상기시키고 있다. 즉 '그들'과 '우리 쪽'은 '우리'와 같다는 논리로서 민족의 단합을 강조하는 대목으로 해석된다. 우리들의 모임이 살아야 당신도 살게 되고 우리들의 모임이 무너지면 당신도 무너진다는 상호의존을 강조하는 것으로서 대결(confrontation)이 아니라 협력(cooperation)이야말로 미래의 열쇠가 된다는 것이다.[21]

4. 강한 국가

영국 노동당은 그 근원에 있어서 1884년 창설된 '페이비안 협회(Fabian Society)'의 집산주의적 유산(collectivist inheritance)을 물려받으면서 국가기구의 팽창을 통한 노동자계급의 권익신장에 전념하는 위상을 이어왔다. 그러나 그 과정은 민중수준에 있어서의 '민주적 권력'에 바탕을 두지 않는 조합주의적 국가에 머무르고 국민의 복지나 재분배 기관이라기보다는 오히려 '독점자본의 국가'라는 인식에서 벗어나지 못한 것으로 부각된다. 노동당 주도의 국가는 비록 국민경제에 대한 간섭의 정도는 증가되었지만 그 소임에 부실하다는 의미에서 국가주의로 낙인되는가 하면 계급투쟁에서 초연하여 국가이익의 화신으로서의 역할을 다한다는 중립적이며 시혜적인 이미지에 안주해 왔음을 지적받는다.

이러한 노동당 주도의 국가 이미지는 대처리즘에 이르러 국민의 '적'으로 부상된다. 과도하게 빌어다가 과도하게 낭비하고, 인플레를 부채질하고, 선심성 보조에는 언제나 여유가 남아 있고, 임금이나 가격규제는 시장의 숨

21) S. Hall, *op. cit.*, pp.48-49.

은 손에 달려 있다고 믿게 하고, 특히 영국국민의 본질이나 천부적 재능에도 불구하고 이들에게 간섭하고 끼어들고 가르치고, 명령을 내리는 것이 다름 아닌 '국가'였다는 것이다. 이제 국민의 운명을 다시 그들의 손에 넘겨주어야 한다고 대처 총리는 자신있게 말한다.[22] 이러한 새로운 국가관의 정립 시도는 비대한 노조에 대한 강경한 입장과 법과 질서를 지키고 사회의 권위를 재확립하기 위한 '강한 국가'의 특성으로 구체화되었다고 볼 수 있다.

V. 정치적 담론(II): 정치적 상호작용과 표상

정치적 담론의 구성에 있어서는 언어로서 이루어지는 인간의 상호작용과 함께 그것을 언어적 구성물로서 표상하는(representation) 문제가 중요한 과제로 등장하게 된다. 언어는 말이나 글로써 인간의 사회적 실천을 좌우하게 되는데 특히 언어가 정치에 미치는 각별한 작용력을 검토해 볼 수 있다. 이때 우리들은 '언어의 사용'을 '담론'이라는 용어로 표현하기도 한다. 그리고 인간의 정치적 상호작용을 그 언어적 구성에 초점을 두고 몇 가지 두드러진 유형으로 정리해 볼 수 있고, 언어를 통하여 현실정치가 표상되는 구체적인 과정들을 아울러 다루어 볼 수 있다. 이러한 일련의 과정들을 언어적 특성에 초점을 두는 최근의 대표적인 연구사례로서 칠턴(P. Chilton)의 연구를 검토해 보기로 한다.

---

22) *Ibid.*, pp.51-52.

1. 정치와 언어

정치와 언어의 연결은 아리스토텔레스에서 두드러지게 나타난다. 인간은
말(speech)로써 무엇이 도움이 되고 무엇이 해가 되는가, 무엇이 정의롭고
무엇이 불의인가를 가리킬 수 있고 동물과는 달리 선과 악, 정의와 불의에
대한 인지능력을 소지한다고 보았다. 즉 언어는 가정과 국가에 일관되게 적
용되는 공통적인 견해와 관련되며 정치적 모임을 특징짓는 서로 공유되는
지각(shared perceptions)을 가능하게 만든다. 인간에게만 주어지는 이 언
어는 의미화(signifying)와 의사소통(communicating)이라는 가리킴의 기능
을 통하여 무엇이 이익이 되며 무엇이 옳고 그르다는 것을 판별시켜줄 수
있으므로 정치사상의 기본적 과제와 연결된다.[23]

그런데 이러한 인간의 언어적 능력은 진화하는 인류에게 유익한 임의적
인 유전적 변이에서 비롯된다는 최근의 연구동향을 참조할 수 있다. 전적으
로 새롭고 인간 특유의 능력의 소산이며 극히 일반적이고 창조적이라는 특
성이 강조된다. 동물과는 달리 주변의 자극이나 사회적 실천의 맥락과 같은
것에 좌우되지 않는 내부적 세계의 소산이며 언어를 통한 현실세계에 대한
파악은 '초연한 표상(detached representation)'임이 전제된다. 예를 들면,
촌락의 추장은 모든 부락민들에게 골고루 이득이 될 공동의 우물을 파는
데 서로 협력해야 하고 또한 부락의 안전에 절실한 방어벽을 만들 것을 호
소하고 설득할 수가 있다. 그리고 능변인 지도자는 매력적인 목표를 그려내
고 비록 그 가시적인 목표가 매우 불확실하더라도 그의 지지자들로 하여금
과대한 희생을 감수하도록 만들 수 있다.

즉 언어는 우리들로 하여금 미래에 대한 비전을 서로 공유할 수 있게끔
만들 수 있으며, 즉각적인 자극과는 초연한 다소 원대하고 인간에게 혜택이
돌아가는 목표들을 달성할 수 있는 협력적인 행동들을 계획할 수 있게 만들

23) Paul Chilton, *Analyzing Political Discourse: Theory and Practice*(London and
New York: Routledge, 2004), p.5.

수 있다는 것이다. 정치가 갈등이나 투쟁에 국한되지 않고 대화와 협력의 길도 열 수 있다는 새로운 방향전환이 시사될 수 있다.[24]

정치와 언어의 관계는 다음과 같이 정리될 수 있다. 첫째로 언어와 정치적 행위는 사회적 실천보다는 인간의 마음의 인지적 재능에 근거하고 있다. 인간생활 주변의 즉각적인 자극이나 실천의 맥락보다는 인간의 내재적인 인지적 재능에 많이 좌우된다는 것이다. 둘째로 그러나 언어와 사회행위는 서로 밀접히 엉키게 되는데 그것은 마음의 내재적인 메커니즘이나 진화론적 적응의 결과에서 빚어질 수 있기 때문이다. 셋째로 이러한 언어적 특성에도 불구하고 인간의 언어학적, 사회적 능력은 절대로 하나의 구속복(strait-jacket)은 아니며 자유로운 비평과 비판에의 참여를 가능케 하는 인지적 능력과 밀접히 연결된다는 점이 강조될 수 있다.[25]

2. 정치적 상호작용

인간의 언어를 통한 상호작용(interaction)은 몇 가지 준칙(maxim)에 따르도록 되어 있다. 그라이스(H. P. Grice)에 의하면 인간의 상호작용의 경우 자기의 의사표시를 잘 알릴 수 있게 하고, 가급적 그 내용을 진실되게 만들려고 한다. 또한 상호관계를 분명히 하며 자기의 입장을 명백히 하기 위하여 표현의 애매성을 피하고 간략하고 질서 있는 형식에 따르도록 하는 준칙들이 있을 수 있다. 이러한 준칙들은 언어적 상호작용에 있어서 상호이해와 협조를 가능케 함으로써 서로에게 이득이 될 수 있는 '협조 원칙'으로

---

24) *Ibid.*, pp.16-21. P. Chilton은 이러한 언어의 일반적이고 창조적인 능력은 N. Chomsky 의 합리주의적 언어학과 일치한다는 점을 강조되고 있다. 인간의 언어적 능력과 그에 병행하는 인간언어의 디자인의 유일성(uniqueness)은 인간언어의 경우, 무한히 다양한 잘 형성된 문장들이 극히 한정된 원칙과 규칙으로 형성될 수 있다는 입장과 합치된다고 보고 있다. 그리고 이러한 능력은 개인들에게 내재적인 것(innate)이며 모든 인간에게 보편적인 것(universal)으로 파악된다. *Ibid.*, p.24.

25) *Ibid.*, pp.28-29.

이어질 수 있게 되어 있다. 어떤 면에서는 대화의 목적과 관련하여 공동의 이해를 전제하는 계약적이며 공리적인 성격을 띤다고 볼 수 있기 때문에 사회생활에서 두드러지는 '상호이타심(reciprocal altruism)'도 적절히 설명될 수 있는 길을 열 수 있게 된다.[26]

사람들은 정치적 이익을 달성하기 위하여 언어적 수단을 통한 전략적인 상호작용에 들어간다. 대체로 언어의 사용을 통한 전략에 있어서는 그 특징적인 형태를 몇 가지로 나누어 볼 수 있다.

(1) **강요(coercion):** 이 전략은 전적으로 언어사용에 국한되지 않으며 사용자의 자원과 권력에 많이 의존한다. 예를 들면, 명령이나 법률 및 조례와 같은 법적·물리적 제재에 근거한 언어 행위가 된다. 그리고 사람들이 피하기 힘들거나 눈치 차리기 어려운 언어행위도 있을 수 있다. 정치적 행위자들은 자주 아젠다(agenda)의 설정, 대화의 주제 선택, 자기와 타인과의 구체적인 관계설정, 상대방이 받아들이지 않을 수밖에 없는 현실에 대한 가정 설정 등을 통하여 강요의 전략을 실행에 옮길 수 있다. 권력은 또한 상대방의 언어사용에 대한 검열이나 접근제어(access control)의 형태로 행사될 수도 있다. 그리고 언어사용이 상대방의 정의(affect)를 자극하는 감정적 방법도 있을 수 있다.

(2) **정당화(legitimization)와 탈정당화(delegitimization):** 정치적 행위에 있어서의 정당화의 기능은 강요와 밀접히 연결된다. 즉 사람들로 하여금 복종하게끔 만드는 권리로서의 '정당성(legitimacy)'을 전제하기 때문이다. 왜 사람들은 정책이 전혀 다른 정치체제에도 복종하여야 하는가? 그 이유는 언어의 의사소통으로 가능하게 된다. 즉 일

---

26) H. P. Grice, *Studies in the Way of Words*(Cambridge, Mass., Harvard Univ. Press, 1989), p.29; P. Chilton, *op. cit.*, pp.32-34.

반 투표자의 요구, 일반적인 이데올로기적 원칙들, 카리스마적 영도
력의 작용력, 국정수행력의 자랑과 긍정적인 자기선전 등과 관련되
는 언어적 사용으로 복종의 심리적 기제가 가능하게 될 수 있다. 반
면 '탈정당화'는 본질적인 대응물(counterpart)이다. 상대방(외국인,
내부적인 적들, 제도적인 반대, 비공식적 반대세력 등)은 부정적
으로 부각되어야 하며, 그 수법으로서는 차이(difference)와 경계
(boundaries)의 아이디어에 호소하거나 상대방을 비난하고 고발하
고 모욕을 주는 언어행위가 된다.

(3) **표상(representation)과 그릇 표상(misrepresentation):** 정치적 통제
는 정보의 통제를 포함하며 그런 의미에서 담론 통제(discourse
control)이기도 하다. 그것은 양적, 질적인 두 가지로 나누어질 수
있다. 비밀은 사람들이 정보를 받는 것을 방지하는 전략이며 사람들
이 정보를 주는 것을 방지하는 검열과는 대조된다. 표상과 그릇 표
상의 경우 정보는 주어지되 정보수령자의 욕구나 이익에 양적으로
미흡할 수가 있다. 한편 질적인 그릇 표상(qualitative misrepresen-
tation)은 극단의 경우 단순한 거짓말로서 여러 가지 형태의 생략,
말로서의 회피 및 부정 등을 포함한다. 완곡표현은 사물이나 행동과
관련하여 '원하지 않는 지칭물(unwanted referents)'을 애매하게 만
들든가 초점으로부터 흐리게 만드는 인지적 결과를 가져올 수 있다.
그리고 함축적 의미들은 골치 아픈 지칭물로부터 주의를 전환시키
는 방법이 된다.27)

---

27) P. Chilton, *op. cit.*, pp.45-46.

3. 표상의 기본구조

인간의 언어사용(담론)은 현실세계에 대한 표상이 그 중요한 부분을 차지하게 된다. 우리가 당면하는 세계가 어떻게 생겼고 거기서 무엇이 일어나고 진행되는가에 대한 유형과 규칙들을 찾아내려는 노력으로 직결되기 마련이다. 즉 담론적 현실(discourse realities)에 대한 표상의 과정이 어떻게 이루어지는가의 문제가 된다.

무엇보다도 표상의 담론구성은 '누가 언제 어디에서 누구에게 무엇을 하는가(who does what to whom, when and where)'에 관한 관념적 구체화 과정이 되는데 여기에서는 인지과학(cognitive science)에서 논의되는 '프레임(frames)'이나 '은유(metaphor)' 등이 중요한 방법론적 지침으로 등장하게 된다. 장기적 지식으로서의 프레임은 '도식(schema)', '계획(plans)', '시나리오(scenarios)', '개념적 모형(conceptual models)' 등으로 불리면서 어떤 특정 문화의 경험적 영역으로 정의될 수 있으며 어떤 상황형태(situation types)와 그 언어적 표현의 개념화와 관련된다. 은유는 인간적 개념화(human conceptualization)의 한 부분으로서 정치적 리더십이나 정치적 행동을 표상할 때 주로 운동이나 여행 등의 비유로 개념화된다. 정치적 담론에서 '기로에 다달았다', '보다 나은 미래로 나간다', '길을 가로막는 장애를 극복하고', '당초의 계획에서 이탈함이 없이' 등의 체계적인 표현 등은 대표적인 은유적 접근으로 볼 수 있다.[28]

칠턴은 표상의 구체적인 과정을 현실세계에 대한 인지적 주체(나, 우리들)를 초점으로 1) 시간(time), 2) 공간(space), 3) 양식(modality)의 세 가지 차원의 구조적 특성으로 정립하고 있다. 우선 '시간'의 차원은 어떤 특정한 역사적 시대별 분류(periodisation)로서 '오늘날', '오늘', '바로 지금' 등의 시간적 개념은 '혁명이 일어난 다음'이라든가 '베를린 장벽이 무너진 다음'과 같은 어떤 시기적 특성을 표상한다. '공간'의 차원은 사회적·정치적 관계들

---

28) *Ibid.*, pp.48-52.

이 공간상의 은유로서 파악되는 경우가 되는데, '가까운 우방(close allies)', '소원한 관계(distant relations)', '화해(rapprochement)' 등의 현실정치에 등장하는 비유적 용법이 된다. 특히 정치는 공간적 차원에서 지리적·영토적으로 어떤 중대한 자원을 둘러싸고 갈등과 협력이 교차되는 지적학적인 특성으로 표상되기도 한다. '양식'은 담론적 실재(discourse ontologies)를 놓고 어떤 실체(entities)들이 존재하며 또한 그들의 관계는 어떤 것인가를 밝히는 일이 된다. 그 관계들이란 허락(permission), 의무(obligation), 금지(stopping) 등과 관련되는 의무론(deontology)을 비롯하여 무엇이 진실인가를 둘러싼 인식론적 척도(epistemic scale)의 문제와도 연관된다.[29] 이러한 세 가지 차원의 표상을 실제의 담론적 사례로서 정리한 칠턴의 연구를 소개해 보기로 한다.

1) 2001 미국 부시 대통령의 연설

2001년 9·11 사태를 맞은 미국은 강력한 대 테러전쟁을 선포하게 되는데 당시 아프가니스탄에 대한 무력 공격을 선언한 10월 7일자 부시 대통령의 연설에 나타나는 국제정치에 대한 표상의 골격을 시간, 공간, 양식의 세 가지 측면으로 파악해 볼 수 있다. 우선 공간의 차원에서 나타나는 미국과 우방의 세력구축은 (1) 인사말, (2) 미국의 공격개시 선언, (3) 미국의 행동은 치밀하게 추진되고 있다, (4) 우리들(미국)과 영국, (5) 기타 가까운 우방, (6) 중동, 아프리카, 유럽, 아세아 등 40여 개국의 협조, (7) 기타의 많은 나라들, (8) 세계의 집단적 의지(collective will)로서의 '우리들'이라는 8개의 명제들로서 미국을 중심으로 하는 '주체'를 형성한다. 그리고 이와 대치되는 적대세력은 다음과 같은 문장으로 구성된다.

(문장 22) 오늘날 우리는 아프가니스탄에 초점을 두고 있다. 그러나 전쟁은 보다 광범위하다.

---

29) *Ibid.*, pp.56-59.

(문장 23) 모든 나라들은 선택을 할 수 있다.

(문장 24) 이 분쟁에는 중립의 여지가 없다.

(문장 25) 만약 어떤 정부라도 무법자들이나 무고한 사람들(innocents)
을 살상하는 자들을 옹호하는 경우 그들도 무법자와 살인자
가 된다.

(문장 26) 그들은 위험을 무릅쓰는 외로운 길(lonely path)을 걸을 것이다.

〈그림 4-1〉은 미국이 주도한 서방세계와 이슬람의 극단주의세력의 양극
화를 표상한다. 공간적으로 미국(및 우방)과 적대세력(테러 세력)의 양극화
가 '양식(modality)'의 차원에서 맞물리면서 무구한 사람들을 살상하는 무법
자, 살인자 집단이 표상된다. 그리고 테러집단을 후원하는 어떤 정부라도

〈그림 4-1〉 양극화의 은유(문장 25~26)

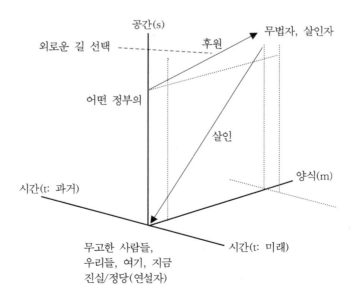

출처: P. Chilton, *op. cit.*, p.164

그것은 위험을 무릅쓰는 외로운 여정이 될 것을 경고하고 있다.

2) 2001 오사마 빈 라덴(Osama bin Laden)의 연설

2001년 같은 날(10월 7일) 오사마 빈 라덴이 BBC로 방송한 연설내용을 공간-시간-양식의 세 차원에서 표상해 보기로 한다. 우선 이슬람이 오랜 세월 동안 당한 탄압과 굴욕의 역사에 관련되는 내용을 추려보면 다음과 같다.

(문장 12) 우리 민족은 이러한 굴욕과 경멸을 80년 이상 맛보아 왔다.

(문장 13) 우리의 아들들은 살해되고, 그 피는 흐르고, 성스러운 터는 공격당하고 하나님이 명령한 대로 지배되지 못하고 있다.

(문장 15) 전지전능한 하나님이 무슬림의 호위대, 이슬람의 전위들을 성공시킨 것은 미국을 파괴하기 위해 허락한 것이었다.

(문장 20) 지금까지 백만의 이라크 어린이들이 아무런 잘못도 없이 이라크에서 죽었다.

(문장 23) 그러나 만약 80년 후에 미국에 칼이 꽂힌다면 위선자들은 피로써 참견하고 무슬림의 명예와 성지를 더럽힌 살인자들의 죽음을 애통히 여겨 머리를 들 것이다.

(문장 30) 자신들의 하나님에 대한 신념을 선언하고 자신들의 종교를 포기하기를 거부한 사람들의 집단에 대해서 그들은 싸움을 걸어 왔다.

(문장 31) 그들은 테러리즘이라는 명분하에 이슬람과 싸우려 든다.

(문장 35) 그러나 나이로비(Nairobi)나 달 에스 살렘(Dar es Salaam)에서 12명 정도가 죽었을 때 아프가니스탄과 이라크는 폭격을 당하였으며 위선자들은 세계의 이단자(infidelity)의 머리 뒤에, 후발(Hubal)의 뒤에, 즉 미국과 그 지지자들의 뒤에 서 있었다[Hubal: 이슬람이 오기 전 이교도들이 믿은 우상].

　이상의 8개 명제는 〈그림 4-2〉에서 보다 구체적으로 3개 차원(시간, 공간, 양식)으로 표상될 수 있다. 우선 이슬람 제국들의 주적은 미국과 이스라엘의 이단자들로서 그들에 의한 탄압과 경멸의 역사는 80년이라는 시간적 차원으로 확대되고 있다. 특히 이단자들을 응징(9·11 사태: 뉴욕 쌍둥이 빌딩 폭파)하는 과정에는 이슬람의 전위들을 옹호한 하나님의 각별한 배려가 있었음을 크게 부각시키고 있으며, 9·11 폭파조치가 지난 80년에 걸쳐 자행된 서방의 탄압과 굴욕에 맞먹는 균형된 조치라는 점이 강조되고 있다. 비록 오사마 빈 라덴의 연설은 양극적 대결의 구도가 보다 명시적이고, 부시

〈그림 4-2〉 빈 라덴 연설에 나타나는 직시적 양극화(deictic polarization)

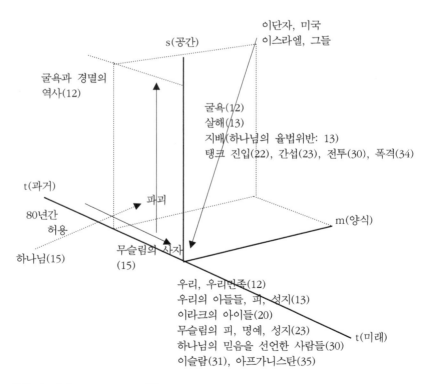

출처: P. Chilton, *op. cit.*, p.168

의 연설은 어느 정도 함축적인 면도 있지만 모두가 세계적 공간의 두 개의 대립된 구도로 표상하는 데는 그 맥을 같이 하고 있다고 볼 수 있다. 즉 지리적, 지정학적, 문화적, 도덕적으로 대치되는 두 개의 양극화된 세계적 공간이 만들어지는 것을 알 수 있다.[30)]

VI. 정치적 담론(III):
남아프리카의 '아파르트헤이트' 담론

'아파르트헤이트(Apartheid)'란 1948부터 1994년까지 남아프리카공화국 (South Africa)의 '국민정당(NP: National Party)' 정부에 의해 이루어진 인종분리(racial segregation)체제를 지칭한다. 남아프리카공화국은 네덜란드와 영국의 식민지 지배를 거쳐 2차 대전 직후까지 흑백 인종 간의 분규가 지속되어 오다가 1948년 국민정당 집권과 더불어 백인 지배의 인종분리 정책이 구체화되어 40여 년의 이른바 '아파르트헤이트'체제가 지속되다가 1994년 '만델라(Nelson Mandela)'가 이끄는 '아프리카 국민의회(ANC: African National Congress)'의 승리로 이 체제는 종식되었다. 이 일련의 과정을 담론의 구성과 그 변환의 논리로서 정리해 본 연구를 소개해 보기로 한다.

1. '아파르트헤이트'체제의 담론

1948년 대선 후의 입법조치는 모든 주민을 원주민(native), 백인(white), 유색인(coloured), 아시아인(Asian)의 4종으로 분류하였으나 1958년에 이

---

30) *Ibid.*, p.172.

르러서는 모든 아프리카인(Bantu로 불림)을 10개의 인종적 자치모국(self-governing homelands: Bantustans로 불림)에 정착시키는 분리 정책을 시행하게 된다.

이른바 '분리발전(separate development)'으로 불리는 이 인종 격리정책은 아파르트헤이트 담론의 골격을 이룬다. 즉 남아프리카의 통합(unity)을 이루기 위해서는 10개의 인종적 단위가 각자의 정체성을 확보하도록 자치와 독립이 보장되는 '차이(difference)'의 논리가 전제되면서 동시에 이것이 이루어지기 위해서는 통합에 장애가 되는 '타자(others)'의 정립이 병행되어야 하였는데 주로 'swart gevaar,' 또는 흑색 위험(black peril)으로 불리는 과격세력, 영국 제국주의자들, 영어구사 자본가들이 이 부류에 속했다. 즉 아파르트헤이트의 헤게모니 프로젝트(hegemonic project)는 10개의 부족적 단위의 차이로 이루어지는 아프리카너 정체성(Afrikaner identity)을 만들어내는 것이며 이를 부정하고 방해하는 '타자들'의 배제를 그 주요 내용으로 한다. 그리고 그 헤게모니는 내부인들(insiders)의 동의를 바탕으로 이루어지고 그 방해자들(외부인들: outsiders)의 묵종은 무정한 지배의 형태로서 추진되는 정치적 전선(political frontiers)을 만들어 낸다. 이 전선의 구축으로 사회적 분열(social division)이 제도화되면서 내부인과 외부인이 구별되어 서로의 대결이 구체화되어 남아프리카의 독특한 정체성이 확립되어 나가고 점차로 사회적 분열도 희석될 수 있다는 믿음에 근거하는 것으로 파악된다.[31]

이 당시 이 헤게모니 프로젝트를 주도한 국민정당의 경우 '자치모국'정책이야말로 백인들을 무력화시키려는 흑인 원주민들의 기세를 꺾을 수 있는 유일한 방안이었음이 분명하다. 그러나 흑인들에 대한 대대적인 분산정책은 오히려 사회의 정당한 질서화(just ordering)를 이룩하고 당시의 공산주의의 위협이나 과열된 아프리카 민족주의의 극단화를 제어하면서 흑인 원주민

---

31) Aleta J. Norval, *Deconstructing Apartheid Discourse*(London & New York: Verso, 1996), p.4.

들의 자치와 독립을 보장함으로써 남아프리카의 통일(unity)을 구축할 수
있다는 도덕적인 비전(moral vision)도 함축되었던 것으로 풀이될 수 있다.
즉, '아파르트헤이트'의 핵심적 논리는 '차이'에 입각한 정체성 확립과 함께
이를 방해하는 타자의 '배제'라는 두 가지 요소들이 도덕적인 관점으로 정당
화되는 하나의 독특한 담론으로 파악될 수 있다.32)

2. 아파르트헤이트체제의 변위(dislocation)와 담론적 해체

국토의 약 14%에 달하는 지역에 모든 흑인들의 자치모국을 만들어 놓고
나머지 광물자원지대와 도시들은 백인들의 몫으로 정하는 아파르트헤이트
정책이 그대로 정착될 수 없음은 너무도 당연했다. 모든 유색인들의 거주이
전과 여행의 자유, 교육의 기회 및 기본인권과 관련된 혹독한 제한조치가
병행된 이 인종적 분리정책은 아프리카의 인근뿐만 아니라 세계적인 관심과
비난의 대상으로 변환된다.

후기구조주의에서는 데리다(J. Derrida)에서처럼 의미구성체의 실체(entities)
와 그 상호관계는 불변한 것이 아니라 언제나 변할 수 있다는 이른바 '비결
정성(undecidability)'을 인정하는 것으로 되어 있다.33) 아파르트헤이트 담
론도 이러한 비결정성의 문제를 당초부터 안고 있었다. 즉 일차적으로는 전
국을 여러 개의 '자치모국'으로 분할하여 '차이'의 논리에 따라 각자의 독립
과 자치를 인정해 줌으로써 남아프리카의 통일과 융화를 만들어 내려는 이
른바 '국민적 정체성'의 확립이 강조되었다. 그러나 이렇게 분할된 자치모국
들은 또 한편으로 인종 간, 특히 백인과 흑인의 차별화와 적대감이 깔려 있
는 이른바 '인종'적 측면의 중첩이 불가피하였다. 통일(융합)이라는 측면과

---

32) *Ibid.*, pp.169-171.
33) 담론의 '비결정성'과 관련되는 논의는 David Howarth, *Discourse*(New York: Open
　　Univ. Press, 2000), pp.42-43 참조.

차별화(적대감)라는 두 개의 상충적인 실체들 간의 관계들이 복합됨으로써 당초부터 담론적인 '비결정성'을 내포하고 있었던 것이다. 따라서 남아프리카의 사회-경제적 변화와 국제적 관심과 비난의 추이에 따른 체제 변위(dislocation)로 말미암아 '비결정성'은 아파르트헤이트 담론의 해체로 이어졌다고 볼 수 있다.[34]

이러한 담론해체과정은 라클라우(E. Laclau)와 무페(C. Mouffe)의 '등가의 논리(Logic of Equivalence)'로서 보다 적절히 다루어질 수 있다. 등가의 논리는 어떤 담론을 구성하는 주체들의 특정한 정체성(identities)들이 그것을 부정하는 다른 '부정적 정체성(negative identity)'이 만들어짐으로써 스스로 해체되는 경우를 다룰 수 있다. 예를 들면 a, b, c의 주체들이 d라는 정체성을 함께 가지고 있을 때 어떤 극심한 '변위'가 다가와서 d가 a, b, c를 모두 부정화시키게 되면[d = -(a, b, c)], 기존의 담론은 해체되어 새로운 정체성으로 바뀐다는 것이다. 주로 '아프리카 국민의회'가 이끄는 '흑인 의식화 운동(Black Consciousness Movement)'은 정치적 전선을 백인과 흑인이라는 적대적 대결구도로 만듦으로써 종래의 '백인 인종주의(white racism)'를 부정하는 '흑인 정체성(black identity)'을 확산시켜 아파르트헤이트 담론의 해체를 이루어냈다고 볼 수 있다.[35]

3. 새로운 담론: '신화'와 '상상'

1994년의 총선으로 만델라(N. Mandela)가 이끄는 아프리카 국민의회(ANC)가 승리함으로써 아파르트헤이트체제는 공식적으로 해체된다. 그러나 이 과정은 역대 정부와 도전자 간의 오랜 협상과 양자 간의 합의의 결과

---

34) A. Norval, *op. cit.*, pp.9-10, p.139, p.172.

35) Ernesto Laclau & Chantal Mouffe, *Hegemony & Socialist Strategy: Toward A Radical Democratic Politics*(London & New York: Verso, 1985), pp.127-128; D. Howarth, *op. cit.*, pp.106-107.

였던 만큼 그것이 흑백의 대결구도에서의 어느 일방의 승리라는 단순한 결과는 아니었다. 흑인 정체성이 새롭게 인정되는 새로운 담론은 어떤 성격을 띨 것인가?

라클라우(E. Laclau)는 체제의 변위로 새로운 담론의 정치적 주체들(political subjectivities)은 새로운 질서를 '신화(myth)'와 '상상(imaginary)'의 개념으로 재구성하게 된다고 보고 있다. 즉 신화는 새로운 표상의 공간(spaces of representation)으로서 사회적 변위를 덮어서 가려줄 수 있다. 그리고 신화의 역할이 다하면 그 다음으로서는 광범위한 사회적 욕구들을 '상상'의 틀로써 포용하게 되는데 그 적절한 예로써는 가해성(可解性)의 영역(field of intelligibility)을 구조화하는 기독교적 지복천년(Christian millenium)이나 계몽사조, 실증주의의 진보(progress)의 개념이 이에 해당된다고 보고 있다.36) 노발(A. Norval)은 아파르트헤이트 다음에 오는 새로운 담론의 상상적 측면을 '비인종주의(non-racialism)'로 부각시킨다. 흑인 정체성에 무게가 실리면서도 지속 가능한 사회적 분리를 비인종주의를 통하여 통합을 가져옴으로써 민주적 질서를 구축하고 그 바탕 위에 물질적 평등을 구체화할 수 있는 새로운 담론적 구성을 내다보고 있다.37)

---

36) E. Laclau, *New Reflections on the Revolution of Our Time*(London: Verso, 1990), p.64; D. Howarth, *op. cit.*, p.111.
37) A. Norval, *op. cit.*, p.11, pp.304-305.

VII. 정치적 담론(IV): 비판적 담론 연구

비판적 담론 연구(CDS: Critical Discourse Studies)는 권력남용(power abuse)의 담론적 재생산에 관한 연구이다. 즉 사회적 쟁점, 문제, 사회적 불평등, 지배 등과 관련되는 담론이나, 언어사용 또는 의사소통의 연구가 된다. 여기서 권력 남용이란 어떤 '지배적인 집단'이 다른 '피지배 집단'에 자행하는 부당한 권력 사용, 즉 '지배'를 지칭한다. 그리고 CDS는 어떤 중립적인 입장이 아니라 사회의 피지배 집단(dominated groups)이 당하는 권력적 남용이나 불평등을 시정해 줌으로써 이들에게 유리한 사회적 변화에 공헌해야 한다는 목적의식을 분명히 한다. 즉 지배집단의 담론적 조작, 허위정보, 거짓말, 중상, 선전 등을 비롯하여 권력의 재생산을 목적으로 사람들의 마음을 관리하고 또한 행동을 통제하는 부당한 내용의 담론들을 체계적으로 연구하고자 한다.38)

1. 비판적 담론 연구(CDS)의 방법론

비판적 담론 연구는 어떤 주제와 관련하여 분석과 처방이 결합되는 만큼 독특한 방법론적인 가이드라인을 생각해 볼 수 있다. 우선 사회의 집단 간에 벌어지는 지배의 현상에 초점을 두는 만큼 그 기본전제로서는 어떤 담론이 결과 면에서 사람들의 인간적, 시민적 권리(human and civil rights)를 체계적으로 침해하는 사례에 초점을 둘 것이 강조된다. 그리고 보다 구체적으로는 그릇된 정보, 조작, 고정관념, 편견, 지식의 결여, 주입과 같은 부정적인 담론적 지배의 결과로서 사회적 불평등이나 차별화가 이루어지는 과정

---

38) Teun A. van Dijk, *Discourse and Power*(New York: PalgraveMacmillan, 2008), pp.6-8.

을 텍스트(text)나 이야기의 체계적인 분석을 통하여 그 부당성을 밝혀낸다.
　예를 들면, 인종차별적 보도(racist reporting)가 나쁘다는 것은 그것이 인종적인 고정관념이나 이데올로기를 만들어 내면서 인종적 차별의 근거가 되어 당사자들의 기본 인권을 유린한다는 점을 밝혀내면 된다. 극심한 사회적 혼란에 즈음해서 발생하는 흑인 청년들의 약탈행위를 다루는 신문보도에서는 다음과 같은 경향이 두드러지면 그것은 부당한 인종차별적 보도가 될 수 있다.

- 흑인 청년들의 부정적인 행동만 부각되고 다른 청년들이나 경찰의 부정적인 행동은 다루어지지 않을 때
- 흑인 청년들의 부정적인 행동은 강조되고[예: 과장(hyperbole), 은유(metaphor)] 경찰의 행동은 무시되는[예: 완곡어법(euphemism)] 경우
- 부정행위자들의 행동들이 구체적으로 청년, 가난한 사람들, 남성 또는 다른 범주들로서가 아니라 종족(ethnic)이나 인종적(racial)인 용어들로만 구성되는 경우
- 폭동이나 약탈 또는 폭력이 사회적 원인들(예: 빈번한 경찰의 괴롭힘, 광범한 사회적 빈곤과 차별화 등)과는 무관한 것으로 다루어지는 경우
- 신문들이 이러한 인종적 보도에 체계적으로 간여함으로써 소수인종(minorities)에 대한 부정적 보도의 정책에 집착하게 되는 경우
- 흑인 청년들만 비난하고 경찰은 용서하는 이른바 '백인 소스('white' source)'에만 신문보도가 의존하게 되는 경우[39]

　사회적 현상이나 사건에 대한 담론적 실제(discursive practices)는 구체적인 맥락, 규범, 가치 등에 좌우되는 것이긴 하지만 대체로 담론적 권력이 지배의 논리에 근거하고 인간적, 시민적 권리를 체계적으로 침해하는 결과를 가져올 때 그 부당성(illegitimacy)이 확정된다.

---

39) *Ibid.*, pp.19-21.

한편 CDS에서는 '피지배 집단'을 위한 실제적인 적절성(practical rele-vance) 여부를 명확히 할 것이 요청된다. 우선 정치인, 언론인, 교수 등이 그들의 담론이 만들어내는 부정적인 사회적 결과를 잘 파악하지 못하는 경우에는 이들에게 논제(topics), 표제(headlines), 뉴스담론의 첫머리, 또는 학문적 논문의 요약 및 결론, 그리고 정치적 담론의 구호 등이 상황의 정의에 어떻게 사용되고 남용될 수 있는가를 보여줄 수 있다. 또한 어떻게 어휘적 단위나 은유들이 사건의 내용을 추론하고 사람들을 특성화하는가 하는 정신적 모형(mental models)의 구성문제 등에 도움을 줄 수 있다.

둘째로 CDS는 시민들로 하여금 담론적 엘리트들(discursive elites)의 목적을 알게 하고 공공 담론들(public discourses)이 어떻게 허위정보를 주고 조작하고 해를 끼치는가를 일깨워줄 수 있다. 어떤 의미에서 CDS의 실제적 목표는 담론적 이의(dissent)와 저항의 전략수립이라고도 볼 수도 있다.

셋째로 CDS는 언어학자, 심리학자, 사회과학자들의 도움을 받는 담론전문가들로 하여금 대학에서의 비판적 텍스트 분석기법을 보급한다든가 UN과 같은 국제기구를 통한 인종적, 성별적 보도에 관한 전문가적 연구모임을 주관한다든가의 방법을 통하여 높은 수준의 규범과 가치를 내용으로 하는 전문가적 코드(professional codes)의 확립을 추진할 수도 있다.

넷째로 CDS는 인종차별주의가 신자유주의적 이데올로기가 지배하는 현 세계화의 추세에서는 경제적 이익 추구 면에서도 해가 된다는 점을 인식시킬 필요도 있다는 점이 강조될 수 있다. 끝으로 CDS는 모든 형태의 불평등 구조에 대항하는 NGO나 소수민족 집단 또는 제도들과의 연합(alliances)과 협력을 통한 꾸준한 연구로서 그 실제적 적절성을 보다 내실화할 수 있다.[40]

비판적 담론 연구에서는 비판의 표적에 대한 독특한 담론구조에 분석의 초점이 모아진다. 즉 담론형성에 있어서의 주체(연설자, 저자)와 그 대상자

---

40) *Ibid.*, pp.23-25.

(예: 이민자, 테러리스트, 젊은이 등) 간에 이루어지는 상호작용의 내용들이 다음과 같은 기준으로 구체화될 수 있다.

- 전반적 상호작용 전략(Overall-interaction strategies)
  긍정적 자아 표상(positive self-presentation)
  부정적 타자 표상(negative other-presentation)
- 거시적 언어 행위(Macro speech act)
  우리들의 좋은 행위와 그들의 나쁜 행위(비난과 방어)
- 어의적 거시구조(Semantic macrostructures): 논제의 선택(topic selection)
  우리에게 긍정적이고 그들에게는 부정적인 논제의 강조
- 특정한 의미(Local meanings): 우리들/그들의 긍정적/부정적 행위
  많고/적은 세목(details), 일반적/구체적(general/specific), 막연한/정확한(vague/precise), 명료한/함축적(explicit/implicit)
- 어휘 선택(Lexicon)
  우리들에게 긍정적인 단어, 그들에게 부정적인 단어의 선택
- 특정한 구문(Local syntax)
  적극적 및 수동적(active and passive) 문장, 명사화(nominalization), 행위 및 책임성의 강조여부
- 수사적 비유(Rhetorical figures)
  과장법 대 완곡어법(Hyperboles vs euphemisms), 환유와 은유(Metonymies and metaphors)
- 표현(Expressions): 음성과 영상(sounds and visuals)[41]

---

41) *Ibid.*, p.227.

2. 연구사례: 영국 블레어 총리의 대 이라크전 개시 연설

영국의 블레어(Tony Blair) 총리는 2003년 3월의 대 이라크전을 정당화하는 의회연설에서 그의 참전 결정이 영국의 국익과 국민적 동의에 합당하다는 점을 강조하고 있으나 디지크(V. Dijk)는 이 연설이 전형적인 담론적 조작(manipulation)임을 비판하고 있다.

우선 총리는 연설 서두에서 의회와 국민 대다수의 지지라는 민주적 신임 (credentials)을 얻고 있음을 전제하고 그의 강한 신념 등을 피력함으로써 '긍정적 자아 표상'을 크게 부각시킨다. 민주주의를 대표하는 '우리들(Us)'과 사담 후세인을 지지하는 '그들(독재)'을 대조시키는 양극적 반대(polarized opposition)를 통하여 그의 반대자들의 침목을 유도해 낸다. 그리고 전쟁에 참여하는 영국군의 단호한 역할이 올바른 행동 방향임을 강조하고 그의 참전결정에 비판적인 자유민주당의원들(Liberal Democrats)을 기회주의로 몰아세운다. 담론구성의 조작적인 특성은 다음과 같은 점에서 두드러진다.

(a) 이데올로기적 양극화(우리/민주주의 대 그들/독재; 민족주의: 군의 지지)

(b) 도덕적 우월성에 입각한 '긍정적 자아–표상'(토의의 허용, 다른 의견의 존중, 민주주의를 위한 투쟁, 결연함 등)

(c) 그의 권력의 강조(반대에도 불구하고)

(d) 반대자들(자유민주당)을 기회주의로 불신시킴

(e) 논쟁의 감정화시도(열정적 신념). 요약하면 참전반대자들은 애국심이 희박하고 독재에 대한 저항을 회피하는 것으로 비난됨[42]

이어서 그는 의회 내의 반대를 인정함으로써 그의 관대함과 민주적 신임을 내세워 '긍정적 자아표상'을 더욱 부추기는가 하면 이라크 사태가 '매우

---

42) *Ibid*., pp.231-233.

심각하다(no less grave)'는 완서법(litotes)을 쓰고 있으며, 이라크 국민들
이야말로 후세인에 의해 오랫동안 짐승처럼 학대받았다(brutalized)는 과장
법을 사용하여 상대방을 '악(evil)'으로 몰아붙이고 있다. 그리고 이 전쟁
은 영국, 미국, 유럽, 나아가 전 세계가 당면하는 21세기 최대의 안전위협
(security threat)과 관련되어 있으며 심지어 다가오는 다음 세대를 위한 국
제정치의 유형을 좌우하게 될 것이라는 과장된 전망을 내린다. 또한 전쟁참
여의 최대 현안의 하나로 되어 있는 대량살상무기(WMD)와 관련해서는 다
음과 같은 언급이 두드러진다.

  (a) 지난 이라크전에서의 대량살상무기의 중요성, 사담 후세인의 나쁜
      의도와 UN 무기검증체계의 허점 등
  (b) WMD의 서술: 탄저(anthrax) 등
  (c) 사담 후세인의 신뢰도에 대한 계속적인 불신 표명
  (d) 계속적인 '긍정적 자아 표상': 협상 의도의 상세한 언급, 합리성의
      강조[43)

이상의 블레어 총리의 의회연설이 당시의 상황으로 보아서 받아들여질
만한 여러 가지 요인들(의원들의 한정된 WMD에 관한 정보, 다수당으로서
의 노동당의 입장, 영국과 미국의 각별한 동맹관계 등)이 있는 것은 사실이
었다. 그러나 그의 연설은 독재와 민주주의의 대결이라는 이데올로기적 양
극화와 다음 세대로까지 이어질 수 있는 국제적 안전의 위기감 등을 배경으
로 후세인의 폭정과 테러리즘에 대항하는 미국 주도의 세계적 항전을 받아
들이지 않을 수 없게 만드는 조작적 담론의 작용력을 인정하지 않을 수 없
게 만들고 있다. 특히 조작의 핵을 이루는 인지적(cognitive) 측면과 관련해
서는 긍정적 자아표상과 부정적 타자표상이라는 양극화구조, 연설자의 도덕
적 우월성과 신뢰성, 반대자의 무력화, 적에 대한 비방과 중상, 그리고 자신

---

43) *Ibid.*, pp.233-234.

의 신념과 이유 등에 관한 논박할 수 없는 근거제시 등 조작적 담론의 전형
적인 기법이 동원된 것으로 분석되고 있다.[44]

VIII. 정치적 담론(V): 실용적 추리와 입론

정치적 담론은 정치적 행동이나 결정을 좌우하는 '실용적인 입론(practical argumentation)'의 형태를 띨 수 있다. 즉 어떤 행동을 취하거나 결정을 내려야 하는 상황에 직면하게 되면 행위자는 그에 대한 찬반의 이유를 검토하게 되고 여러 가지 대안에 대한 가능성을 여러 사람들과 협의하게 된다. 바로 정치의 핵심은 어떤 목표나 그와 관련되는 상황에 처하여 어떤 선택을 하고 어떤 정책을 결정하는가에 대한 실용적인 입론의 과정으로 파악될 수 있는데 바로 이러한 입론을 둘러싼 담론분석이 최근 새로운 연구분야로 관심을 모으게 된다.

1. 실용적 추리와 입론의 특성

지식습득과 관련되는 인간의 추리과정은 주로 '이론적 추리(theoretical reasoning)'로서 연역(deduction)이나 귀납(induction)의 방법에 따라 무엇이 진실인가(what is or is not true)를 규명하게 되나 이와는 대조되는 '실용적 추리(practical reasoning)'에 있어서는 인간이 처한 어떤 상황하에서 무엇을 해야 하느냐(what should I do)에 초점을 두는 행동에 역점을 두게 된다. 즉 어떤 주어진 목표와 상황하에서 내가 그 목표를 달성하려면 나는

---

44) *Ibid.*, pp.235-236.

〈그림 4-3〉 실용적 추리와 입론의 기본구조

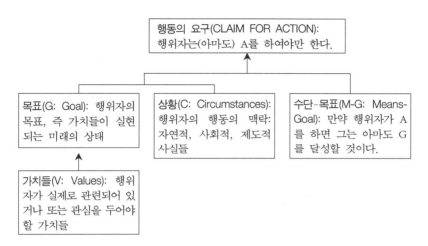

출처: Isabela Fairclough and Norman Fairclough, *Political Discourse Analysis: A Method for Advanced Students*(London: Routledge, 2012), p.45

'A'라는 행동을 해야 한다는 실천적인 논리가 개재된다. 그리고 이때 달성하려는 목표는 어떤 가치(values)에 근거한다는 점이 강조된다.

〈그림 4-3〉에서 보는 바와 같이 행위자는 어떤 행동과 관련하여 목표를 가진다. 그런데 목표 설정은 다양한 가치들(예: 우정, 정중함, 친절, 자유 등)의 영향력에 좌우된다. 또한 목표의 달성에 있어서는 행위자가 처한 현실적인 '상황'의 특성에 크게 좌우될 수 있게 되는데 그것은 자연적인 것(natural), 사회적-제도적인 맥락(social and institutional context) 등이 있을 수 있고 행위자가 가지는 의무라든가 약속과 같은 사회적으로 인정되는 도덕적 가치나 규범의 작용력도 있을 수 있다.

그리고 '수단-목표(means-goals)'의 연결은 이미 설정된 목표를 달성하기 위해서는 어떤 수단, 즉 도표에서는 A를 선택하는 문제가 된다. 행위자는 목표에 도달하기 위한 여러 대안들(alternatives)을 검토하여 그중 필요하고도 충분한 목표달성의 '미래의 상태(future state of affairs)'를 추측하여 어떤 행동, A를 실행에 옮긴다. 그리고 이때 추측(conjecture)되는 미래의 상태는 우리들의 세계에 대한 지식이나 과거의 경험, 및 상상(imagination) 에 의해 만들어진다고 볼 수 있다.[45]

실용적 추리는 일찍이 아리스토텔레스의 정치의 본질과 관련되는 논의에 서부터 비롯된다. 그는 정치란 인간의 행동과 관련되는 결과가 분명하지 않고 행동의 올바른 길이 정해져 있지 않을 때 여러 사람들과 논쟁이나 협의를 거치는 결정에 근거하여 최고의 선(highest good)을 추구하는 행동으로 정의한 바 있다. 즉 목표달성을 위한 여러 방법과 대안에 대한 충분한 입론과 협의를 강조하는 실용적 추리의 흐름을 대표한다고 볼 수 있다. 그리고 이 전통은 그 후 칸트(Kant)나 흄(Hume)을 거쳐 최근에 들어서는 R. Audi (2006), J. Raz(1978), E. Millgram(2005), D. Walton(2007) 등에 의해서 그리고 J. Habermas(1984, 1996)나 J. Dryzek(2000)에 의해서는 협의민 주주의(deliberative democracy) 논의로 진전되어 왔다고 볼 수 있다.[46]

2. 연구사례: 영국 블레어 총리의 '제3의 길' 연설(1998)

영국 노동당 블레어 총리는 1998년 '영국 산업 연방'에서 행한 연설에서 영국은 이제 구식좌파(old-left)의 낡은 스타일의 간섭이나 신우파(new right) 의 자유방임을 지양하는 이른바 '제3의 길(Third Way)'을 선택할 것을 제창 하였는데 그 내용을 정리하여 실용적 추리의 틀로 정리해 볼 수 있다.

이상에서 블레어 총리는 영국이 당면한 세 가지 대안들 중 '제3의 길'만이 영국의 번영과, 국제적 경쟁, 그리고 국민적 재생과 부의 창출 등을 가져올 수 있다고 전제하고 이를 채택할 것을 요구하고 있다. 그리고 이 제3의 길이

---

45) Isabela Fairclough and Norman Fairclough, *Political Discourse Analysis: A Method for Advanced Students*(London and New York: Routledge, 2012), pp.36-45.

46) *Ibid.*, p.19, 36, pp.30-34.

〈표 4-3〉 '제3의 길' 연설 내용

요구(Claim): 해법	우리들은 변화의 도전을 분석하여 그에 대처해야 하며; 우리 스스로를 가다듬고; '제3의 길(third way)' 정책을 채택하여 야 한다.
상황적 전제: 문제 (Circumstantial premises)	지금 세계는 극적인 변화를 겪고 있다: 우리는 근대 세계가 제기하는 변화의 도전에 직면하고 있으며 영국은 20세기에 들어서 많은 변화를 겪고 있다. 변화는 근대세계가 제기하는 하나의 도전이다.
목적 전제 (Goal premises)	우리들의 목표(goals)는 '국민적 재생(national renewal)'이 며 '근대적 영국(modern Britain)'이다. 우리의 목표는 '살아 남고 번성하는 것이다; 영국을 보다 경쟁적으로 만들고 보다 많은 부(wealth)를 창출하도록 해야 한다.
가치 전제 (Value premises)	우리들은 모든 국민(one nation)의 욕구충족의 기초 위에서 우리의 목표들을 달성해야 한다. 국민적 통일과 국민의 욕구 야말로 가장 적절한 가치이다. 번성, 생존(survival), 정부 역 할의 공정성(fairness).
수단-목표 전제 (Means-goal premises)	현재의 상황하에서의 목표 달성의 유일한 길은 변화의 도전 분석과 그에 대한 대처, 즉 '제3의 길'의 채택이다. 만약 우리 가 이 길을 택하면 우리는 우리의 목표들 달성하고 문제를 해결할 수 있다.
다른 선택 (Alternative options)	다른 두 선택: 그 하나는 변화가 우리들을 압도해 버리도록 하는것(overwhelm us), 또 하나는 변화에 저항(resist)하는 것이다.
다른 대안들의 문제점	다른 대안들은 부정적인 결과를 가져온다. 분절된 사회(frag-mented society)의 위험성과 비이성적, 비합리적(시계를 거 꾸로 돌리듯) 논의로서 부정적 결과와 비유에 근거하고 있 다. 그리고 변화에 저항하는 것은 매우 무모한 짓이다.[47]

선택되지 않으면 영국은 분절된 사회, 시계를 거꾸로 돌리는 부정적인 결과를 지적하고 있다. 〈그림 4-4〉는 이러한 대안들에 대한 최종적인 선별의 입론(협의)을 적절히 나타내고 있다.

---

47) *Ibid.*, p.88.

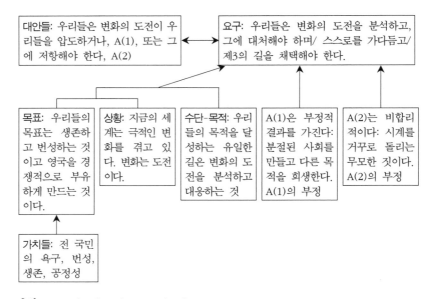

〈그림 4-4〉 '제3의 길'에 관한 블레어 총리의 입론(협의)

출처: I. Fairclough and N. Fairclough, *op. cit.*, p.91

3. 두 가지 형태의 입론: 타산적 입론과 도덕적 입론

실용적 추리의 과정은 두 가지 형태로 진행될 수 있다. 그 하나는 '타산적 입론(prudential argument)'으로서 행위자의 욕망, 필요, 또는 이해(interests) 등을 그 기본 전제로 하는 경우가 된다. 만약 행위자가 그의 이해에 맞는 어떤 결과를 원한다면 그에 따른 어떤 행동절차가 추천될 수 있다; 만약 그가 그러한 결과가 그의 이해에 맞지 않는다고 생각하면 그는 그러한 행동을 할 이유가 없게 된다. 또 하나는 '도덕적 입론(moral argument)'으로서 어떤 조건구조(원한다든가 원치 않는다든가 하는)없이 행동 그 자체를 필요한 것으로 전제하는 경우가 되는데, 행위자의 욕망이나 이해와는 관련 없이, 행위자체가 올바른 일(right thing to do)로 받아들이는 경우가 된다.

전자는 칸트의 이른바 '가언 명령(hypothetical imperative)'의 경우이고 후자는 그의 '정언명령(categorical imperative)'에 해당된다고 볼 수 있다.[48] 즉 실용적 추리에서 가장 중요시되는 가치(values)의 문제가 행위자의 목표설정을 좌우하고 또한 목표-수단의 상황적 조건 등에 작용하는 바를 구체적으로 파악하게 만들 수 있는 분석적 수단이 된다. 이 두 가지 형태의 입론(가치관 선택)에 따라 담론 분석이 진행될 수 있게 되는데 2008년 미국 발 금융위기를 계기로 영국에서도 은행가들의 보너스(bonus)를 주어야 하느냐, 그렇지 않으면 주지 말아야 하는가의 선택의 결정과 관련되는 찬반의 논쟁을 다룬 언론매체(주로 Guardian 지)의 분석 사례들을 검토해 보기로 한다.

우선 〈표 4-4〉에 나타나는 바와 같이 '타산적 입론'에서는 이 금융위기에도 불구하고 은행가들은 적절한 보상(보너스)을 받을 수 있다는 입장이 된다. 기본적 가치의 전제가 중기적 공동선(medium-term common good)인 만큼 나라의 목표도 계속적인 번성과 모두를 위한 기회의 제공이 된다. 그리고 상황적 여건(영국의 경우)에 있어서도 영국은 강력한 금융계를 가지고 있는 만큼 매우 경쟁적인 국제적 시장을 확보하고 있으며, 금융에 대한 적극적 지원이 없는 경우 은행들은 스위스나 극동지역으로 자리를 옮길 부정적인 결과가 우려되어 만약 지원이 없으면 득보다는 실이 많게 된다. 계속 영국에 은행들이 남아 있어야 고용증대에도 기여할 수가 있다.

따라서 은행가들에게는 적절한 보상이 지속되어야 한다. 그리고 이러한 타산적 논리에 따라 사회 내에서도 어느 정도의 불평등(inequality)이 존재하더라도 이에 대한 국민들의 관대한 태도가 바람직하다는 행동의 요구가 도출된다.[49]

---

48) 이 '타산적 입론'과 '도덕적 입론'의 분류는 D. Gauthier, *Practical Reasoning: The Structure and Foundation of Prudential and Moral Arguments and Their Exemplification in Discourse*(1963)에 의해 제시된 것으로 되어 있다.I. Fairclough and N. Fairclough, *op. cit.*, p.178.

49) I. Fairclough and N. Fairclough, *op. cit.*, pp.180-183.

〈표 4-4〉 두 가지 형태의 입론: '타산적 입론'과 '도덕적 입론'

	타산적 입론	도덕적 입론
가치 (values)	행위자의 욕망, 필요, 이해. 중기적 공동선(common good).	인간의 의무, 정직, 약속이행. 공적으로서의 정의, 공정성으로서 의 정의.
목표 (goals)	번성(prosperity)과 국민모두의 기회균등.	정부의 목표: 모든 사람은 마땅히 받아야 할 것을 받음(what is due to them).
상황 (circumstances)	영국은 강력한 금융분야 확보. 보상 없으면 은행들 타국으로 이전. 국내의 고용도 축소 가능성.	은행가들의 실패, 능력 한계로 금융위기를 자초함. 그들의 고봉은 최소 수혜자에게 도움을 못 줌. 낙수효과(trickle down effect) 조성도 실패.
요구 (claim)	은행가들은 그들의 활동에 상응하 는 적절한 보상을 받아야 한다. 국민들은 은행가들의 높은 보너스 와 봉급에 대해서는 관대해야 한다.	은행가들은 지나치게 불평등한 봉 급은 받지 말아야 한다. 은행가들 에 대한 불평등한 보상은 허용되 어서는 안 된다.

이와는 대조되는 '도덕적 입론'에서는 조건을 달지 않는 도덕적 명령이 된다. 의무, 정직, 약속과 같은 외부적으로 주어지는 도덕적 가치가 행동의 기본 전제가 된다. 특히 정의(justice)의 개념이 그 기본을 이루면서 인간에게 마땅히 돌아가야 할 것(what is due to them)이 강조된다.

첫째로 부지런히 일하고 재능이 있는 사람이 보상을 받고 자기 맡은 바를 못하는 사람이 보상을 받지 못하는 '공적으로서의 정의(justice-as-desert)'가 강조된다.

둘째로 인간은 평등하게 대우되어야 하며 사회 내의 불평등은 롤스(1971)의 주장처럼 가장 열악한 처지에 있는 사람에게 도움을 주는 경우에만 허용되어야 한다(차등원칙: difference principle)는 '공정성으로서의 정의(justice-as-fairness)'가 주창된다.

이러한 두 가지 정의가 국가적 목표, 즉 국민들에게 마땅히 받아야 할 것을 주는 것(giving people what is due to them)으로 구체화된다. 그러나 실제로 전개된 경험적인 상황을 검토해 보면 은행가들은 능력과 자질 면에서 금융위기를 초래함으로써 그에 대한 응분의 책임을 면할 수 없게 되었다. 또한 금융상의 일시적 후퇴가 있더라도 계속적인 번성과 성장의 추진 과정에서 파생될 수 있는 부작용으로서 어느 정도의 긍정적인 '낙수효과'가 논의되고 있으나 이것도 실제와는 거리가 있고 또는 불평등을 정당화할 수는 없다는 반론이 제기된다. 그리고 공정성(fairness) 면에서도 불평등 구조가 '최소 수혜자(the least advantaged)'의 상태를 호전시킨 흔적은 두드러지지 않았다는 점이 강조된다. 결국 이러한 상황적 근거에 따라 은행가에 대한 보상이나 불평등한 봉급, 그리고 사회의 불평등 구조는 정당화될 수 없다는 결론에 도달하게 된다.[50]

---

50) *Ibid.*, pp.184-196.

제**5**장

정치심리학

제5장

정치심리학

21세기에 들어서는 정치심리학(political psychology)은 새로운 시대적 변환을 반영하는 연구방법론의 영향을 받아 몇 가지 두드러진 특성을 나타내고 있다. 우선 정보화 시대의 도래로 가능해진 실험적 사회심리학의 작용력에서 보듯이 이론적·방법론적 초점이 개인의 정보처리에 관한 일반적 메커니즘에 모아지면서 정치적 판단과 결정(political judgement and decision), 정치적 믿음체계와 이데올로기 등의 새로운 연구분야를 탄생시켰으며, 이러한 연구추세는 곧바로 개인수준을 넘는 집단수준의 사회적 정체성(social identity)의 파악과 집단 내 및 집단 간의 상호작용의 역동적 측면의 연구로 이어지면서 사회적 갈등, 정치적 항의, 정치적 폭력 등의 다양한 연구영역을 만들어 내고 있다.[1]

---

1) William J. McGuire는 전후의 정치심리학의 역사적 변천을 (1) 1940년대와 1950년대의 정치적 인성(political personality)의 연구시기, (2) 1960년대와 1970년대의 정치적 태도와 투표행위의 연구시기, (3) 1980년대와 1990년대의 정치적 인지(political cognition)와 의사결정의 연구시기 등의 세 갈래의 시기적 특성으로 파악하고 있다. 21세기로 들어서는 현시점은 개인의 정보처리에 초점이 모아지는 정치에 대한 인지심리학의 두드러진 영향력의 시기가 되며 개인의 판단과 의사결정, 정치적 믿음체계와 이데올로기, 그리고 집단적 사회정체성의 연구가 최근의 새로운 연구영역을 형성하고 있는

이러한 정치심리학의 최근 연구추세를 몇 가지 대표적인 연구영역으로 나누어 검토해 보는 것도 앞으로의 정치학의 이론적 구성을 심도 있게 재구성하는 데 도움이 되지 않을 까 생각된다. 우선 사회심리학과 경제학의 두 학문적 영역의 결합에서 나타나게 된 '판단과 의사결정'의 연구영역을 다루어 볼 수 있는데 여기에서는 현대인의 사고에 관한 두 가지 유형의 검토와 그에 작용하는 어림법의 특성 및 두 유형 간의 상호작용 등에 관한 최근의 논의를 정리해 볼 수 있다. 그 다음으로 '사회적 정체성'의 형성과 그 동태적 특성의 전개는 집단 내, 집단 간의 상호작용의 형태를 통하여 정치적 항의나 폭력의 행사에 연결되는 과정 등을 검토해 볼 수 있다. 그리고 이러한 집단적 정체성에 입각한 역동적 상호작용이 고정관념적 인지형태나 선별적 정보처리 등 주로 '프레이밍'이라는 대표 개념을 통하여 국제관계나 사법적 의사결정, 정치적 갈등과 분쟁 등을 정리해 보고자 한다.

I. 판단과 결정

'판단과 결정(JDM: Judgement and Decision Making)'은 일찍이 1947년 사이몬(Herbert Simon)의 '제한된 합리성(bounded rationality)' 개념에서 출발하여 그 후 1961년 에드워즈(Ward Edwards)의 '행동 결정 이론(behavioral decision theory)' 등으로 심리학의 기대-가치이론의 형성으로 이어지다가 1970년대에 들어서 카네만(Daniel Kahneman)과 트벨스키(Amos Tversky)에 의해서 사회심리학 분야의 독특한 연구 영역으로 자리 잡게 된

점을 부각시키고 있다. William J. McGuire, "The Poly-Psy Relationship: Three Phases of a Long Affair," in John T. Jost and Jim Sidanius(eds.), *Political Psychology: Key Readings*(New York and Hove: Psychology Press, 2004), pp. 22-31.

다. 인간은 모든 일에 어떤 형태이든 판단을 내리게 되어 있으며, 그러한 판단에 따라 어떤 결정을 내린다는 기본 전제에서 출발한다. 정치에서도 사람들은 적대자에 대한 평가, 즉 판단을 내리고 싸울 것인가, 도망을 갈 것인가, 그렇지 않으면 협상을 할 것인가를 결정하게 된다. 결국 의사결정은 여러 가지 선택들의 가능한 결과의 평가에 따라 내리는 판단에 좌우된다는 점이 강조된다. 그런데 이러한 판단과 결정에 관한 최근의 이론적·방법론적 논의를 (1) 어림법, (2) 사고의 두 가지 유형, (3) 프레이밍이라는 세 가지 측면으로 나누어 검토해 볼 수 있다.

1. 어림법(heuristics)

어림법은 인간생활의 넓은 영역에 거쳐 사람들의 판단을 돕는 것으로서 여러 가지 현상에 대한 통합적인 설명을 가능케 한다. 어떤 의미에서는 다소 시간이 걸리면서 정확한 판단을 가능케 하는 연산법(algorithms)에 비하여 엉성한 '주먹구구(rules of thumb)'에 가까운 방법이긴 하지만 비교적 어려운 문제에 대한 해법을 제시하기도 한다. 1974년 트벨스키와 카네만은 세 가지 형태의 어림법을 제시하였는데 그 개략을 정리하면 다음과 같다.[2]

첫째로 '가용성(availability)'에 근거한 어림법이 있다. 이것은 어떤 문제에 관한 판단에 있어서 그와 관련되는 사례들이 얼마나 쉽게 머리에 떠오르는지에 의해서 확률을 추정하는 경우가 된다. 예를 들면, 영어에서 첫 번째 글자의 단어가 r로 시작되는 단어(red, rabid, ratatouille 등)와 세 번째 글자가 r인 단어(Huron, herald, unreasonable 등) 중 어느 것이 많을 것인가

---

2) Amos Tversky and Daniel Kahneman, "Judgement under uncertainty: Heuristics and, biases," *Science*, 185(1974), pp.1124-1131. 이 부분은 이 두 사람의 그 후의 연구와 T. Gilovich and D. Griffin, "Judgement and Decision Making," in S. Fiske, D. Gilbert, G. Lindzey(eds.), *Handbook of Social Psychology: Vol. One*(New Jersey: John Wiley & Sons, Inc., 2010), pp.548-554의 소개를 참조하였음.

를 판단할 때 대부분의 사람들은 전자가 많을 것으로 생각할 수 있다. 그러나 후자가 전자보다 세 배나 많다는 것으로 나타난다. 또 다른 연구에 의하면 부부간의 가사 기여도를 따질 때 각자는 자기의 기여도(예: 집안청소, 달력 일정 챙기기, 논쟁의 시작 등)가 훨씬 많은 것으로 과대평가한다는 것이다. 이것은 긍정적인 기여도냐 또는 부정적인 기여도냐(예: 싸움의 시작)의 차이 없이 자기 몫을 예시로 사용하는 확률이 많다는 가용성의 결과로 받아들일 수 있다.

둘째로 '대표성(representativeness)' 어림법이란 어떤 대상이나 사건이 발생하거나 특정 범주에 속할 확률을 다룰 때, 실제 확률을 계산하는 것이 아니라 그 대상이나 사건이 얼마나 대표성을 지녔느냐를 가지고 확률을 추정하는 방법이다. 예를 들면 병원에서 태어난 여섯 신생아의 성별이 다음과 같을 때 사람들은 세 가지 결과 중 세 번째가 가장 확률이 높다고 생각하기 쉽다.

BBBGGG

GGGGGG

BGBBGB

그러나 세 가지 경우 모두가 가능하며 신생아의 출생은 각기 독립적인 사건으로 그 전후의 사건과는 관련이 없다는 점이 지적될 수 있다. 사람들은 사건의 발생이 극히 무작위(random)임에도 불구하고 그 계기성에는 어떤 유형(pattern)을 찾으려는 시도에서 나오는 판단의 오류일 수가 있다. 2차 대전 중 런던에 대한 독일의 로케트 공격은 그것이 비록 무작위로 이루어진 공습이었지만 피격되지 않은 지역에는 독일 스파이가 숨어 있었을 가능성이 제기되었다고 한다. 즉, 잘 훈련되지 않은 눈에는 사건의 무작위성이 규칙적인 것으로 또는 집속되는(clustered) 경향으로 보일 수 있다.

셋째로 '기준점과 조정' 또는 '닻 내리기(anchoring)' 어림법이 있다. 금성(Venus)이 태양을 한 바퀴 도는 데 얼마나 걸리느냐의 질문이 제기되면 금성의 경우 태양으로부터 지구보다는 가까운 거리로 돌고 있다는 기준점을 생각해 낼 수 있다. 따라서 365일을 기준점으로 일단 정하고 그보다는 적은 날짜(예: 275일 정도)가 걸릴 것이라는 판단을 내릴 수 있다(정답은 224.7일). 또 다른 예로는 한 집단의 사람들에게는 $8 \times 7 \times 6 \times 5 \times 4 \times 3 \times 2 \times 1$의 문제를 주고 답이 얼마나 될지를 추정하게 하고 또 다른 집단에게는 $1 \times 2 \times 3 \times 4 \times 5 \times 6 \times 7 \times 8$의 문제를 주고 답을 추정하게 하였더니 8로 시작하는 집단의 경우 보다 많은 값으로 추정하였다고 한다. 사람들은 처음 시작하는 값, 즉 기준점에서부터 조정해 나가는 어림법으로 판단하는 경우가 많다는 것을 알 수 있다. 또한 만약 에베레스트(Everest) 산정에서의 물 끓는 온도는 얼마냐를 묻게 되면 그것은 100℃(평지의 기준 끓는 온도)보다는 적다는 판단이 내려질 수 있다.

2. 사고의 두 가지 유형

인간의 사회생활에 있어서 내리게 되는 판단과 결정은 때로는 순식간에 이루어질 수도 있고 때로는 다소 시간이 걸리면서 신중하게 내려질 수도 있다. 이러한 판단과 결정을 좌우하는 인간의 사고(thinking)와 관련하여 사회심리학이나 JDM(주로 카네만과 트벨스키에 의해 주도)분야의 연구에서는 그 과정이 두 가지 유형을 띠게 된다는 점에 합의가 모아지고 있다. 〈표 5-1〉에서 보는 바와 같이 그 유형의 하나인 '체제 1'은 빠르고, 연합적이며, 자동적이고 비통제적인 정신과정을 나타내며, '체제 2'는 느리고, 규칙에 지배되고 보다 신중한 사고가 된다.

카네만에 의하면 두 사고체제의 특성과 상호작용은 다음과 같이 정리된다.[3]

---

3) Daniel Kahneman, *Thinking, Fast and Slow* (London: Allen Lane, Penguine Books, 2011), pp. 20-22.

<표 5-1> 인간사고의 두 가지 유형

체제(System) 1	체제(System) 2
빠르게(Fast)	느리게(Slow)
자동(Automatic)	신중(Deliberate)
연합적(Associative)	규칙에 근거(Rule based)
비교적 노력없이(Relatively effortless)	노력이 드는(Effortful)
병행적 작동(Parallel operations)	사회적 작동(Social operation)
구체적(Concrete)	추상적(Can be abstract)
무의식적(Nonconscious)	의식적(Conscious)

출처: K. E. Stanovich, *The Robot's Rebellion*(Chicago: Univ. of Chicago Press, 2004); Thomas D. Gilovich and Dale W. Griffin, "Judgement and Decision Making," *op. cit.*, p.566

<체제 1> 자동적으로 그리고 빠르게 작동하며 전혀 노력이나 주동적 제어 (voluntary control)의 감각이 없다.

예: 1) 한 대상물이 다른 것보다 멀리 있는 것을 발견.
2) 돌연한 소리의 근원에 집중.
3) 끔찍한 그림을 보았을 때의 일그러진 얼굴하기.
4) 어떤 소리에 적의(hostility)를 발견하기.
5) 단순한 문장들의 이해.

<체제 2> 복잡한 계산을 포함하는 노력하는(effortful) 정신활동에 주의를 기울인다. 체제 2의 작동은 주체의 주관적 경험, 선택, 그리고 집중을 수반한다.

예: 1) 번잡하고 시끄러운 방에서 특정인의 소리에 초점을 두기.
   2) 어떤 놀라운 소리를 찾아내기 위한 기억 더듬기.
   3) 서커스에서의 어릿광대에 주의 집중.
   4) 세금 문서의 작성.
   5) 복잡한 논리적 논의(logical argument)의 타당성 검증.

이제 이러한 사고의 두 체제를 서로 관련시켜서 그 특성들을 살펴볼 수 있다. 우선 카네만은 '체제 1'은 직관에 의한 순간적인 판단의 성격을 띠기 때문에 곧이어 '체제 2'에 의한 신중한 검토의 단계를 거쳐 보다 완전한 형태의 판단으로 이어진다고 보고 있다. 즉 '체제 2'는 '체제 1'이 해답을 찾지 못해 어려움에 처하면 문제해결을 위한 자세하고도 구체적인 진행을 가능케 하는 보완적인 역할이 주어진다. 예를 들면, 우리들은 식당에서 옆 자리에 자리 잡은 이상한 옷차림을 한 부부를 접하게 되면 '자동적인 반응'과 그것을 '제어하려는 의도' 사이에 갈등을 느끼게 되며 '체제 2'의 작동으로 의식적으로 쳐다보지 않으려는 노력을 보이게 된다. '체제 2'의 과제는 '체제 1'의 충동을 극복하는 것이며, 이 점 '체제 2'는 자아통제(self-control)를 담당한다. 또한 '체제 2'는 'Müller-Lyer 환상'에서처럼 인간이 겪는 인지적 환상(cognitive illusions)을 극복하는 등, '체제 1'이 당면하는 어려움을 덜어 주기 위하여 보다 많은 감시와 노력적인 행동(effortful activity)을 통하여 편견과 실수를 줄여 주는 역할을 하는 것으로 파악된다.[4]

그러나 '체제 2'의 신중성과 사려깊은 분석에 대해서는 유보적인 견해가 제기되고 있으며, 오히려 인간사고에 있어서는 '체제 1'이 갖는 직관성과 문제해결 가능성에 무게를 두어야 한다는 견해가 관심을 모으고 있다. 우선 기게렌제르(G. Gigerenzer)에 의하면 직관과 어림법으로 특징지어지는 '체제 1'은 형식논리의 규칙이나 확률적 계산과는 달리 인류가 생활하여 온 환경적 구조와 두뇌의 진화된 능력이 만들어 낸 적응적 도구(adaptive tool)라

---

4) *Ibid.*, pp.24-29.

는 점이 강조된다. 즉 '체제 1'의 직감(gut feeling)은 인간의 인지능력의 한계상 생존에 중요한 것에 초점을 두고 그렇지 않은 것은 고려하지 않으면서 생활하게 된 적응적 노력의 결과라는 것이다.[5] 또한 디지크스텔휘스(Ap Dijiksterhuis)도 '체제 1'의 무의식(unconscious)의 사고가 오히려 '체제 2'의 의식적(conscious) 사고보다는 인간에게 보다 유익한 판단과 결정을 가져올 수 있다고 주장한다. 의식적 사고는 오히려 '자연스러운 비중 도식(natural weighting schemes)'을 교란함으로써 준 최적의(suboptimal) 결과를 가져올 수 있으며, 문제 해결에 있어서 좋은 선택으로 이어지기 힘든 경우가 있을 수 있음을 지적한다. '무의식'은 일부(subset)가 아니라 모든 정보를 고려할 수 있는 능력을 가지고 있으며, 그것은 또한 밑으로부터(bottom-up) 작동하여 사물의 다양한 특질(attributes)의 상대적 중요성을 비교적 객관적이고 자연스럽게 가늠할 수 있다고 주장한다. 그리고 무의식적 판단과 선택은 일단 내린 '결정의 사후만족(post-choice satisfaction)'을 증가시킨다는 점을 강조한다.[6]

이러한 '체제 1'의 무의식이 강조되는 사고의 형태는 중요한 정치적 판단과 선택의 문제와 결부되어 그 장단점이 논의될 수 있다. 예를 들면, 중요한 정치적 선택의 경우 결정 당시에는 충분한 상황적 배려와 심의, 그리고 사태 진전의 확률적 계산 등을 거치지 않는 비교적 단시간에 이루어진 결정이라 할지라도 그 결과에 있어서 가히 혁명적인 결과를 가져오는 사례들을 생각해 볼 수 있다. 비교적 무의식과 '체제 1'의 특성이 만들어내는 매우 유익한 결과가 있을 수 있는데 이러한 거시적 정치적 결정의 연구에 이 무의식의

---

5) Gerd Gigerenzer, "Bounded and Rational," in R. J. Stainton(ed.), *Contemporary Debates in Cognitive Science*(Blackwell, 2006), p.129; G. Gigerenzer, *Gut Feelings: The Intelligence of the Unconscious*(2007), p.69.

6) Ap Dijiksterhuis, "On the benefits of thinking unconsciously: Unconscious thought can increase post-choice satisfaction," *Journal of Experimental Social Psychology* 42(2006), pp.627-631; Ap Dijiksterhuis, "Automaticity and the Unconscious," in Susan T. Fiske et al. (eds.), *Handbook of Social Psychology*(New Jersey: John Wiley & Sons, Inc., 2010), Vol. One, pp.253-255.

논리가 적용될 수 있을지는 앞으로의 연구과제가 될 수 있다.[7]

3. 전망이론

전망이론(prospect theory)은 인간의 판단과 결정에 영향을 주는 다양한 틀 중에서 주로 이득과 손해의 준거에서 이루어지는 다양한 선택과정을 설명한다. 카네만과 트벨스키에 의해 주창되는 이 이론의 대표적인 예시를 다음과 같이 정리해 볼 수 있다.

- 문제 1(N = 152). 정부는 600명의 사망자를 낼 수 있는 전염병의 확산에 대비하여 두 개(A와 B)의 프로그램을 놓고 선택을 고려하고 있다.
  만약 A를 택하면 200명의 목숨을 구할 것이다(72%).
  만약 B를 택하면 600명이 모두 살 수 있는 가능성이 1/3이고, 600명 모두 죽을 가능성이 2/3이다(28%).
  A와 B중 어느 것이 좋을까?

- 문제 2(N = 155). 위 전염병 확산에 또 다른 두 개(C와 D)의 안을 고려하고 있다.
  만약 C를 택하면 400명이 사망할 것이다(22%).
  만약 D를 택하면 아무도 사망하지 않을 확률이 1/3이고, 600명 모두 사망할 확률은 2/3이다(78%).
  C와 D 중 어느 것이 좋을까?

---

7) '체제 1'이 재개되는 중대한 정치적 결정들의 사례들로서는 1979년의 영국의 대처리즘(Thatcherism), 1980년대의 중국 등소평의 개혁, 개방정책, 1960년대의 한국의 개발정책 등이 검토될 수 있다. 이러한 결정들은 오랜 시간에 걸친 신중한 계산보다는 다소 직관과 무의식이 결합된 정책적 선택의 결과로 볼 수 있는 문제이다.

문제 1에서는 북미지역 학생들의 경우 72%가 A를 선택하였고, 문제 2에서는 78%가 D를 선택한 것으로 나타났다. A와 B, C와 D는 모두 200명을 살릴 수 있음에도 A와 D가 선호된 것을 어떻게 설명해야 할까? 사람들은 최종의 결과보다는 현재의 위치에서 이익이냐 손해냐에 가치를 두는 경향이 있다. 이익의 틀(A와 B)에서 사람들은 확보된 이익을 중시하며, 보다 많은 이익을 위한 모험은 가급적 피하고, 손해의 틀(C와 D)에서는 확정된 손실을 피하고 모험을 추구하는 경향을 보인다. 이익을 보는 것에 비해 손해에 매우 민감하게 되는데 즉 '손실 혐오(loss aversion)'의 성향을 보인다.[8]

이러한 성향은 국제정치의 정책적 논의에서 제기될 수 있는 문제이기도 하다. 예를 들면, 국가지도자들은 국제적 지위, 평판, 대내적 지지도 등과 관련하여 이익을 보는 데 실패하는 것보다는 오히려 손실을 피하려고 하는 데 위험을 무릅쓰는 경향이 있다. 또한 대내적으로 국민들은 그들의 지도자들이 이익을 가져오는 데 실패하는 것보다는 손실을 가져온 데 대하여 문제를 제기하고 처벌을 원한다. 그리고 지도자들은 일단 손실을 보게 되면 새로운 현상에 적응하기보다는 손실을 만회하기 위하여 지나친 모험을 시도할 때가 많다. 전망이론에서 도출될 수 있는 이러한 명제들은 대외정책형성과정에서 나타난 정치지도자들의 판단과 선택과 관련하여 계속적인 검증과 연구과제가 될 수 있다.[9]

전망이론에서는 판단과 결정을 좌우하는 준거점(reference point)을 정하여 구체적인 '틀 만들기(framing)'를 하는 것이 가장 중요한 일이 된다. 이익과 손실이라는 준거점을 정하여(예: 이익과 손실) 그러한 틀에서 나타나는 다양한 효과(예: 이익보다는 손실에 무게들 둠)를 검토해 보게 된다. 비단 이익-손실의 준거가 아니라 사안이 갖는 '속성(attribute)'을 준거점으

---

8) D. Kahneman & A. Tversky, "Choices, values, and frames," *American Psychologist*, 39(1984), pp.341-350; D. Kahneman, *Thinking Fast and Slow*, pp.283-284.

9) Jack S. Levy, "Political Psychology and Foreign Policy," in David O. Sears, Leonie Huddy, Robert Jervis, *Oxford Handbook of Political Psychology*(Oxford: Oxford Univ. Press, 2004), pp.269-271.

로 '틀 만들기'가 이루어질 수도 있다. 예를 들면, 쇠고기가 75% 무지방(lean)
이라고 할 때 그것은 25% 지방(fat)이라고 할 때에 비하여 훨씬 긍정적으로
(positive) 받아들여질 수 있다. 즉 '틀'에서 나타나는 긍정적 또는 부정적인
'특징(salience)'의 내용에 따라 효과가 다르게 나타남을 알 수 있다.[10] 이러
한 '속성 틀 만들기(attribute framing)'는 정치현상에 있어서의 특정 현안을
놓고 서로 대치되는 정치세력 간의 대결과 설득의 주요 수단으로서 각별한
연구분야가 될 수 있다. 자기편에 대한 긍정적 특징, 상대편에 대한 부정적
특징을 부각시키는 기본적 대결구도의 기술과 설명에 적절히 원용될 수 있
는 '틀 만들기'의 예가 될 수 있다.

4. 자유주의적 온정주의(Libertarian Paternalism)

카네만은 사람들의 기본성향을 '에콘스(Econs)'와 '인간(Humans)'이라는
두 가지 형태로 나누어 그 상호연관성을 다룬다. '에콘스'란 인간의 합리적
인 측면이 강조되고 자기의 선호에 있어서의 논리적 일관성(logical co-
herence)이 전제되며 극히 자유로운 선택과 스스로를 책임지는 합리적 인
간이다. 이른바 '시카고학파(Chicago School)'를 대표하는 프리드먼(Milton
Friedman)의 주창에 의하면 이러한 자유로운 행위자의 가정에 서게 되면
공공정책은 개인의 선택에 있어서 그것이 남을 해치지 않는 한 절대로 개입
해서는 안 된다는 주장으로 이어진다. 자유지상주의적인(libertarian) 정책
은 또한 가장 많은 대가를 지불하고자 하는 사람들에게 재화를 배분해 주는
'시장의 효율성(efficiency of market)'으로 더욱 사람들의 감탄을 자아낼 수
있다. '에콘스'로 이루어지는 나라에서는 정부란 시민들이 남을 해치지 않는
한 그들의 선택에 따라 행동하도록 되어 있다. 만약 오토바이 운전자가 헬

---

10) 쇠고기의 예는 Levin & Gaeth(1988)에서 인용; 이 부분은 T. Gilovich and D.
Griffin, "Judgment and Decision Making," *op. cit.*, p.576 참조.

멋 없이 운전하고자 하면 자유주의자는 그의 권리를 존중해 준다. 만약 시민들이 노년에 대비하지 않거나 어떤 중독적 행위에 빠지더라도 당사자들은 자기들이 무엇을 하는지 알고 있는 것으로 받아들인다.

그러나 이러한 시카고학파의 입장에 비하여 이른바 '행동주의 경제학자들(behavioral economists)'에게 있어서 '삶'은 좀 더 복잡한 것으로 받아들여진다. 즉 인간의 합리성과 자유지상을 앞세우는 '에콘스'보다는 실재하는 '인간(Humans)'의 측면을 받아들일 것을 주창한다. 이들은 지나친 합리적 행위자(rational-agent) 모형에 반론을 제기한다. 이들은 국가가 시민들로 하여금 균형 있는 다이어트 음식을 먹어야 하고 정신건강에 좋은 텔레비전 프로그램만을 볼 것을 강요해야 한다고 생각하지는 않는다. 즉 자유 그 자체가 논쟁적인 개념이라고 생각하지는 않지만 자유란 어디까지나 비용(cost)을 수반하는 것으로서 그 비용은 그릇된 선택을 하는 개인들이 부담해야 하고 사회가 그러한 사람들을 도와주어야 한다는 입장에 선다.[11]

이러한 '인간(Humans)'의 삶의 복잡성과 판단 및 결정의 한계점을 극복하는 길은 무엇일까? 카네만은 국가와 여러 제도들이 사람들로 하여금 그들의 장기적인 이익에 봉사할 수 있는 다양한 결정들을 내리는 데 도움을 주는 이른바 '팔꿈치 찌르기(nudge)'의 역할을 담당하는 '자유주의적 온정주의(libertarian paternalism)'를 주창한다. 가장 좋은 예로는 파산 선택(default option)에 대응하는 연금계획(pension plan)에 참여하도록 길을 터주는 것이 될 수 있다. 더욱 설득력 있는 것으로서는 일상적 거래에 있어서 계약문서의 내용과 관련되는 것이 있다. 아주 복잡하고 난해하게 만들어진 '계약서' 앞에서 '에콘스'는 그것을 읽고 사인을 할 수 있으나 대부분의 '인간'들은 그렇지 못해 예기치 않은 분쟁으로 이어지는 경우가 많다. '팔꿈치'전

---

11) '에콘스'와는 달리 '인간'은 판단과 결정에 있어서 여러 가지 제약과 한계를 지닌다. 그러한 제약에 작용하는 심리적 메커니즘으로서는 점화(priming), WYSIATI(과신, 프레이밍 효과, 기초비율 경시), 좁은 프레이밍(narrow framing), 내부적 견해(inside view), 선호 반전(preference reversals) 등이 있을 수 있다. D. Kahneman, *Thinking, Fast and Slow*, pp.411-412.

략의 권고는 '인간'이 알아보기 쉽도록 계약문서를 단순화시키고 이해하기
쉽도록 만드는 일로 요약된다. 정치적으로 자유주의적 온정주의가 각별한
정책적 의미를 갖게 되는 것은 미국의회가 권고에 나선 '내일을 위한 저축
(Save More Tomorrow)'프로그램이라고 볼 수 있다. 이것은 회사원들로 하
여금 자기의 봉급이 오르면 일정액을 저축하도록 고용자에게 허가하는 금융
계획으로서 이 안에 동의하면 회사원의 개인적 편의에 도움을 줄 뿐만 아니
라 사회적으로 저축률의 증대와 함께 근로자들에게 보다 밝은 미래의 전망
을 약속할 수 있다는 것이다. 주로 심리학과 행동주의 경제학에 바탕을 두
는 이러한 '자유주의적 온정주의'의 정책적 접근은 최근 많은 나라들, 특히
영국, 한국, 미국의 오바마 행정부 등에 의해 그 실용성이 확인되어 가고
있으며 앞으로 '에콘스'보다는 '인간'에 초점을 두는 새로운 사회과학의 혁신
적 연구분야가 될 수 있을 것으로 전망해 볼 수 있다.12)

II. 정체성

정체성(identity)이란 인간이 자아(self)로서 갖는 특성(생활관, 세계관,
취미, 생활스타일, 습관 등)을 지칭한다. 자아의 특성에 대한 자기 나름대로
의 언어적 개념화는 '자아 정체성(self-identity)'으로 파악될 수 있다. 그러
나 자아로서의 개인은 다른 사람들과의 관계를 맺게 마련이고 여기에서 비
롯되는 '유사성'이나 '차이'를 바탕으로 집단적인 특성이 만들어질 수 있다.
인종, 성별, 세대, 유럽인, 아시아인, 한국인 등의 다양한 사회적 범주로서

---

12) 영국의 경우 이러한 정책적 접근을 돕는 새로운 기구로서 '행동적 통찰 연구팀
(Behavioral Insight Team)'이 만들어져 있다. D. Kahneman, *op. cit.*, pp.413-
414.

파악될 수 있게 되는데, 이 경우에는 '사회적 정체성(social identity)', '집단적 정체성(collective identity),' 또는 '집단 정체성(group identity)' 등으로 불리기도 한다. 인간이 개인으로서 또는 남들과의 관계에서 갖게 되는 이러한 정체성은 사회질서의 형성과 변화에 있어서 매우 중요한 몫을 하게 된다. 특히 비슷한 사람들끼리 만들어내는 집단적 정체성은 정치적 현상유지와 변환을 좌우하는 중요한 역할을 하게 된다. 그리고 정체성은 언제나 고정된 실체나 본질이라기보다는 가변적이고 탈중심화된 언어적·실천적 구성물이기 때문에 이에 대한 적절한 개념정립과 이론적 구성은 정치심리학의 새로운 연구분야로 관심을 모으게 된다.

1. 집단적(사회적) 정체성의 특성

사회학이나 정치학에서 관심을 모으는 '집단적 정체성'의 특성은 그 형성과정에서 잘 드러나게 되어 있다. 사회적 집단은 서로가 같은 정체성을 공유하는 사람들끼리 관계를 맺으면서 이루어진다. 그들은 모두가 같은 방식으로 서로 일체화하고 평가하며 그들이 누구이고 어떤 특성을 지니며 그들의 집단이 다른 집단의 구성원들과 어떻게 차별되는가 하는 것을 알게 된다. 그렇게 차별화되는 집단의 정체성이 형성되는 과정을 살펴볼 수 있다.

첫째로 사회적 범주화(social categorization)를 들 수 있다. 집단의 구성원들은 다른 집단과 차별화되는 어떤 속성들(지각, 태도, 느낌, 행동 등)로 구성되는 '원형(prototypes)'을 설정함으로써 구성원들은 이 속성들을 '내부집단(in-group)'으로서 서로 공유하고 다른 '외부집단(out-group)'의 것과는 차별화되도록 한다. 따라서 이 원형은 '메타 대조의 원칙(metacontrast principle)'에 따라 집단 내의 유사성은 극대화하고 집단 간의 차이는 크게 부각시키는 역할을 하게 된다. 그리고 어떤 사람을 집단의 구성원으로 범주화한다는 것은 그를 어떤 특정한 개인으로 보기보다는 원형이라는 렌즈를 통하여 보게 되며 원형에 따라 그를 측정하고 원형의 속성을 부여하게 된다. 이런 점에서 구성원들은 지각적으로 '탈개인화(depersoanlization)'된다고도 볼 수 있다. 또한 사회적 범주화가 인간의 행동을 좌우하기 위해서는 지각과 자아-개념(self-concept)의 기초로서 심리적 돌출(salience)이 이루어져야 한다. 즉 사람들이 가치를 인정하고 중요히 여기며 지각적으로 명료한 특질(예: 젠더, 인종, 직업 등)이 두드러지게 만들 수가 있다.

둘째로 동기부여가 있다. 사회적 정체성은 '자아-증대(self-enhancement)'와 '불확실성의 감축(uncertainty reduction)'이라는 두 과정을 거쳐 집단 구성원들의 동기부여에 기여한다. 우선 집단생활과 집단 간 생활의 두드러진 특징은 '자기민족중심주의(ethnocentrism),' 또는 긍정적인 특징으로서 '우리들은 어느 모로도 그들보다는 낫다('We' are better than 'them' in every possible way.)'는 믿음이다. 즉 자아증대와 자기존경을 증가시키면서 구성원들의 동기부여에 기여한다. 그리고 사회적 정체성은 또한 '불확실성의 감축'을 가져온다. 이것은 사회적 범주와 직접적으로 결합되는 인식론적 동기(epistemic motive)로서 사람들은 주변 세계와 그 속에서의 그들의 위치에 대한 주관적인 불확실성을 줄이는 데 노력을 기울인다. 즉, 그들이 누구이고 어떻게 행동해야 할 것인지 알고 싶어 하며, 또한 다른 사람들은 누구이고 그들은 어떻게 행동할 것인가를 알고 싶어 한다. 그러므로 사회적 범주화에서의 '원형'이 이러한 불확실성의 감축에 크게 기여한다고 볼 수 있다. 즉 원형을 통한 불확실성 감축이 동기 부여로 이어지는 것이다.

셋째로 사회적 정체성은 '탈개인화된 매력(depersonalized attraction)'과 '집단적 응집'을 만들어 낼 수 있다. 무엇보다도 '집단적 원형(group proto-type)'은 지각과 추리 및 행동의 기초가 되기 때문에 사람들로 하여금 얼마나 그 원형에 가까운가를 지적해 주는 잣대가 될 수 있으며, 이로 인하여 사람들로 하여금 개인적 정체성으로부터 탈개인화된 사회적 매력으로 바뀔 수 있게 만든다. 즉 사람들은 집단적 원형의 기준에서 그 인기도가 결정되고 그에 따른 사회적 매력은 집단 구성원들의 동의를 얻고 단일 방향성(unidirectional)을 지닌다. 그리고 이렇게 형성되는 사회적 매력은 집단의 응집력을 증대시킨다고 볼 수 있다. 즉 집단구성원 간의 따뜻한 '하나 됨의

느낌(feeling of oneness)'을 만들어 낸다.[13]

2. 집단적 정체성과 정치적 응집

사회 내에 집단적 정체성이 형성되면서 그것이 정치화되어 '정치적 응집력(political cohesion)'을 만들게 되는데 여기에 작용하는 몇 가지 두드러진 요인들을 다루어 볼 수 있다.

첫째로 집단의 구성원으로서 주관적인 강한 정체성을 가지고 있으면 정치적으로도 강한 응집력 형성에 기여하게 된다. 예를 들면, 미국의 아프리카계 미국인들(African Americans)의 경우 흑인이라는 인종문제에 강한 주관적인 정체성을 가지게 되면 인종문제에 대한 종합적인 입장(단호한 행동, 소수민족과 남아프리카에 대한 정부의 지원 등)에 있어서도 강한 응집력을 보인다. 그리고 이 경우 자기들과 정체성을 함께하는 흑인 이외의 외부집단(예: 아시아, 남미 등)에 대해서는 부정적인 태도로 연결되기도 한다.

둘째로 정치적 응집력은 '정치적인 의미부여'에 따라 그 강도가 달라질 수 있다. 미국적 정체성 연구에 있어서는 평등이나 개인주의와 같은 근본적인 미국적 가치에 대해서는 폭 넓은 합의가 이루어져 있으나 예를 들면, 하나님을 믿어야 한다는 기독교적인 의미부여가 정체성을 이루는 경우는 새로운 이민자에 혜택을 주는 정책에는 반대하는 것으로 나타나기도 한다. 그리고 유럽의 여러 나라에서는 자기 나라의 정체성이 유럽 전체의 정체성(EU)과 부합되지 않는다고 믿는 경우 유럽 공동시장의 형성에 찬성하지 않는다는 연구 결과(예: 영국)가 나오고 있다. 즉 정체성에 대한 정치적 의미부여에 따라 정치적 응집의 내용이 달라질 수 있음을 보여 준다.

---

13) Michael A. Hogg, "Social Identity Theory," in Peter J. Burke(ed.), *Contemporary Social Psychological Theories*(Stanford, Calif.: Stanford Univ. Press, 2006), pp. 118-122.

셋째로 정치적 응집력은 '공동의 운명(common fate)'이 강조되면서 그 강도가 더해질 수 있다. 그러면 공동의 운명은 어떻게 만들어지는가? 그 하나는 소득이라든가 취업과 같은 '실제적인 이해(realistic interests)'를 서로 공유하고 있는 경우이고, 또 다른 하나는 집단 구성원들이 사회적으로 받는 존경심 같은 '상징적인 관심(symbolic concerns)'이 있을 수 있다. 주로 경제적인 실제적 이해가 집단의 정체성 형성에서 차지하는 비중이 높게 되면 그렇지 못한 외부집단에 비해 그만큼 정치적 응집력이 증대될 수 있으며, 또한 사회적으로 존경받는 상징적 관심을 끌게 되면 그만큼 다른 외부집단에 비해 정치적 응집에 도움을 줄 수 있다. 이 양자의 응집 영향력은 다양한 사회적 맥락에 따라 나타나게 되므로 어떤 일률적인 명제의 도출은 힘들게 되어 있다. 그러나 사람들의 사회적 신분에 대한 고려는 경제적인 것을 능가하는 경향이 있으며, 경제적인 경쟁은 상징적인 것에 비해 집단의 응집에 지나친 작용력을 발휘하지 못한다는 것이 지적되고 있다.

넷째로 집단적 정체성의 발전에 있어서는 '돌출성(salience)'과 '유의성(valence)'이 중요한 몫을 한다. 돌출성은 어떤 집단이 특징 면에서 매우 두드러지는 형태를 띠게 되면 사람들의 동일화(identification)를 발전시키는 경우가 된다. 예를 들면, 국민적 유명인사가 어떤 인종집단의 용맹성을 다른 집단의 나태함과 대조시키게 되면 용맹한 집단의 정체성이 크게 발전하게 된다. 유의성은 비교적 높은 신분집단의 구성원들은 낮은 집단의 구성원들에 비해 국민적 정체성이 높게 나타나게 되는 경우이다. 예를 들면 미국 내의 쿠바인들은 사회적 신분 면에서 멕시코계 미국인이나 푸에르토리컨(Puerto Rican)인들보다 높다고 믿고 있기 때문에 국민적 정체성이 보다 발전되어 있는 것으로 나타난다고 한다.

끝으로 정치적 응집의 발전은 집단이 당면하는 외부적 위협이나 정치적 맥락에 많이 좌우되기도 한다. 일반적으로 어떤 알려진 외부적 집단으로부터 오는 위협은 내부집단의 단합을, 그리고 위협적인 외부집단에 대한 적대감을 증대시킨다. 그리고 정치적 맥락과 관련해서는 어떤 집단이 가지는 정치적 돌출은 그만큼 정치적 동일시에 긍정적으로 작용한다. 예를 들면, 미국

정치에 있어서 여성들의 상원의원 출마는 그만큼 여성문제에 대한 여성들의
단호한 행동반경을 넓혔고 그만큼 여성에 대한 전반적인 선거지지도를 높이
는 결과를 가져 왔다. 또한 정치적 맥락과 관련해서는 집단의 구성에 관한
'논쟁적인 의미'가 제기될 때 응집력에 대한 효과가 다르게 나타날 수 있다.
예를 들면, 1992년의 스코틀랜드(Scotland) 선거에서는 스코틀랜드와 영국
의 각각의 정체성 문제가 관심을 모았다. 독립을 원하는 '스코틀랜드 국민정
당(Scottish National Party)'은 스코틀랜드 정체성이 영국 정체성과 부합될
수 없으며 양자를 아우르는 영국적 정체성이란 있을 수 없다고 주장하였으
나, 보수주의자들은 오히려 양자의 공통성과 계속적인 유대의 중요성을 강
조하였다. 정치적 정체성에 관한 의미부여의 논쟁을 적절히 나타내는 것으
로 볼 수 있다.[14]

3. 집단적 편견과 감정

사회적 집단 사이에는 상대 집단에 대한 부정적 태도가 생기게 마련이다.
어떤 인지적인 부정적 고정관념이라든가 부정적 믿음 및 부정적 행동성향
등으로 이루어지는 편견이 조성되기 마련이다. 또한 이러한 편견은 인지적
인 측면만 아니라 감정적인 내용을 띠는 경우가 생기게 된다.

1) 편견

편견(prejudice)은 부정적 집단 간 태도(negative intergroup attitude)이
다. 사람들이 다른 집단들의 구성원에 대해서 생각하고 상호작용하면서 가
지게 되는 부정적 평가, 정의 또는 감정을 지칭한다. 2차 대전 이후 반유태
주의와 홀로코스트(Holocaust)에 대한 설명적 틀로서 '권위주의적 인성' 연

---

14) Leonie Huddy, "Group Identity and Political Cohesion," in David O. Sears,
    Leonie Huddy, Robert Jervis(eds.), *Oxford Handbook of Political Psychology*
    (Oxford: Oxford Univ. Press, 2003), pp.521-544.

구가 관심을 모은 적이 있지만 이러한 두드러진 집단 간 편견은 최근에 와
서는 다음과 같은 두 가지 형태의 부정적 태도로 개념화되고 있다.

우선 '극우 권위주의(RWA: right-wing authoritarianism, Altemeyer, 1981)'
란 외부집단이나 소수집단(minorities)에 대한 적대적이며 징벌적인 태도를
지칭한다. 높은 RWA 성향을 지닌 사람들은 세계란 위험하고도 위협적이며
이에 대처하기 위해서는 사회적인 응집의 필요성을 강조하며 '자율(예: 비동
조적이고 반항적인)'보다는 '사회적 동조(예: 순종적이고 존경심 있는)'를 우
선시하고 사회적 통제, 안전, 안정 등의 동기적 목적과 연결된다.

또 하나의 '사회적 지배 성향(SDO: social dominance orientation, Pratto,
Sidanius, Stallworlth, & Malle, 1994)'이란 소수집단이나 낙인 외부집단
(stigmatized outgroups)에 대한 편향되고 자기민족중심적인(ethnocentric)
태도를 지칭한다. 이 성향에 있어서는 사람들의 인성적인 차원이 '강인함
(tough)'과 '심약함(tendermindedness)'으로 나누어질 수 있는데, 전자는
강하고 강인하며 잔인하고 남에게 무관한 반면 후자는 남에게 자비롭고 관
대하며 돌보고 이타적인 성향이 된다. 강인한 성향의 경우 세계란 무자비한
경쟁적 정글로서 강자가 이기고 약자가 패하는 약육강식의 터로 파악된다.
강인함이 전제되는 세계관은 권력, 지배, 남에 대한 우월성이 강조되는 동기
적 목표와 연결된다. 편견과 관련되는 RWA와 SDO의 두 세계관은 전자는
매우 위험하고 위협적인 세계를, 후자는 매우 경쟁적인 정글로서의 세계를,
각각 상정하고 있는데, 전자의 경우 위험에 대처할 수 있는 권위주의적 세계
관의 증대를, 후자의 경우 경쟁적 정글에 대처할 수 있는 경쟁적 지배의 세
계관이 권장되게 되어 있다.[15]

최근에 나타나는 집단적 편견의 연구에서는 그 편견의 형태가 좀 더 우회
적이고 은근한 형태로 개념화되어 가고 있다. 첫째로 '근대적 인종차별주의

---

15) John Duckitt, "Prejudice and Intergroup Hostility," in David O. Sears et al.
    (eds.), *Oxford Handbook of Political Psychology*(New York: Oxford Univ.
    Press, 2003), *op. cit.*, 577-579.

(modern racism)' 또는 '상징적 인종차별주의(symbolic racism)'가 있다 (McConahay, 1986, Sears & Henry, 2003, 2005). 이 형태는 사람들의 기회균등의 원칙은 찬성하되 소수집단에 대한 적대감은 가지고 있는 경우가 되는데, 이 양자 간의 갈등은 다음과 같은 합리화과정으로 해결된다. 즉 생존과 관련되는 불평등은 소수집단의 희생자들의 특성(능력이나 근면성의 문제)에서 비롯되는 것으로서 오히려 그러한 희생자들의 항의는 정당화될 수 없으며 그들은 특별한 혜택을 바라고 있으며 그들이 누리는 많은 이득은 부당하다고 주장한다. 오히려 이들 근대적 인종주의자들은 자기들이 부당한 대우를 받고 있으며 박탈된 상태에 있다고 생각한다.

둘째로 '회피적 인종차별주의(aversive racism: Dovido & Gaertner, 1998, 2004)'가 있다. 이 편견을 가진 사람들은 자신들은 편견이 없으며 평등주의적 가치관을 가지고 있다고 생각하고 있지만 흑인과 같은 소수집단에 대해서는 무의식적인 부정적 느낌과 믿음을 가지고 있다. 소수집단에 대한 차별의식보다는 오히려 자기소속 집단에 대한 혜택을 주창하는 입장에 선다.

셋째로 '애매한 남녀차별주의(ambivalent sexism: Glick & Fiske, 1996)'가 있다. 이 편견을 가진 사람들(주로 남자들)은 비전통적인 여자에 대한 적대감을 가지면서 동시에 전통적인 여자들은 칭찬하는 입장이 된다. 남녀 간의 적대관계를 전제하는 입장(hostile sexism)에 서게 되면 여자와 남자는 서로 반대자가 되며, 여자들의 경우 결혼, 성적 속임수, 계속적인 배려, 성적 대결에 있어서의 투쟁 등을 통하여 꾸준히 남자들을 통제하려고 든다고 보게 된다. 대조적으로 '자비로운 남녀차별주의(benevolent sexism)'의 경우는 여자는 주춧대(pedestal)로 격상된다. 여자들은 순수하고 선량한 창조물로서 그들의 남자 편에 서고 자녀들을 양육하는 입장을 인정받으며, 또한 여자들은 동시에 약하고 능력 면에서 떨어지기 때문에 전통적인 가정 담당의 역할에 국한될 것을 바란다.[16]

---

16) Vincent Yzerbyt and Stephane Demulin, "Intergroup Relations," in Susan Fiske, Daniel T. Gilbert, Gardner Lindzey(eds.), *Handbook of Social Psychology*,

2) 감정

집단 간에도 감정(emotion)이 있을 수 있다. 외부집단에 대한 다양한 감정(죄책감, 수치심, 분노 등)이 있을 수 있는데 이러한 집단 간의 감정적 반응은 최근의 사회심리학에서 새로운 연구분야로 관심을 모으게 된다. 그리고 이러한 연구들은 주로 지배집단과 피지배집단 사이의 감정적 상호작용으로 다루어지고 있는데 그 대표적인 사례들을 정리해 볼 수 있다.

우선 지배집단(dominant groups)의 경우 역사적인 식민지 시대의 과거에 대한 죄책감이 있을 수 있다. 예를 들면, 네덜란드(Dutch) 국민의 경우 그들의 식민지 과거에 대하여 죄책감을 가지는 것이 밝혀지게 되는데 특히 자국에 대한 일체감이 적을수록 인도네시아에 대한 죄책감이 강한 것으로 나타나면서 양국관계를 개선하는 방향의 반응이 나오는 것으로 밝혀진다. 대체로 식민지 사례에서처럼 지배집단의 과거행위는 해롭고 정당화되기 힘든 행위였던 만큼 자기 집단의 책임과 교정행위의 필요성이 뒤따르게 된다.

그러나 자기집단의 영광을 앞세우는 높은 동일화층(high identifiers)의 경우 죄책감을 덜 느끼며 과거에 잘못을 저지른 것은 진정한 자기 집단구성원이 아니라 일부 말썽꾸러기들(black sheep)의 소행으로 단정하며 배상의 문제에도 이견을 다는 것으로 나타난다. 집단적 죄책감은 집단 간의 관계에서 중요한 감정이 될 수 있다. 즉 그 감정은 부정적이고 실망스러운 것이긴 하지만 자기 집단에 의해 저질러진 잘못을 사과와 배상을 통하여 교정하려고 하며 그것으로 인하여 피해를 입은 개인들에게 긍정적인 결과를 가져오는 데 기여할 수 있기 때문이다.

그렇지만 대조적으로 수치심(shame)의 경우는 사정이 달라진다. 즉 그것은 잘못을 저지른 당사자의 성향과 관련하여 부정적 이미지에 직결되기 때문에 거부반응을 일으킬 가능성이 있어 가급적 감정적 반응을 피하려는 경향을 만들어 내기 때문이다. 그리고 지배집단의 경우 외부집단에 대하여 저

Volume Two, fifth ed. (New Jersey: John Wiley & Sons, Inc., 2010), pp.1044-1045.

지른 과거의 부당한 이득과 관련해서는 죄책감이나 수치심 이외에도 자기 집단에 대한 분노(anger)를 느낄 수도 있다.

한편 '피지배집단(dominated groups)'의 감정적 대응도 생각해 볼 수 있다. 우선 서로 협조적인 집단 간의 관계에서는 피지배집단의 구성원들은 지배집단의 구성원에 대해서 신뢰와 존경 및 감탄의 느낌을 경험할 수 있다. 그러나 이것이 두 집단 간의 경쟁관계로 바뀌게 되면 시기, 질투, 노여움, 경우에 따라서는 분노 또는 두려움으로 나타날 수 있다. 대체로 부당한 사회적 계층구조는 피지배집단의 감정적 반응을 조성하기 마련이다. 많은 문헌들이 그러한 불의(injustice)는 좌절과 분노의 느낌으로 이어지게끔 되어 있으며, 이 경우 '상대적 박탈감' 이론들(Crosby, 1976; Folger, 1986; Gurr, 1970)은 객관적인 박탈보다는 부당한 불이익에 대한 주관적인(subjective) 경험이 보다 촉진제의 역할을 하는 것으로 본다.

그러나 사회적 불의에 대한 피지배집단의 반응은 다소 복잡한 양상으로 발전될 수도 있다. 예를 들면, 하층신분집단의 경우 그들의 곤경을 오히려 사회적 창조성(social creativity)의 전략으로 바꾸어 사태의 호전을 기할 수 있다. 즉 현존하는 집단의 특성을 매력적인 것으로 재정의함으로써 자신들의 창조성을 크게 부각시킬 수가 있다. 미국의 아프리카계의 흑인들의 경우 'Black is beautiful'이라는 주장에서 그러한 창조성을 부각시키는 시도가 파악될 수 있다. 또 다른 피지배집단의 반응으로서는 시기나 분노, 체념이나 두려움보다는 긍정적인 느낌으로 이어지는 상황이 전개될 수도 있다. 예를 들면, 남의 불행을 고소하게 여기는 감정(Schadenfreude)이 나타날 수 있는데 지배집단의 부당한 처사가 실패하여 스스로의 불행으로 귀결되는 데 대한 고소한 '악의적인 기쁨(malicious pleasure)'이 그러한 적절한 사례가 될 수 있다.[17]

---

17) *Ibid.*, pp.1048-1050.

4. 정신분석

정신분석학은 정치학의 경우 1970년대에 들어 루이 알튀세(Louis Althusser)에 의하여 자크 라캉(Jacques Lacan)의 이데올로기론이 소개되어 상당한 관심을 모아 왔으나 최근에 들어서는 라캉의 기본적 이론체계를 정치이론뿐만 아니라 예술분야와 종교, 문화적 연구분야에 광범하게 확산시킨 슬라보예 지젝(Slavoj Žižek)의 연구가 새로운 반응으로 이어지고 있다. 주로 라캉과 지젝에 의해 논의되고 있는 몇 가지 정치적 주제들을 소개해 보기로 한다.

1) 이데올로기

라캉의 '이데올로기'는 하나의 담론(discourse)으로서 여러 구성요소들을 묶는 구체적인 표명의 형태를 띠고 있으며 그 구성요소들은 어떤 동질적인 영역으로 전체화되는 '접점(nodal-point),' 즉 라캉의 이른바 '지배적 기표(master-signifier)'로 구체적인 의미가 결정된다. 예를 들면, 공산주의라는 담론은 그 이데올로기적 구성요소들(예: 자유, 국가 등)의 의미를 구체화하는 '접점'을 통하여 실행에 들어간다고 볼 수 있다. 이 경우 자유란 형식적인 부르주아적 자유가 아니라 유효한 자유를 뜻하며, 국가란 계급적 탄압의 수단이라는 의미를 부여받게 된다. 정치적 이데올로기는 여러 '유동하는 기표(floating-signifiers)'로 구성되기 마련이며 접점을 통한 의미부여는 구체적으로 그 사회를 지배하는 헤게모니(hegemony)의 작동으로 소급적으로 결정된다고 볼 수 있다.[18]

이데올로기에는 'Le sithome'라는 의미 없는 문자로 된 즉각적인 '즐거움(jouis-sense, enjoyment-in-meaning, enjoy-meant)'을 만들어내는 것이 있는 것으로 전제된다. 이 'sithome'은 영화나 노래에 나타나는 다양한 기표

---

18) Slavoj Žižek, *Looking Awry: An Introduction to Jacques Lacan through Popular Culture*(Cambridge, Mass.: The MIT Press, 1995), p.129.

들(signifiers)로 이루어지는데 라캉은 이것이 만들어내는 환상적인 힘을 그 형성의 맥락으로부터 고립화시킴으로써 그것이 인간에게 주는 값진 선물이 아니라 실재(the real)의 지겹고도 무의미한 단편에 지나지 않는 '배설물의 선물'임을 지적한다. 즉 이데올로기가 지니는 도에 넘치는 즐거움의 실체를 정확이 알아야 한다는 점이 강조된다. 예를 들면, 전체주의와 같은 이데올로 기라 할지라도 그것이 주는 어리석은 즐거움에 담긴 가증스러운 핵심을 고 립화시킴으로써 전체주의가 효과적인 사회적 유대가 아님을 밝혀내기를 주 문하고 있다.[19]

이러한 이데올로기의 왜곡된 특성에 어떻게 대응해야 할 것인가의 문제 가 제기될 수 있다. 라캉의 이론적 계보를 이어받는 입장에서는 이데올로기 에 대한 부정적 입장에만 고집할 것이 아니라 어떤 타협적인 방안이 모색된 다. 우선 이데올로기가 사회적 영역의 외상적 공백을 메워주는 환상적인 측 면을 파악하여야 할 것이며, '상상적 질서(imaginary order)'로서의 이데올 로기가 '상징적 질서(symbolic order)'를 와해시키는 일은 없도록 대책을 마 련할 것을 제안한다. 예를 들면 지젝은 이데올로기를 극복하거나 없앨 것이 아니라 이데올로기의 무서운 측면을 인정하도록 연구해야 하고 그러한 근본 적인 인식의 바탕 위에서 하나의 타협(modus vivendi)이 표출되도록 할 것 을 제안한다.[20]

2) 민주주의

민주주의의 주체는 다양한 욕구와 이해, 믿음을 가지는 인간이 아니라 극 히 추상적인 데카르트적 주체(Cartesian subject), 즉 '공백 시간성(empty punctuality)'으로 파악된다. 모든 민주적 선언에 잘 나타나듯이 인종, 성별, 종교, 부, 사회적 신분에 얽매이지 않는 모든 사람들, 즉 모든 긍정적인 특성 을 추상화시킨 '공백 점(empty point)'으로 민주주의의 주체가 파악된다. 라

---

19) *Ibid.*, pp.128-130.
20) S. Žižek, *The Sublime Object of Ideology*(London: Verso, 1989), p.5.

캉은 불합리한 충동들로 꽉 찬 정신분석학의 인간관이 아니라 주체에게 긍정적이고 실질적인 정체성을 부여하는 모든 것을 부인하고 오히려 '정체성의 결여'를 주창한다. 그리고 사람들은 이러한 구성적 공백(constitutive lack)을 동일화를 통하여 메워 나가면서 상징적 네트워크(symbolic network) 내에서의 그의 위치를 보장해 줄 수 있는 지배적 기표(master signifier)를 찾게된다. 따라서 이렇게 보면 민주주의란 추상적인 개인들의 형식적인 연결에지나지 않으며, 어떤 구체적이고 실제적인 인간의 측정으로서가 아니라 극히 형식적이고 무정한 추상화로 이루어지는 반인간적(antihumanistic)인 성격을 지닌다고 볼 수 있다. 그리고 이러한 민주주의의 구성적 공백을 구체적인 내용으로 메우려는 시도는 자칫 전체주의적인 유혹으로 이어질 수도있게 된다.[21)]

그런데 민주주의의 고민은 형식적 연결로 이루어는 추상적인 시민(abstract citoyen)과 특수하고도 병리적인 이해(pathological interests)를 가진 부르주아적 짐꾼(bourgeois bearer) 사이에 만들어지는 '분열'이다. 그리고 이 양자 간의 조정은 불가능하다는 비판이 나온다. 보다 전통적인 사회학적 상반 논리를 적용하게 되면 이른바 퇴니에스(F. Tönnies)에 의해 제기되는 '사회(Gesellschaft: 원자적 개인들에 의한 기계적이고 외부적인 응집)'와 '공동체(Gemeinschaft: 유기적 연결로 이루어진 공동체)'의 상반된 파악이 가능할 수 있는데, 현대 민주주의는 전자에 속하는 것으로 파악될 수 있다.

오늘날의 민주주의가 '사회(Gesellschaft)'의 속성에 가까워진 것은 그 병리적 현상을 해결하려는 이른바 생태주의, 페미니즘, 평화운동 등의 신 사회운동(new social movements)에 잘 나타난다. 이들 운동의 목적은 우리들의 행동과 믿음의 전반적인 양식의 근본적인 변환에 있으며 우리들의 본질적인 태도를 좌우하는 '생명 패러다임'에 변화를 가져오려는 것이다. 자연에대한 새로운 태도, 그것은 지배가 아닌 대화적인 상호작용이고, 페미니즘의경우 공격적인 남성적 이성이 아닌 다원적이고 부드러우며 여성적인 합리성

---

21) S. Žižek, Looking Awry, *op. cit.*, p.163.

을 지향한다. 여기서 생태주의자나 페미니스트라고 하는 것은 서구 민주주
의에 있어서의 보수주의냐 사회민주주의냐 하는 것과는 판이한 성격을 가지
는 문제가 된다. 즉 전자의 경우는 단순한 정치적 믿음의 문제가 아니라
전체적 생활태도의 문제가 된다. 따라서 생활 패러다임의 변화를 지향하는
생태주의나 페미니즘은 일단 정치적 프로그램으로 확정이 되면 그것은 형식
적 민주주의의 근본을 뒤흔들게 된다. 즉 형식적 민주주의와 신 사회운동의
상호 적대감은 해소될 수 없는 성격이 것이며, 신 사회운동의 주요 의제는
일상적인 정치투쟁이나 전통적인 정당정치의 틀로서는 좀처럼 해결의 실마
리를 찾기 힘들 것이라는 점이 강조된다.[22]

뿐만 아니라 형식적 민주주의의 또 다른 장애물로서는 민족주의가 있다.
세계의 모든 사람들을 세계적 시민들로 취급하는 지구적 민주주의(planetary
democracy)는 그에 상응하는 정치적 열성을 조성해 내기는 힘들게 되어
있다. 모든 사회적 차이를 평준화하여 시민들을 만들어내는 일은 어떤 민족
적 원인에 대한 충성심을 통해서만 가능하게 되어 있는데 이 방법은 민족적
신화를 통한 집단적 기쁨의 조성에 의해서만 가능하게 되어 있다. 그리고
이러한 기쁨의 형성에 있어서는 언제나 나라마다 갖기 마련인 민족적 소유
물을 탐내고 위협하는 '타자(other)'가 있는 데 문제가 생긴다. 그리고 이
타자의 위협은 실제로는 일어날 수 없더라도 그 가능성만은 우리들을 항상
두렵게 만드는 프로이트(Freud)의 이른바 '거세(castration)' 효과에 해당하
는 작용력으로서 형식적 민주주의의 실행을 제약한다고 볼 수 있다. 1차
대전 발발에 즈음한 세계노동운동의 실패에서 드러나듯이 이러한 민족 단위
의 맹목적 애국주의는 지구적 단위의 민주주의의 실행에 결정적인 장애를
만들 수 있다는 적절한 예가 될 수 있다.[23]

---

22) *Ibid.*, p.164.
23) *Ibid.*, pp.165-166.

3) 과격정치의 논리: 지젝(S. Žižek)

라캉의 정신분석은 그의 후기에 이르러 미국식 자본주의에의 적응에 초점을 두는 이른바 인본주의적 호소에 비판과 제동을 거는 새로운 '행위(act)' 중심의 과격이론으로 등장하게 된다. 상징적, 상상적, 실제의 삼자 질서가 결합되어 만들어내는 '언명의 주체(subject of statement)'로부터 이제는 진실을 하나의 과정으로 만들어 나가는 낭만적-실존적 존재로서의 이른바 '선언적 주체(subject of enunciation)로서의 인간을 부각시킨다. 지젝은 이러한 라캉의 이론체계를 이어받아 그것을 마르크스의 재해석, 헤겔 변증법의 재구성 등을 통하여 인간의 '행위'에 초점을 두는 방향으로 그의 사회주의 지향적인 과격한 정치이론을 전개한다.24)

우선 인간의 주체적 특성은 '자유'의 개념에서부터 두드러진다. 자유란 미래를 향한 개방된 하나의 새로운 행위라기보다는 과거로 거슬러 올라가서 그것을 재구성하는 행위가 된다. 즉 단순한 과거의 단절도 아니고 과거를 변환시키는 것이다. 현재의 자유로운 행위란 과거를 다시 찾고 그것을 과격하게 고치는 행위가 된다.25) 예를 들면, 사회주의 실행의 과정에서 레닌주의(Leninism)와 스탈린주의(Stalinism)가 대조될 수 있는데 스탈린주의의 '실패'를 통하여 레닌주의의 핵심적 해방의 논리를 찾아낼 수 있으며 그에 근거한 새로운 변환을 가져올 수 있다는 것인데 바로 자유로운 행위란 이러한 과거의 실패를 과격한 방향으로 변환시킴으로써 이루어진다는 것이다. 즉 헤겔의 부정의 논리에 근거하는 자유의 개념이 된다.26)

한편 자유는 그 실행의 과정에서는 그것을 지속시키는 동력을 필요하게 되

24) Ian Parker, "Žižek's Sublime Objects Now," in Jamil Khader and Molly Anne Rothenberg(eds.), *Žižek Now: Current Perspectives in Žižek Studies*(Cambridge, UK: Polity Press, 2013), pp.22-26.
25) Slovoj Žižek, *In Defense of the Lost Causes*(London: Verso, 2008), p.314; Joshua Ramey, "Ceremonial Contingencies and the Ambiguous Rites of Freedom," in J. Khader and M. A. Rosenberg, eds., *Žižek Now: Current Perspectives in Žižek Studies*(Cambridge, Uk: Polity Press, 2013), pp.84-87.
26) J. Ramey, *op. cit.*, p.88.

는데 지젝은 혁명적인 사람들의 열망이나 희망은 의례적이고 의식화될수록 그 강도가 높아진다고 보고 있으며 예를 들면, 바그너(W. R. Wagner)의 파르시팔(Parcifal)과 같은 예술작품이 혁명적 열기의 조성에 도움이 될 수 있다는 가능성을 제시한다. 또한 해방적 정치행동의 실행에 있어서는 특히 의식(ritual)이나 장관(spectacle)을 만들어내는 예배식-의식적 행동(liturgic-ceremonial behavior)이 필요하며, 혁명적 열기의 조성에는 친밀하고도 회화적인 강연보다는 '웅변가 투(declamatory)'의 연설이 효과적인 것으로 보고 있다. 그리고 사티(Eric Satie)의 가구음악이나 베르토브(Dziga Vertov)의 '영화 카메라를 든 사나이' 등의 예술작품에 있어서는 집단적 친밀성과 함께 생의 즐거움에 관한 황홀한 찬가로서의 병렬적인 특성을 인정하고 있다.[27]

그러면 반자본주의-국제적 사회주의로 가는 구체적인 정치적 과제는 무엇인가?

즉 세계적 혁명을 실행에 옮기는 정치적 조직의 형태는 어떤 것이 되어야 할까의 문제가 제기될 수 있다. 지젝은 그 정치적 형태가 '프롤레타리아 독재'가 되어야 한다는 마르크스주의의 기본에서 출발한다. 무엇보다도 빈민가의 제외되고 탈 구조화된 대중들(de-structured masses), 가난하고 모든 것을 박탈당한 사람들이 정치적으로 조직되어 다양한 주도자들과 함께 혁명적 세력을 새로운 사회-정치적 질서로 변환시키는 것이 가장 중요한 과제로 등장한다.[28] 그러나 여기서 '프롤레타리아 독재'란 중앙집권화된 정당국가(party-state)를 지칭할 수도 있지만 그것은 어디까지나 국가 자체의 과격한 변환을 통하여 새로운 민중적(그리고 민주적) 형태의 참여를 뜻하는 것임을 지젝은 분명히 한다. 즉 민중적이고 민주적인 참여가 보장되는 형태임을 강조한다. 그 적절한 예로써는 볼리비아의 모라레스(Morales), 네팔의 모택동식 정부, 베네수엘라의 샤베즈(Chavez) 정부 등이 열거된다. 이들 정부들은

---

27) *Ibid.*, pp.91-94.
28) S. Žižek, *On Violence*(London: Profile Books, 2008), p.426.

그들의 권력을 비국가적 형식(non-statal manner)으로 행사하는 데 성공했으며, 그들의 지지자들의 직접적 동원의 형태를 통하여 '자유-민주적 대의 정당네트워크(representative party network)'를 우회하는 전략을 취한 점을 지적하고 있다. 특히 샤베즈의 빈민가 주민들의 성공적인 정치화과정을 그 민주적 참여의 근거로 받아들이고 있으며, 사회주의 형명에 있어서의 프롤레타리아 독재란 국가를 새로운 형태의 민중적 참여로 과감하게 변환시키는 것임을 강조하고 있다.[29] 뿐만 아니라 최근에 와서는 자본주의가 마르크스주의와 결합될 수 있다는 가능성을 전제로 '강한 국가'가 선도하는 중국식 경제발전에 대하여 높은 평가를 내리고 있다.[30]

---

29) Erik Vogt, "Žižek and Fanon: On Violence and Related Matters," in J. Khader and M. A. Rothenberg(eds.), *Žižek Now: Current Perspectives in Žižek Studies* (Cambridge, Uk: Polity Press, 2013), *op. cit.*, pp.149-151.

30) Žižek은 최근 세계적인 자본주의적 운영과 관련하여 강력한 국가(strong state)만이 경제적 발전과 자유를 보장할 수 있다고 전제하고, 국가가 물, 전기, 직업, 그리고 은행과 금융제도까지 통제할 수 있는 강력국가가 되어야 한다고 주장한다. 그리고 이를 실행에 옮기고 있는 중국을 '아름다운 역설'로 평가하고 있다. 『조선일보』(이수웅 기자)와의 인터뷰(2013.8.1).

제 **6** 장

정치경제학

제6장

정치경제학

정치와 경제의 상호관계와 그 역동적인 특성의 파악은 정치학과 경제학의 두 학문적 연구 영역을 서로 잇는 중요한 연구분야로 관심을 모으고 있다. 21세기에 들어서면서 인류는 시장경제의 안정성, 경제적 성장과 불평등, 투기적 금융의 위기적 국면, 세계화와 균형발전, 생태·환경적 변화에의 적응 등의 다양한 경제적 쟁점과 정책적 과제들에 직면해 있으며, 이를 둘러싸고 경제와 경제외적 요인들(정치, 사회)의 상호작용에 초점을 두는 새로운 학문적 영역으로 각광을 받고 있는 것이 바로 '정치경제학(political economy)'이다. 특히 세계적 규모로 확산된 자본주의의 본질과 그 다양한 형태의 연구를 통하여 어떻게 하면 나라마다의 경제를 성공적으로 조직하여 그 수행수준을 높이고 지속적인 성장의 길로 유도하느냐의 중요한 설명적 틀의 마련과 이론적 구성의 과제를 안고 있다.

이러한 기본인식을 바탕으로 전후 자본주의 분석에 필수적인 이론적 구성의 문제들을 다루어 볼 수 있는데 이와 관련해서는 1) 신고전경제학, 2) 제도주의경제학, 3) 케인즈 경제학 등의 최근에 관심을 모으는 주요 이론적 논의들을 정리해 볼 수 있다. 그 다음으로는 보다 구체적인 연구분야로서 전후 자본주의의 발달과정에서 나타난 다양한 형태의 특성에 초점을 두고 각 형태마다 나타나는 경제적 수행능력과 잠재력을 정리해 볼 수 있다.

여기서는 자본주의를 두 가지 형태로 크게 나누는 '이분법'에서 출발하여 최근에 들어 보다 다양하게 다섯 가지 형태로 분류하여 그 특성들을 다룬 연구 등을 검토해 보기로 한다. 그리고 이러한 형태별 분석에 바탕을 두면서 장차 자본주의가 하나의 보편적인 정치경제적 패러다임으로 어떠한 지속력과 위기적 요소들을 갖고 있는가의 전망과 관련되는 문제도 정리해 볼 수 있다.

I. 정치경제학의 이론적 맥락

정치경제학은 20세기 후반에 들어서면서 세계화와 지구환경적 변화로 인한 매우 복잡한 경제적 현안과 정책적 쟁점에 직면하게 되면서 그 이론적 맥락에도 상당한 변환이 불가피하게 된다. 성장과 불평등의 문제, 금융위기, 지구온난화와 녹색성장, 세계적 균형발전 문제 등의 다양하고도 어려운 경제적 쟁점들이 이론적 구성의 새로운 과제로 등장하게 된다. 이러한 새로운 이론적 구성의 추이를 밝히기 위하여 1) 신고전경제학, 2) 제도주의경제학, 3) 케인즈 경제학 등 세 갈래의 이론적 맥락으로 그 각각의 특성들을 정리해 보기로 한다.

1. 신고전경제학

신고전경제학(Neoclassical Economics)은 시장이야말로 소비자와 생산자 간의 가장 유리한 경제적 교환을 가능케 하고 또한 경제적 자원의 효율적인 배분을 가져온다는 이론적 입장이다. 그 근원은 1870년대에 제본스

(W. Jevons), 멩거(C. Menger), 왈라스(L. Warlas) 등에 의해 당시의 정치
경제적 여건(제국주의의 합리화, 반 마르크스주의, 수요 중심의 사상, 공리
주의의 등장 등)을 배경으로 등장하였으며, 그 후 1980년대에 들어서는 영
국, 미국 등의 선진 자본주의 국가들의 극심한 인플레와 실업이 겹친 경제적
침체를 배경으로 '시장의 자유화'를 기치로 다시 되돌아왔다. 그리고 그 일
관된 주장은 자유시장경제(Free-market economics)와 국가간섭의 축소로
요약될 수 있으며 보다 근원적으로는 멀리 18세기의 스미스(Adam Smith),
리카도(David Ricardo), 세이(Jean-Babtiste Say) 등에 의해 체계화된 '고
전적 정치경제학(Classic political economy)'으로 거슬러 올라간다.

  1980년대에 들어서면서 영국(대처 총리), 미국(레이건 대통령) 등 선진자
본주의 국가에서는 재정팽창과 경상수지 악화, 강성노조 등으로 인한 '스태
그플레이션'으로 접어들게 되자 이를 극복하기 위하여 시장의 기제를 활성
화시키는 정책적 전환을 시도하게 된다. 수요보다는 공급 쪽의 거시경제적
정책과 합리적 기대이론이 선호되고 공기업의 민영화, 경상수지 개선을 위
한 국제적 협조 유도, 강성노조에 대한 단호한 대응 등이 실행에 옮겨졌으며
이러한 정책적 전환을 '시장근본주의(market fundamentalism)'로 부르게
된다. 그리고 이러한 '신고전주의'의 입장을 내세우게 된 학자들은 개발도상
국가의 저발전도 그릇된 가격정책과 정부의 지나친 간섭으로 인한 잘못된
자원배분에서 비롯된다는 주장을 펴게 된다. 이들은 경제활동에 대한 국가
의 간섭이야말로 경제성장을 지연시키는 주범이라는 데 인식을 같이 하고
있으며, 오히려 보다 경쟁적인 자유로운 시장을 마련해 주고, 국가소유기업
의 민영화, 자유무역과 수출증대, 외국자본의 투자환영, 정부의 각종 규제
철폐, 생산과 금융시장에 있어서의 가격왜곡(price distortions)의 시정 등이
제3세계의 경제적 효율성과 성장을 기약할 수 있다고 보았다.[1]

---

[1] 이러한 '신고전주의 경제학'의 입장에 서는 학자들로서는 L. P. Bauer, Deepak Lal,
   Ian Little, Harry Johnson, Julian Simon, Jagdish Bhagwati, Anne Krueger 등이 꼽
   히고 있다. Michael P. Todaro, *Economic Development*, Sixth ed.(London: Addison
   Wesley Longman Ltd., 1997), pp.86-87.

신고전주의에서는 국가의 간섭과 규제에 관한 다음과 같은 문제점들이
지적된다.

1. 자기이해에 집착하거나 지나치게 타산적인 정치인들이나 기타 행위
   자들은 자기들의 좁은 이해와 시야에 따라 자원의 배분을 통제하는
   연합세력을 형성하기 마련이다.
2. 정치인들과 정부 관리들의 부패가 발생한다.
3. 경제와 기업 활동에 대한 충분한 이해를 갖고 있는 유능한 행정가가
   결여되어 있거나 또는 존재하지 않는다.
4. 사적인 영역과 그 기능적인 측면에 대한 지식이 일반적으로 결여되
   어 있다.[2]

그리고 신고전주의의 기본전략으로서는 국가의 경제적 역할은 극소화되
어야 하며 무엇을 어느 정도 생산해야 할 것인가의 문제는 경쟁적인 시장에
서 형성되는 가격기제에 전적으로 의존해야 한다는 입장이다. 특히 선진제
국의 경우 지금까지 경제정책을 좌우해 오던 '케인즈주의'적인 국가 간섭의
해법이 아니라 시장에서 형성되는 가격기제에 전적인 신뢰를 두자는 것이
그 이론적인 근간을 이룬다고 볼 수 있다.[3]
'신자유주의(neoliberalism)'는 개인적 선택의 자유와 시장의 이상적인 특
성을 나타내는 '정치'의 측면에 역점을 두는 이데올로기이다. 이 용어의 수
사적인(rhetoric) 측면으로서는 보다 개인적인 창의와 기업의 영역을 넓히
기 위하여 '국가를 비대하지 않게 만들고(slimming the state)' 관료적 형식
주의(red tape)를 축소하려는 것으로 요약된다. 보다 구체적으로는 '경제적
근본주의' 또는 '시장근본주의'를 그 기본전제로 하고 시장원리(market prin-

2) John Martinussen, *Society, State and Market: A Guide to Competing Theories of Development*(London & New Jersey: Zen Books Ltd., 1997), p.262.
3) *Ibid.*, p.263.

ciples)를 사회 및 정치적 판단보다 우선시하는 입장이 된다. 정책 면에서는 사유화, 탈규제, 무역자유화, 소득세의 누진성과 그 수준의 축소, 공공서비스의 계약제, 보편적 사회보장에 대한 정부공약의 철회 등을 포함한다. 예를 들면, 고속도로의 마련과 유지는 개인회사와의 계약에 따라 이루어지며 개인 회사로 하여금 건설, 경영, 그리고 개인적 유료도로로 만들게 한다. 심지어 보건과 교육 서비스도 시장의 원칙에 따라 자금이 조달되고 운영된다. 개인 소유의 감옥도 종전에는 웃음거리가 되었으나 이제는 그렇지 않게 되었다. 신자유주의 프로그램이 추진되는 속도와 그 포괄성은 나라에 따라 다르다. 그렇지만 영국, 북미, 호주, 뉴질랜드보다는 유럽대륙이 다소 뒤떨어지지만 그 추세는 증가일로에 있다.

그러나 2007~2008년의 금융위기의 시작은 신자유주의 원칙과 실제에 상당한 동요를 가져온 것이 사실이다. 일부 국가의 지도자들은 신자유주의 프로젝트의 종식을 선언하였지만 그 기본사상이나 정책적 실천에는 큰 영향이 없다. 현재는 시장과 국가(states)에 대한 극히 대조적인 두 갈래의 시각의 힘겨루기로 특징지어질 수 있으며 신자유주의적 이데올로기는 이 과정에 있어서의 독특한 일부분으로 자리 잡고 있다고 볼 수 있다.[4]

2. 제도주의경제학

제도주의경제학(Institutional Economics)은 자유롭고 자율적인 시장을 앞세우는 '신고전경제학'에 도전하는 새로운 흐름이다. 시장을 중심으로 나타나는 여러 제도들은 단순한 가정(fiction)이상의 것으로서 어디까지나 사회적 바탕 위에 서 있으며 시장이 제대로 작동되려면 여러 가지 지원적인 구조(supportive structures)가 마련되어야 한다는 것을 전제한다. 즉 시장

4) Frank Stilwell, *Political Economy: The Contest of Economic Ideas*, Third ed. (Oxford: Oxford Univ. Press, 2012), pp.207-208.

이 제대로 작동하려면 재산권의 보호와 계약원칙의 실행을 위한 법률적 제도가 필요하고, 교환수단의 정당성과 가치를 뒷받침하기 위해서는 금융제도가 절실하며, 또한 현존하는 경제질서를 지탱하는 이데올로기를 강화해 주는 사회적 제도들에 의존하지 않을 수 없게 된다. 어떤 학자의 말대로 '성공적인 자본주의의 발달은 시장메커니즘의 완벽에 있는 것이 아니라 조직 능력(organizational capacities)의 구축에 있다'는 점이 역설된다.5)

제도주의경제학자들에 의하면 이러한 제도적 장치들은 완벽한 경쟁적 시장에 대한 '비현실적인 추상화'가 아니라 진정으로 연구되어야 할 경제적 현상임이 전제된다. 그리고 이들은 경제학의 연구가 사회과학 분야(사회학, 정치, 역사, 지리, 산업관계, 인류학 등)에 통합되어야 하며, 특히 정치경제학의 연구는 자본, 노동, 국가의 제도적 틀 속에서 다루어져야 한다는 것이다. 자본이란 무정형한 생산의 요인이라기보다는 다국적기업에서 소규모 사업 등으로 이어지는 국지적 조건들(local conditions)에 의해 만들어지는 제도적 형태를 띠게 된다. 노동의 제도적 형태도 노동자들이 노동조합으로 조직될 수도 있고 지역, 젠더(gender), 인종 등의 분산된 틀로서 조직될 수 있는 다양성을 받아들인다. 국가(state)의 제도들도 물자와 서비스를 직접 마련해 주는 공기업의 형태도 있을 수 있고 그 나라의 인프라, 중앙은행, 시장의 규제, 임금과 산업분쟁의 중재 등을 담당하는 여러 기관들에 의존하는 다양한 형태를 띨 수도 있다. 그리고 이러한 자본, 노동, 국가의 다양한 제도들은 서로가 영향력 행사에 임하는 힘겨루기(power play)에 들어간다는 점에서 제도주의경제학은 기업권력에 연구의 초점을 두게 된다. 그리고 그러한 권력의 속성에서 제기되는 구조적 특성, 그리고 그와 관련되는 개혁, 복지국가 등과 관련되는 규범적 논의를 전개하게 된다.6)

5) W. Lazonick, *Business Organization and the Myth of the Market Economy*(Cambridge: Cambridge Univ. Press, 1999), p.8.
6) Frank Stilwell, *op. cit.*, pp.212-213.

1) 기업권력

제도주의경제학에서 가장 관심을 모으는 대목은 '기업권력(corporate power)'의 형성이다. 갈브레이스(J. K. Galbraith)가 제시하는 그 형성과정을 다음과 같이 정리해 볼 수 있다. 우선 기업권력은 테크놀로지(technology)의 발달에서 비롯된다. 과학적 또는 기타의 지식을 실제적인 과제에 적용하면서 이루어지는 테크놀로지의 발달은 자본주의 생산의 두드러진 발전적 동력이 된다. 그리고 물자의 생산과 서비스에 적용되는 이 기술적 변화는 그 다음으로 '계획'의 단계로 이어진다. 자본주의 체제에 있어서는 큰 회사들이 계획자들(planners)이 된다. 그들은 자본의 장기적이며 대규모적인 투자를 결정해야 하는데 거기에 들어가는 자본재는 매우 복잡한 기술로서 큰 경비가 소요되며 또한 그와 관련되는 연구개발(R&D)의 자금도 매우 크기 때문에 철저한 계획이 반드시 필요하게 된다. 또한 현대처럼 급속히 변하는 테크놀로지가 가져오는 불확실에 대응하기 위해서도 계획은 절실한 과제가 된다. 그리고 '계획의 불가피성(the imperative of planning)'은 그 다음으로 '기업권력'의 형성으로 이어질 수밖에 없게 된다. 자본주의의 핵심적 요소인 테크놀로지를 통제할 수 있고 기업 자체의 이익을 위한 계획을 수립하고 실행에 옮길 수 있는 수백 개의 거대기업들(giant corporations)이 경제를 지배하게 되며, 그 방대한 경제적 권력은 모든 경제관계를 재구성하게 된다. 기업 자체의 내부에서, 회사들 사이에서, 소비자들이나 노동자들, 그리고 정부와의 관계들을 재편성하게 된다.

우선 〈표 6-1〉에 나타나는 바와 같이 기업권력의 형성은 첫째로, 기업 내부에서는 하나의 특출한 '테크노 구조(technostructure)'를 만들어 낸다. 집단적 정책결정에 전문적 지식, 재능 또는 경험 등이 동원될 수 있게 만드는 이 테크노 구조는 기술자, 과학자, 기사, 금융통제사, 시장조사자, 인적자원관리자 등으로 구성되며, 대기업의 소유자나 경영자들(managers)과는 구별된다. 이들은 소유나 회사의 조직계층의 상위지위가 아니라 정보의 수집과 사용에 숙달된 '통제(control)'의 역할을 담당한다는 특성을 지닌다.

둘째로, 기업들 사이(between)의 관계가 문제된다. 대규모 회사들은 권

〈표 6-1〉 갈브레이스의 '기업권력' 형성과정

테크놀로지의 변화

↓

계획의 불가피성

↓

기업권력의 성장

↓

경제관계에 나타나는 변화들

(a) 기업 내에서
  – 테크노 구조(the technostructure)
(b) 기업들 사이에서
  – 이중경제(the dual economy)
(c) 기업과 소비자 사이
  – 수정된 계기성(revised sequence)
  – 생산자 주권(producer sovereignty)
(d) 기업과 국가 사이
  – 대항권력(countervailing power) 또는 증가하는 권력불균형(growing power imbalance)?
  – 경제개혁의 범위는(what scope for economic reform)?

출처: Frank Stilwell, *Political Economy: The Contest of Economic ideas*(Cambridge: Cambridge Univ. Press, 2012), p.237

력 사용에 관한 전략적 결정을 내려야 하며 특정 산업과 관련하여 과두제(oligopolistic)의 성격을 띠게 된다. 즉 기업 간에는 대기업이 권력 사용의 유리한 입장에 서게 되는 '이중경제'가 두드러진다. 또한 대기업의 경우 여러 개의 산업분야에 걸쳐 있게 됨으로써 그 시장점유율(market share), 기업문화(corporate culture), 조직관행(organizational practices) 면에서 개별적으로 권력적인 위치에 올라서 있으며 자기들의 이미지와 이해를 재편하는 데 큰 집단적 영향력을 행사하게 된다.

셋째로, 대규모 회사들은 막대한 자원을 상품광고와 세일증진에 투입하

여 상품수요와 브랜드신뢰(brand loyalty)를 증가시킴으로써 생산이 소비를
좌우하는 이른바 '생산자주권'의 현상을 만들어 낼 수 있다. 끝으로 거대기
업의 등장으로 기업 및 회사 간의 '권력불균형'이 조성될 수 있으나 이를
시정할 수 있는 정부와 노조의 역할이 중요하게 된다. 국가의 경우, 기업권
력의 비대와 '시장실패(market failure)'를 개혁할 수 있는 적절한 간섭과 책
임의 범위가 설정될 수 있다.7)

2) 국가의 역할: '복지국가'와 '발전국가'

제도주의경제학에서는 경제의 원활한 운영과 발전에 있어서의 국가의 역
할에 각별한 비중을 둔다. 국가는 경제의 장기적 발전과 당면하는 제반 현
안의 해결을 시장에 일임하는 소극적인 입장이 아니라 적극적 개입과 선도
로서 국민의 복지와 평등이 실현되도록 하는 책임을 부여받을 수 있다. 이
경우 국가는 주로 정부의 형태를 띠면서 기업, 노동조합 및 기타의 사회적
단위들(언론기관, 연구기관, 이익단체 등)과 함께 만들어내는 제도적 '네트
워크'를 통하여 경제의 영역에 작용하게 된다. 그리고 이렇게 구성되는 제도
적 틀은 어떤 강행구조(structure of enforcement)에 의존하는 법적 측면을
전제하며, 명백한 규칙과 결정과정을 통하여 개인들의 행위를 집성하고 규
제할 수 있는 공식적인 장치로 나타난다고 볼 수 있다.8)

---

7) *Ibid.*, pp.229-237.
8) 국가는 기업, 노동조합 및 기타의 사회적 단위와 맺는 제도적 네트워크 이외에도 국가
자체의 하위 권력체제를 갖게 된다. 예를 들면, 행정부와 입법부의 관계(대통령중심제
와 의원내각제), 선거제도(승자독식원칙 대 비례대표제), 정당체제와 정부구성행태(정
당교체방식, 단일지배정당방식, 연합정권방식 등), 중앙·주변관계(연방제 대 단일체
제). 사법부의 역할, 관료적 성격과 역할 등의 제도적 변수들이 있을 수 있다. Jonas
Pontusson, "From comparative public policy to political economy: Putting political
institutions in the their place and taking interests seriously," *Comparative Poli-
tical Studies*, Vol.28, No.1(April 1995), pp.122-123. 그리고 미국의 경우처럼 입법
부의 역할, 특히 각종위원회와 정당 간의 상호작용의 역할 등에 비중을 두는 연구동향
도 있다. Barry R. Weingast and Donald A. Wittman, "The Reach of Political
Economy," in Barry R. Weingast and Donald A. Wittman(eds.), *The Oxford
Handbook of Political Economy*(Oxford: Oxford Univ. Press, 2008), pp.3-23.

우선 국가의 역할은 복지국가의 등장에서 그 성격이 보다 선명히 드러난다. 자본주의의 발달과정에서 20세기 초에 본격적으로 등장하게 된 사회민주주의체제하에서 국민의 공동선과 평등의 목표를 비교적 성공적으로 실현하게 된 여러 북구 제국 중에서도 특히 '스웨덴'의 복지모형은 가장 관심을 모으는 연구사례가 되고 있다. 이 나라의 사회민주주의는 오랜 집권기간(1932~76, 1982~92, 1994~) 동안 노사 간의 평화적인 협력체제를 구축하게 된 이른바 '렌-마이드너(Rehn-Meidner) 모형'에 따라 '평등한 작업과 평등한 임금'을 내용으로 하는 연대주의적 임금정책(solidaristic wage policy)의 실현, 능률적인 회사들의 합리화 선택과 성장유도 등으로 포괄적인 복지국가의 건설에 성공한 것으로 파악된다.9) 그리고 보다 구체적인 개혁정책으로서는 임금격차의 축소, 높은 누진소득세, 항구적인 노동-시장 정책을 통한 완전고용, 산업민주주의, 국가적인 우선 투자분야에 대한 재정지원을 위한 '노년정년퇴직기금(superannuation funds)'의 사용 등으로 나타난다.

한편 국가의 선도적 역할은 이른바 존슨(C. Johnson)에 의해 이론화된 '발전국가(developmental state)'의 등장으로 보다 두드러지게 된다.10) 당초 일본의 급속한 경제성장과 관련하여 정치적 지도층의 역할, 경제주도의 선도기관(pilot agency), 경제운영에 대한 정치권의 불필요한 간섭의 배제 등으로 그 특성이 부각되었으나 전후 1970년대 이후로는 동아시아의 네 마리의 호랑이로 불리는 신흥공업국가들(한국, 대만, 싱가포르, 홍콩)에 대한 연구로 급속한 경제성장에 있어서의 국가의 역할이 새삼 재인식되는 길을 열었다. 그리고 최근에 들어서는 중국의 경우 권위주의 국가와 경제적 자유화의 독특한 배합으로 경제적 초강대국이 출현하게 된 것에 각별한 관심이 모아지고 있다.11)

9) David Coates, *Models of Capitalism: Growth and Stagnation in the Modern Era* (Cambridge: Polity Press, 2000), pp.95-96.
10) Chalmers Johnson, *MITI and the Japanese Miracle: The Growth of Industrial Policy, 1925~1975*(Stanford: Stanford Univ. Press, 1982), pp.314-315.
11) Frank Stilwell, *op. cit.*, pp.245-248.

'복지국가'와 '발전국가'가 새로운 경제성장과 평등의 실현 모형으로 관심을 모으는 것은 전자의 경우, 사유재산의 철폐라는 과격한 해법에 의존함이 없이 평등의 사회적 정의를 의회민주주의의 틀 속에서 해결할 수 있고, 후자의 경우는 경제의 급속한 발전에서 이루어지는 부의 축적이 국민의 복지문제를 손쉽게 해결할 수 있다는 장점이 인정되기 때문이다. 두 모형 모두가 경쟁을 앞세우는 시장경제의 논리가 아니라 대화와 협의를 앞세우는 집단적 협상에서 그 해법을 찾는다는 데서 각별한 의미가 부여된다. 특히 지난 수십 년 동안의 자본주의를 지배해온 '신자유주의' 이데올로기는 시장근본주의에서 오는 국가 개입의 축소와 그에 따르는 복지혜택의 후퇴, 성장에 따르는 불평등문제, 최근의 심각한 금융위기 등에서 나타나듯이 경제의 지속적 성장과 복지증진의 문제해결을 위해서는 새로운 전향적 변환이 불가피해졌다고 볼 수밖에 없게 된다.

이제 국가는 이러한 새로운 정치경제적 여건하에서 그 역할이 새롭게 조명될 수 있게 되는데, 스틸웰(F. Stilwell)이 제시하는 국가주도의 경제 및 사회개혁의 방향을 다음과 같이 정리해 볼 수 있다. 첫째로 '투자' 면에서는 산업정책을 발전시킬 '삼자협의체(tripartite bodies: 정부, 기업, 노조)'가 구성되어야 하고 '노년정년퇴직기금'에 의존하는 국가적 투자계획이 수립되어야 한다. 둘째로 '소득분배' 면에서는 법정체제를 통한 임금의 의무적 중재(compulsory arbitration) 및 누진세 개혁의 실행을 위한 과세당국의 창설 등이 절실하다. 셋째로 '노동시장'과 관련해서는 훈련/재훈련을 포함하는 노동시장의 관리, 그리고 최종적 고용자(employer of last resort)로서의 정부의 위상이 정립되어야 한다. 끝으로 '경제민주주의'의 측면에서는 '회사평의회'에의 노동자 대표의 참여와 같은 산업민주주의 및 협동조합의 구성 등이 제시된다.[12]

---

12) *Ibid.*, p.249.

3) 세계화의 정치경제

1980년대 이후로 두드러지는 세계화는 국가 간의 경제적 상호의존관계를 심화시키면서 자유로운 무역과 자본이동을 통하여 전반적인 경제적 혜택을 가져오는 것으로 인식되어 왔다. 선진과 후진지역 간의 새로운 국제 분업에서 오는 성장의 결실, 국제무역과 투자에 대한 개방성 등으로 여러 국가 간, 지역 간의 빈부격차의 완화 등으로 세계화는 전반적인 경제성장의 추세를 만들어내고 특히 '가난한 자'들에게 도움을 줄 수 있다는 전망으로 이어질 수 있었다.[13]

그러나 21세기에 들어서면서 세계화 긍정론에 대한 반론도 만만치 않게 되면서 제도적 경제학 분야에서도 다양한 비판이 제기되고 있는데 그 주요 쟁점들을 정리해 볼 수 있다.

첫째로, 세계화는 '다국적기업(TNCs: transnational corporations)'이라는 거대한 제도적 행위자를 만들어 낸다. 여러 나라에 걸쳐 금융, 제조, 행정, 마케팅 등의 네트워크를 통한 산업 집중(industrial concentration)으로 막강한 국제적 영향력을 행사하는 기업단위가 된다. 2009년 현재 약 82,000개의 TNC가 세계경제를 주름잡고 있으며 그중 상당 부분은 여러 산업분야에 걸친 통합적 운영체제를 이루는 '재벌(conglomerates)'의 형태를 띤다. 즉, 약 500개의 TNC가 세계무역의 70%를 차지하는 제어능력을 가지는 것으로 되어 있다. 그리고 이러한 다국적기업의 활동은 다국적기업과 그 자회사(subsidiaries) 간의 '기업 내 무역(intra-corporate trade)'의 성격을 띠면서 지주회사의 이익을 극대화하고 종래의 시장영향력에서 벗어나는 추세로

---

13) 세계화의 긍정론은 주로 Jeffrey Sachs, "International Economics: Unlocking the Mysteries of Globalization," in Patrick O'Meara, Howard D. Mehlinger and Matthew Krain(eds.), *Globalization and Challenge of a New Century*: A Reader (Bloomington: Indiana Univ. Press, 2000), pp.218-226; Jagdish Bhagwati, *In Defense of Globalization*(New York: Oxford Univ. Press, 2004); David Dollar and Aart Kraay, "Growth is Good for the Poor," in Frank J. Lechner and John Boli(eds.), *The Globalization Reader*, Second ed.(Malden, MA: Blackwell Publishing, 2004), pp.171-182 참조.

이어질 수 있게 된다. 뿐만 아니라 이러한 극소수의 거대기업에 의한 경제 권력의 집중은 세계시장에 대한 전례 없는 침투력을 통하여 '소비주의 (consumerism)'의 만연, 문화적 다양성의 잠식, 지구의 환경적 변화의 악화, 지역적 산업의 황폐화 등을 가져올 가능성 등이 논의된다.

둘째로, 다국적기업은 국제 분업 면에서 그 제조업활동을 후진국에서 전개하는 '아웃소싱(outsourcing)'에 의존하기 때문에 선진국 내에는 부분적 '탈산업화(deindustrialization),' 즉 산업공동화가 이루어짐으로써 일자리 마련을 비롯한 여러 사회 문제와 그로 인한 정치적 문제가 발생할 수 있다. 그리고 이로 인한 국가 간의 근로자 유동(workers' mobility)문제, 국제적 계약과 하청문제 등을 내용으로 하는 '국경보호'와 세계적 자본의 이익 간의 분쟁 등이 새로운 쟁점으로 부각된다.

셋째로, '동시화(synchronisation)'와 '탈구(disarticulation)'의 문제가 있다. 동시화란 국제적 상호의존성에서 발생하며 경제의 휘발성은 국가 간에 순식간에 전파되어 경제적 조건을 동시적인 것으로 만들어 버릴 수 있다. 1997년의 태국발 금융위기가 순식간에 기타 지역(인도네시아, 한국 등)에 번지듯이, 또한 2007년의 미국발 금융위기가 엄청난 파급력을 과시하던 사태 등에서 나타난다. 그 '이전메커니즘(transmission mechanism)'은 투자의 직접 유동, 국제시장을 위해 생산된 재화와 서비스에 대한 수요, 융자 자금의 이자, 국제적 차용과 관련되는 신용평가 등이 있을 수 있다. 또한 국제적 상호의존성은 '탈구' 현상을 가져올 수 있다. 예를 들면, 호주 퀸즈랜드(Queensland)의 석탄생산과 일본제조업의 연결의 경우 그것은 다른 산업분야와의 연결보다는 강하나 호주 전체의 경제와의 연결은 약하다는 불균형문제를 발생시킬 수 있다. 이러한 탈구 현상은 해당국가의 지역발전의 불균형과 그로 인한 지역경제의 취약성을 초래할 수 있다. 싱가포르와 말레이시아의 조홀바루와 인도네시아의 빈탄 지역(Singapore-Johor Bahru (Malaysia)-Bintan Island(Indonesia)) 삼각관계의 경우 급속한 경제성장은 이루어질 수 있으나 다른 지역은 주변화되면서, 어떤 지역은 놀라운 경제성장, 어떤 지역은 침체가 되는 대조적인 현상으로 나타난다.

끝으로 이러한 거대한 다국적기업 또는 재벌 형태의 기업권력에 비하여 노동자, 소비자, 환경론자 및 일반시민들을 대표하는 대응적 '제도'들은 일반적으로 보다 덜 유동적이고(less mobile), 그 전략적 선택에 있어서는 한계에 직면하게 된다는 경제권력상의 불균형 문제가 불가피해진다. 그리고 기업권력을 대표하는 '다국적 자본가 계급'이 구성되어 세계적 규모의 자본의 집단적 이익을 효과적으로 조정하게 되며, 이 계급은 대기업의 간부뿐만 아니라 관료, 정치인, 학자 등으로 이루어지는 조정된 권력 형태라는 진단도 나온다. 그리고 정부는 이 국제적 기업권력의 시녀로 전락하기 마련이라는 논의가 나오기도 한다. 이러한 경제권력의 새로운 변화에 대응하여 어떠한 대응과 제도적 선택의 문제가 구체화될 것인가도 제도적 경제학의 새로운 연구분야가 될 것으로 예측되기도 한다.[14]

3. 케인즈 경제학(Keynesian Economics)

케인즈 경제학은 '제도주의경제학'의 개혁주의적인 흐름을 이어받는다. 마르크스 정치경제학에서처럼 자본주의의 갈등적이고 위기적인 국면의 해결은 사회주의로의 혁명적인 대체로서만 가능하다는 입장도 아니고, 또한 신고전경제학에서처럼 자기규제의 능력을 가진 시장의 기제에 모든 것을 맡기고 정부의 간섭은 배제되어야 한다는 주장도 아니며, 오히려 그 중간적인 입장에서 적절한 개혁주의적인 성향과 처방을 내세우는 것을 그 특징으로 한다. 자본주의는 불안정한 측면이 있을 수 있으며 이를 안정화시키는 정부의 적극적인 역할을 강조하게 되며 특히 경제의 불안정과 직결되는 실업문제의 해결에 독특한 해법을 제시하게 된다.

---

14) F. Stilwell, *op. cit.*, pp.252-262.

1) 총수요와 경제적 안정

현대 자본주의는 실업의 발생으로 인한 불황이 주기적인 현상으로 되어 있지만 이에 대한 고전경제학의 해법은 일단 실업으로 인한 노동자들의 임금삭감은 자본가들의 싼 임금으로 인한 채용증대로 생산이 다시 활력을 얻게 된다는 안정화를 전제하고 있지만 케인즈주의는 이러한 전제를 받아들이지 않는다. 임금의 삭감은 상품의 수요를 오히려 감소시킴으로써 사태를 더욱 악화시킬 수 있다는 것이다. 만약 노동자들이 적은 임금을 받게 되면 그들은 재화와 서비스에 보다 적게 지출함으로써 회사들은 상품을 덜 팔게 되어 그만큼 노동에 새한 수요가 줄어들고 결과적으로 실업은 증가하게 된다. 즉 임금인하는 재화와 서비스에 대한 '총수요(aggregate demand)'를 감소시킴으로써 사태를 더욱 악화시킬 수밖에 없게 된다.

따라서 보다 근원적인 대책으로서는 상품에 대한 '총수요'를 증가시킴으로써만 생산과 고용의 증대가 가능하게 된다고 보며 이를 위해서는 정부의 개입, 즉 총수요의 수준을 증가시킬 정부지출의 증대와 기업에 대한 감세조치 등이 뒤따라야 한다는 것이 그 기본입장이다. 예를 들면, 정부가 학교나 병원, 다리, 철도 등을 짓는 데 그 지출을 증대하게 되면 그것은 건설노동자들에 보다 많은 일자리를 마련해 주게 되며 이들 노동자들이 식품, 자동차, 의류 등에 지출을 증대시킴으로써 농부들이나 자동차 및 의류제조업자들의 일자리도 늘게 만들 수 있다. 곧 늘어난 소득은 지출의 증대로 이어지고 보다 많은 일자리 창출과 경제적 팽창을 가져올 수 있다는 것이다.

2) 정부의 정책적 수단

총수요의 관리를 위한 정부의 개입은 거시경제학의 측면에서 몇 가지 두드러진 정책적 수단으로 구체화된다.

첫째로, 정부의 재정정책이 '재량적 재정정책(discretionary fiscal policy)'으로 나타나게 되는데, 정부가 의도적으로 정부지출이나 조세를 통하여 국민소득의 변화 및 경제안정을 가져올 수 있다고 본다. 이 정책은 단기적으로 총수요를 변동시키고 또한 총수요의 변동은 승수효과를 일으켜 그만큼 국민소득을 변경시킬 수 있다. 총수요를 늘리기 위하여 정부지출을 늘리거나 조세를 감면하는 것을 '확대재정정책'이라 하고, 반대로 총수요를 감소시키기 위하여 정부지출을 줄이거나 조세를 증가시키는 것을 '긴축재정정책'이라 한다.

둘째로, 통화정책이 있다. 정부는 은행이나 기타 금융기관을 통하여 화폐의 공급과 그 대여비용에 영향력을 발휘할 수 있다. 그리고 금융수단을 반주기적(counter-cyclical) 경제전략 면에서의 정부의 재정정책을 보완하거나 또는 그 대안으로 사용할 수가 있다. 주로 은행이나 기타 금융기관을 통한 신용편의의 제공으로 이자율의 일반적 방향을 좌우할 수 있게 되는데 이러한 이자율의 변화는 경제의 소비와 투자행위에 상당한 영향을 미칠 수 있다. 높은 이자율(긴축 통화정책)은 차용을 보다 값비싸게 만들어 소비지출과 기업투자를 억제하며, 낮은 이자율(값싼 돈)은 경제의 자극효과를 가져올 수 있기 때문에 이자율 정책은 경제행위의 전반적인 수준에 영향을 주는 강력한 수단이 될 수 있다. 다만 이러한 이자율 수단은 그 타이밍, 상품의 시장조건, '양적 완화(quantitative easing)'의 한계 및 기타의 역효과의 가능성 등은 그 실행상의 단서로 첨가된다.

셋째로, 정부의 간여는 소득정책과 관련을 맺는다. 정부는 임금, 이윤, 임대, 이자 등의 여러 분야에 정책적 수단을 동원할 수 있다. 임금의 경우 '최저임금제'의 결정에 작용할 수 있으며, 또한 '중앙집권 중재체제'가 되어 있으면 임금결정의 과정에도 상당한 영향력을 미칠 수 있다. 전문직 수수료나 임대료 등에 대한 직접적 통제로서 비임금소득(non-wage income)도 통제할 수 있다. 근래의 금융위기에 책임이 있으면서도 지나친 대우를 받는 '기업간부급여'에 제한을 두는 정부의 간여도 논의될 수 있다. 이윤에 대한 직접적 통제는 자본주의경제에서는 문제시될 수 있지만 사회적 형평이나 경제행위 전반에 미치는 작용력 등과 관련하여 보다 덜 불평등한(less unequal) 소득분배의 구상은 충분히 검토될 수 있다.

끝으로, 투자와 산업정책에 관한 정책이 있다. 우선 경제에 있어서의 투자에 대한 지출은 단기적으로 유효수효(effective demand)의 수준을 높이고 소득, 산출, 고용을 증대시킬 수 있고, 장기적으로는 생산능력을 늘릴 수 있기 때문에 경제적 번영의 주요 결정요인이라고 볼 수 있다. 다만 이 투자가 개인의 수중에 들어가면 휘발성이 생기고 기업종사자들의 '동물적 정신'에 따른 기복이 생겨날 수 있다는 데 문제가 있다. 케인즈는 이 문제를 해결하기 위하여 '포괄적인 투자의 사회화(comprehensive socialization of investment)'를 제창하고 있는데 정부와 개인 기업들 간의 일종의 '공동 벤처(joint venture)'가 하나의 대안으로 논의될 수 있다. 예를 들면, '노년정년 퇴직기금'을 그 기금의 용도와 관련하여 유망산업의 R&D나 지속가능한 생태적 발전분야의 개발에 활용되도록 정부와 개인기업 간의 공동노력으로 결실을 맺는 방책 등이 논의될 수 있다.[15]

3) 통화주의(monetarism)의 도전

2차 대전 후 상당 기간 자본주의 국가들은 전후복구에 이어 경제적 번영을 위한 무난한 행보를 통하여 안정과 성장을 추구할 수 있었다. 그리고 이러한 새로운 경제적 조건을 바탕으로 케인즈 경제학이 수용되고 실행되는 데 큰 어려움이 없었다. 특히 케인즈 경제학은 전후의 경제부흥 과정에서 '복지국가'로의 정책적 전환을 선도함으로써 자본주의를 새로운 개혁주의적 방향으로 전환시키는 데 나름대로의 기여를 인정받는다.

그러나 1970년대에 들어서면서 자본주의는 새로운 시련을 맞게 된다. 여러 선진자본주의 국가들은 경제성장은 멈추고 실업이 늘어나고 높은 인플레로 시달리게 된다. 이른바 높은 인플레와 경제적 침체(실업)가 결합되는 '스태그플레이션(stagflation)'이 나타나게 되자 이러한 사태 진전에 케인즈주의가 그 주요 원인으로 지목되는 상황이 전개되기에 이른다. 마르크스주의 분석에 의존하는 좌파적 시각에서는 케인즈주의가 자본주의의 내재적인 구조적 모순을 해결하기에는 역부족임을 강조하게 되고, 케인즈적 처방이 총수요를 증가시켜 잉여가치의 창출을 가져오지만 그것이 임금수준을 높이고

15) *Ibid.*, pp.295-301.

(그리고 노동이 완전고용을 이룰 때보다 많은 협상력을 갖게 되면) 잉여가
치의 생산조건은 결과적으로 잠식되어 경제위기는 재현될 수밖에 없다는 논
리를 폈다.

그러나 보다 결정적인 도전은 프리드먼(Milton Friedman)에 의해 주도되
는 '통화주의'에서 왔다. 케인즈주의를 비판하고 신자유주의적 대안을 들고
나온 통화주의적 입장에 의하면 1970대의 인플레는 경제에 대한 지나친 정
부의 간섭으로 조성된 통화공급의 팽창에서 오는 것임이 강조된다. 그에 의
하면 경제정책에 있어서는 통화공급의 점진적인 팽창은 경제적 산출의 장기
적 성장에 부합하는 정도의 비율에 따라(at a rate matching the long term
growth of economic output) 결정되어야 한다는 점이 역설된다. 이러한
기본전제에 따르면 정부의 경제에 대한 지나친 간섭은 금물이라는 자유방임
의 처방이 권장되고 '국가를 비대하지 않게 만드는(slimming the state)' 해
법이 인기를 모으면서 대처(M. Thatcher) 영국 총리의 '시장근본주의'에 입
각한 통화정책이 자리 잡게 된다.16)

4) 포스트 케인즈 경제학(Post-Keynesian economics)

2007~08년 미국발 금융위기는 통화주의에서 가능했던 자본주의의 잠정
적 안정화를 크게 뒤흔들게 된다. 다시 케인즈주의가 새로운 각도에서 그
유효성이 검토되는 전기를 마련하게 된다. 대부분의 선진국 정부들은 이 위
기를 오랫동안 신봉을 받아 온 케인즈적인 해법으로 대응하게 되었으며, 중
앙은행을 통한 재정적 자극의 조성을 위한 지출 증대와 신규투자의 장려를
위한 공식 이자율 경감을 실행에 옮겼다. 이러한 금융위기 극복과 병행하여
케인즈적 유산은 '포스트 케인즈주의'로 새롭게 단장되어 간다고 볼 수 있
다.17)

---

16) *Ibid.*, pp.304-307.
17) '포스트 케인즈 경제학'은 우선 케인즈의 동시대 학자로서 Michael Kalecki(1899~
1970)에 의해 대표되는데 그는 자본주의가 불황과 실업을 동반하는 본질적인 경향을
가지고 있음을 강조하였으며 특히 소득분배와 자본주의 회사들의 독점과정을 중시한

최근에 논의되는 포스트 케인즈 경제학의 요점을 다룬 한 연구를 소개해 볼 수 있다.

첫째로 포스트 케인즈 학자들은 모든 사회에 언제나 적용될 수 있다는 '일반 이론(general theory)'을 받아들이지 않는다. 경제는 언제나 복잡하고 진화되어 나가기 때문에 항상 가변적이고 불확실하며 어떤 하나의 결정이 아니라 항상 다양한 파악과 관점이 불가피하다는 점을 강조한다. 즉 '역사적 시간'과 '불확실성'이 전제된다. '역사적 시간'이란 오늘 내리는 결정이 과거뿐만 아니라 미래에 관한 우리들의 기대에 좌우된다고 보는 경우가 된다. 따라서 역사적 시간은 항상 '불확실성'과 만나게 되어 있다. 비단 과거가 우리들의 현재에 영향을 미칠 뿐만 아니라 현재의 결정이 가져오게 될 미래의 결과, 즉 오늘의 결정이 어떤 보상을 가져올 것인가의 미래의 결과도 작용할 수 있기 때문에 불확실성은 피할 수 없게 되어 있다.

둘째로 '역사적 시간'의 논리에 따라 미래는 언제나 알 수 없기 때문에 인간의 행동은 부득이 인간이 만들어 놓은 관행이나 제도에 의존할 수밖에 없게 된다. 그리고 이러한 관행에 따른다는 것은 비록 개인적 손실을 최소화할 수는 있지만 그것은 깨질 수 있고 또한 언제나 기복이 있을 수 있다는 점도 받아들인다. 그러나 경제에 나타나는 근본적인 불확실성에 대응하는 길은 제도에 의존해야 한다는 기본입장에는 변함이 없다. 특히 시장은 이러한 불예측성을 적절히 다루기 힘들기 때문에 제도야말로 정보과잉에서 오는 복잡성에 대처할 수 있다고 주창한다. 그리고 불확실성이 경제행위의 모든 측면에 침투함으로써 최적의 결정을 억제하는 것을 해결하기 위해서는 제도에 의존하는 것이 가장 합리적인 해법이 될 수 있다고 믿는다.[18]

것으로 알려져 있다. 그 후로 Joan Robinson(1908~1983), Alfred Eichner(1937~88), Hyman Minsky(1919~97) 등으로 이어지게 되는데, 이들의 공통점은 시장이 경제적 안정과 효율적인 자원배분을 가져오는 자기규제 체제(self-regulating system)라는 신고전주의 경제학의 입장을 강하게 비판하는 것으로 파악된다. F. Stilwell, *op. cit.*, pp.313-315.

18) Peter Kriester, "Post-Keynesian Economics," in George Argyrous and Frank Stilwell(eds.), *Readings in Political Economy*, Third edition(Prahan, Australia:

셋째로 포스트 케인즈 경제학은 '부분'이 아니라 '전체'의 논리에 입각하는 '거시경제학'으로서 그 중심개념은 '총수요(aggregate demand)'가 된다. 경제 전체의 고용과 산출을 결정하는 것은 총수요의 수준으로 파악된다. 종래의 주류 경제학은 고용수준이 실질임금률에 의해 좌우되는 것으로 보고 성장과 산출은 노동력과 생산성의 증대라는 공급 측의 사정에 의해 결정된다고 보았다. 그러나 포스트 케인즈 경제학에서는 총수요가 결정적인 역할을 하게 된다. 자본주의경제에는 완전고용을 보장하는 자동메커니즘이 존재하지 않는다. 따라서 경기후퇴 시의 실업은 임금률이나 이자율의 경직성에서 비롯되는 것이 아니라 적절한 취업기회를 만들어내는 총수요 수준의 실패에서 온다고 진단된다. 경기후퇴에서 탈피하여 완전고용을 이루려면 경제는 외부로부터의 수요의 주입, 즉 정부지출 같은 것이 절실해진다. 포스트 케인즈 경제학에서는 총수요, 특히 투자의 결정요인에 관한 상세한 분석이 뒤따른다. 특히 투자지출은 경기순환의 선도적 요인이 되는 극도의 휘발성을 가져올 수 있다는 점이 강조된다. 이 휘발성은 미래의 보답과 관련되는 불확실성과 단단히 맺어지기 때문이다. 즉 투자는 미래의 이득을 만들어내는 오늘의 지출이면서 동시에 미래의 보답과 관련되는 우리들의 기대와 철저히 맺어지기 때문이다.

그리고 포스트 케인즈 경제학에서는 경제에 있어서의 '화폐'와 '신용'의 근본적인 역할이 매우 중요하게 된다. 신고전경제학에서는 돈이란 장기적인 중립성으로 인정받지만 포스트 케인즈적 견해에서는 돈이란 돌이킬 수 없는 과거와 불확실한 미래를 잇는 중요한 역할을 한다. 화폐의 공급은 금융자산의 축적이 아니라 화폐의 구매력을 미래로부터 현재로 이전시키기 위하여 발행되는 '채무의 흐름'이다. 돈은 여러 가지 기능을 수행한다. 그것은 경제에 있어서의 돈의 수요상태를 반영하기 위하여 만들어지는 신용이다. 은행은 그들의 준비금에 구애받지 않으며 화폐의 공급은 중앙은행이 정한 이자율에 따른 개인영역으로부터의 수요에 따라 결정된다. 중앙은행은 금리를

Tilde Univ. Press, 2011), pp.186-188.

공식적으로 또는 공개시장조작 등으로 결정하며 외환과 환율 등의 제약을 받는다. 그러나 금리의 결정능력에 있어서는 제도적인 제약을 받는다. 금융시장(특히 주식, 파생상품)은 전통이론에서 전제하는 것처럼 본질적으로 안정되어 있지는 않다. 금융시장의 불안정은 다른 시장으로 확산될 수 있으며 그 자체로서 경제순환의 원인이 될 수 있다. 화폐와 금융자산은 단기적으로 또는 장기적으로 실질경제에 작용하며 그 자체로서 경기순환과 경기후퇴의 근원이 될 수 있다.[19]

넷째로 과점(oligopoly)의 형성에 각별한 관심이 집중된다. 현대 자본주의경제의 제조업이나 서비스 분야는 완전한 경쟁과는 거리가 있다고 전제한다. 극소수의 영향력 있는 회사들이 각 산업분야를 통제하며, 제조업의 경우 회사들은 전 산출능력에 대한 비용문제에 직면하기 때문에 상품보급은 극히 신축성이 있게 되며 '초과능력(excess capacity)'의 문제가 생긴다. 따라서 과점 제조업분야의 상품가격은 수요와 공급에 따라 결정되기보다는 고정 상품비용의 '가격인상'을 초래할 수 있게 된다. 포스트 케인즈주의자들은 '가격인상'을 결정하는 두 가지 요인을 제시하고 있는데, 첫째는 그것이 경쟁적 요인들과 시장구조에 의한 것이고, 둘째는 가격인상은 다음 단계의 투자에 사용할 내부적 자금을 마련해 줄 수 있다는 것이다. 결과적으로 과점상태에서의 가격은 수요뿐만 아니라 상품생산의 비용과 내부적 자금의 조성 등에 의해 복합적으로 결정되며, 특히 수요는 상품이 실제로 팔릴 수 있느냐에 좌우된다고 본다. 따라서 가격이 부족한 자원을 배분하는 데 결정적인 역할을 한다는 신고전경제학의 입장과는 대조된다고 볼 수 있다.

끝으로 국가는 산출의 수준과 고용에 직접 또는 간접적으로 영향을 미치는데 매우 중요한 역할을 담당한다는 점이 강조된다. 간접적인 영향력은 총수요의 구성요소들에 대한 국가의 작용력으로서 예를 들면, 정부의 과세는 소비수준, 투자, 무역균형 등의 수준에 영향을 미친다. 간접적으로는 정부지출이 총수요를 추가시키는 작용을 한다. 포스트 케인즈주의자들은 재정정책

---

19) *Ibid.*, pp.188-189.

을 통하여 수요에 직접적 자극을 주는 정책을 선호하며 특히 생산성을 증가시키는 인프라(infrastructure)에 정부지출의 증가, 또는 사적 영역 투자에 대한 유인의 증대 등에 무게를 둔다. 금리의 통제를 위한 통화정책은 비교적 솔직한 수단이며 그 효과는 경제의 상태에 따라 달라진다. 그들은 화폐소득의 수준, 변화율, 배분 등에 작용하는 정책들을 설계하는 데 적극적이며 소득분배는 소비성향을 결정하며 따라서 유효수요, 산출 및 고용에 영향을 미치는 점을 중시한다. 그러나 한 가지 간과하지 말아야 할 것은 이들이 완전고용의 달성에 있어서의 정치적 제약에 각별한 관심을 가진다는 점이다. 현대 자본주의경제에 있어서는 '실업'이 매우 중요한 사회-경제적 기능을 수행한다고 보고 있다. 칼레키(Kalecki)가 적절히 지적했듯이 자본가계급의 노동자 계급에 대한 통제를 위해서는 실업이야말로 매우 긴요한 수단이 된다는 것이다. 실업이 없으면 자본주의체제는 사회-경제적 긴장을 악화시키고 규율과 불안정의 문제를 야기시킬 수 있다는 것이다. 완전고용하에서는 '해고'의 수단이 규율 확립의 구실을 할 수 없으며, 보스(boss)의 사회적 지위는 잠식되고 노동자 계급의 자신감과 계급의식만 증가될 것이라는 우려가 제기된다.

포스트 케인즈주의자들은 어떤 특정한 정책적 과제를 해결하기 위한 일률적인 처방을 고집하지는 않는다. 어떤 문제와 관련되는 가장 적절한 정책이란 각 나라마다의 구체적인 여건과 그 경제가 작동하는 국내적, 국제적 환경에 달려 있다는 점을 강조한다.[20]

---

20) *Ibid.*, pp.189-190; Michael Kalecki, "Political Aspects of Full Employment," *The Political Quarterly*, vol.14, no.4(October 1943), p.351.

II. 자본주의의 주요 형태

자본주의의 특성은 그것이 역사적으로 나타나는 다양한 형태에 초점을 맞추어 분석을 해 볼 때 보다 적절한 파악이 가능해진다. 우선 2차 대전 이후 21세기에 들어서는 기간 중에 여러 주요 선진국에 나타나는 자본주의의 특성을 몇 가지 형태로 나누어 경제적 수행능력과 성장에 관련되는 측면들을 검토해 볼 수 있다.

우선 전후의 자본주의는 '이분법'에 따른 간결한 분류가 가능하다. 홀(P. Hall)과 사스키스(D. Soskice)에 의하면 '자유시장경제(LME: liberal market economy)'란 미국으로 대표되는 선진자본주의로서 주로 시장 메커니즘이 경제적 조정의 주역으로 자리 잡으며, 신자유주의적 정책, 과격한 혁신, 새로운 경제적 영역 등의 특성을 지닌다. 이와는 대조되는 '조정된 시장경제(CME: coordinated market economy)'란 독일이 주축이 되는 비교우위에 입각한 특화된 생산품을 만들어내는 경제로서 사회적·정치적 제도가 경제적 행위를 형성하는 데 직접적으로 작용하는 형태이며, 사회민주주의, 점진적 혁신, 축소되는 경제적 영역 등의 특성을 지닌다.[21] 그러나 이러한 '이분법'의 기본 틀을 유지하되 어느 정도의 독특한 특성을 가지는 제3의 형태가 제시되는 경우도 있다. 예를 들면 코우츠(D. Coates)는 영미 주도의 '시장주도 자본주의(Market-led Capitalism)'와 독일이나 스웨덴의 '협의자본주의(Negotiated Capitalism)'라는 두 가지 형태 외에도 일본이나 한국과 같은 '국가주도자본주의(State-led Capitalism)'를 인정하는 경우도 있다.[22]

---

21) 홀과 사스키스에 의하면 'LME'는 미국과 영국으로 대표되나 그 외에도 호주, 캐나다, 아일랜드, 뉴질랜드 등이 포함되며, 'CME'의 경우는 독일이 대표되나 일본, 스위스, 네덜란드, 벨기에, 스웨덴, 노르웨이, 덴마크, 핀란드, 오스트리아 등이 포함된다. P. Hall and D. Suskice(eds.), *Varieties of Capitalism: The Institutional Foundations of Comparative Advantage*(Oxford: Oxford Univ. Press, 2001), pp.1-68.

22) David Coates, *Models of Capitalism: Grwoth and Stagnation in the Modern Era* (Cambridge: Polity Press, 2000), pp.9-11.

그러나 현대자본주의의 다양성을 적절히 파악하는 데 있어서는 아마블(Bruno Amable)이 제시하는 다섯 가지 형태가 두드러진다. 그는 생산품 시장 경쟁, 임금-노동관계, 금융분야, 사회적 보호, 교육의 5개 제도적 영역을 기준으로 다음과 같은 자본주의의 형태를 제시한다.

1. 시장 기반 경제: 미국, 영국, 호주, 캐나다
2. 사회-민주적 경제: 스웨덴, 덴마크, 핀란드 등
3. 아시아 자본주의: 한국, 일본
4. 대륙 유럽 자본주의: 독일, 프랑스, 네덜란드, 벨기에, 오스트리아, 스위스, 아일랜드, 노르웨이 등
5. 남유럽 자본주의: 이탈리아, 스페인, 희랍, 포르투갈 등[23]

우선 '시장 기반 경제'는 생산품 시장에서의 높은 가격경쟁에 직면하게 되며 회사들로 하여금 수요와 공급에 매우 예민하게 만들고 시장의 변화 및 노동력 사용에 신속히 대응하고 자기들의 기업전략을 수정하도록 만든다. 그리고 이러한 회사의 적응노력은 금융시장에 많이 의존하게 되어 있는데 이모형에 있어서는 금융지원에 따른 구체적인 투자결정은 단기적인 것에 얽매이게 되는 경향이 있게 된다. 특히 이모형에 있어서는 정교한 금융분야가 형성되어 있으며 기업인수나 '인수·합병(M&A)'과 같은 법인 통제시장이 활성화되어 있고 벤처자본의 발달이 두드러진다. 노동자의 고용문제나 노임, 해고, 취업 등과 관련되는 여러 가지 지원책이 미흡하며, 사회적 보호체제 면에서는 국가의 개입이 저조하고 빈곤문제와 관련되는 사회적 안전망 구성이 항상 문제가 된다. 교육 분야에서는 경쟁적인 대학교육의 발달로서 우수한 학생들을 길러낼 수 있는 길이 마련되어 있다.

'사회-민주적 모형'에 있어서는 가격보다는 품질경쟁이 두드러지며 국가

---

23) Bruno Amable, *The Diversity of Modern Capitalism*(Oxford: Oxford Univ. Press, 2009), pp.102-103.

는 생산품 시장에 깊이 간여하게 되며 시장신호 이외의 채널을 통한 높은 수준의 조정을 담당한다. 적절한 고용수준이 유지되며 잘 조정되고 집중화된 노임협상, 적극적 고용정책, 강력한 노조, 상호협조적인 산업관계가 유지된다. 그러나 금융분야에서는 기업의 인수·합병과 같은 법인통제시장은 형성되어 있지 않으며 금융시장의 수준도 정교하지 못하다. 사회적 보호는 높은 수준에 이르고 있으며 공공정책에 있어서는 복지국가의 중요성이 강조된다.

'아시아 자본주의'에서는 가격과 품질이 함께 중요한 위치를 차지한다. 이 모형은 대기업과 국가, 그리고 중앙집권화된 금융체제 간의 긴밀한 기업운영 전략에 의하여 장기적 발전 전략의 추구를 가능케 한다. 대기업에 있어서의 고용은 잘 보장되어 있으며 노동시장은 이러한 면에서 이중성을 띠게 되며 적극적인 고용정책이나 집권화된 임금협상 같은 것은 존재하지 않는다. 금융시장에서는 인수·합병과 같은 법인통제가 미미하고 정교성이 결여되어 있으며 벤처자본도 발달되어 있지 않다. 사회적 보호도 낮은 수준이며 GDP에서 차지하는 복지지출도 낮다. 교육에 있어서의 공공지출도 저조한 편이나 중등교육, 회사직업교육, 과학-기술교육의 중요성 등이 강조된다. 사회적 보호의 미비, 금융시장의 정교성 결여 등으로 경제의 다양성 확보는 어렵게 되어 있으나 대기업의 결정적인 역할이 이 체제의 안정성을 보장해 준다.

'대륙 유럽 모형'은 가격경쟁도 상당한 수준이나 품질경쟁이 보다 중요성을 지닌다. 공공당국의 간여와 매우 높은 수준의 '비가치조정(non-price co-ordination)'이 이루어진다. 특히 중앙집권의 금융체제가 장기적 전략수행을 가능케 하며 회사들은 단기적 이익이라는 제약에 얽매이지 않을 수 있다. 임금협상은 잘 조정되고 연대주의적 임금정책이 잘 개발되어 있으나 앞에서 언급된 '사회-민주적 모형' 정도에는 이르지 못한다. 그리고 노동인력에 대한 재훈련 역시 사회-민주적 모형의 정도에는 못 미치며 이로 말미암아 노동인력의 공격적 신축성(offensive flexibility)이나 신속한 산업의 재구조화의 가능성을 막아 버린다. 금융부분에서의 법인 통제는 저조하며 금융시장도 정교성을 결한다. 높은 사회적 보호와 국가의 지원이 보장된다.

교육 면에서는 중등교육에 대한 높은 공공지출이 두드러지며 직업훈련과 특수한 기능에 치중하는 교육방식이 강조된다.

'남유럽 자본주의'에서는 품질보다는 가격상의 경쟁이 지배하며 국가의 조정개입은 적으며 주로 조그마한 회사들이 생산품 시장에서 중요한 몫을 하게 된다. 고용보호 면에서는 '대륙 유럽모형'보다 앞서게 되는데 이는 생산품 시장의 경쟁이 심하지 않고 금융체제가 중앙집권화되어 단기적 이익에 집착해야 할 제약이 없기 때문이다. 또한 고용보호 면에서 큰 회사들이 유리하게 되어 있어 이중구조가 불가피하며 이로 인한 산업관계의 갈등이 발생할 수 있다. 금융분야의 경우 법인 통제도 미미하고 금융시장의 정교함도 없다. 교육 면에서의 공공지출은 저조하며 고등교육체제가 취약하고 직업훈련이나 일반적 기능 습득 면에서도 뒤처지는 경우가 된다.[24]

이상 아마블(Amable)에 의해 제시된 선진자본주의의 다섯 가지 형태를 놓고 경제적 수행능력과 성장에 관련되는 다음과 같은 시사점을 생각해 볼 수 있다. 우선 '아시아 자본주의(한국, 일본)', '대륙 유럽 자본주의(주로 독일, 프랑스 등)', '사회–민주적 자본주의(스웨덴, 덴마크, 핀란드)' 등에서는 가격보다는 품질 면에서의 경쟁이 지배하게 됨으로써 국제적 경쟁력 면에서 유리한 입장에 선다.

그리고 생산품 시장의 원활한 수행을 위해서는 금융분야의 역할이 결정적인 몫을 담당하게 되는데 이 세 모형의 경우, 모두가 국가나 대기업과의 협의를 통하여 장기적인 발전 전략을 마련할 수 있는 비전과 수행능력을 인정받는다. 특히 금융체제가 잘 발달되어 있으면서도 중앙집권화되어 장기적인 전략을 추구할 수 있게 만든다는 점이 강조되고 있다.

그러나 이와는 대조적으로 영·미 식 '시장 기반 자본주의'는 비록 금융체제의 정교함(sophistication)이나 법인 통제의 높은 수준이 마련되어 있어 이것이 시장개방에 대한 신속한 반응과 산업의 역동성(industrial dynamics)은 마련해 줄 수는 있다. 그러나 기업의 단기적 이익추구에만 치중하게 만

---

24) *Ibid.*, pp. 103-114.

들고 장기적 전략에는 둔한할 수 있다는 점이 지적된다.

오히려 금융체제의 정교함을 예로 들면, 2008년의 미국 서브 프라임 금융위기와의 관련성을 짐작케 하는 대목으로 볼 수도 있다. 그리고 '남유럽 자본주의(이탈리아, 그리스, 스페인, 포르투갈)'의 경우, 소규모 회사들이 품질보다는 가격의 경쟁수준에 머물고 대규모 회사와의 관계에서 고용보호가 이중구조를 이루면서 경제의 수행능력이 저조하게 되고 '덜 발달된(under-developed)' 금융체제는 경제의 구조적 변화를 더디게 만든다는 점이 지적되고 있다. 2009년 이후 복지지출에 상응하는 재정 상태를 유지하지 못해 EU와 IMF의 긴급금융지원과정에 들어간 희랍의 경제상황이 이러한 취약점과 연계되어 있다고도 볼 수 있다.

자본주의 형태의 분류는 그것이 이념형(ideal types)이건 단순한 경험적 분류이건 가급적 모든 현실세계의 사례들을 다룰 수 있는 보편성이 전제된다. 이 점에서 아마블의 연구는 최근에 와서 논의되고 있는 이른바 '브릭스(BRICs: 브라질, 러시아, 인도, 중국)'와 같은 경제대국들을 다루지 않고 있는 아쉬움을 남긴다. 이미 중국만 하더라도 '세계 자본주의경제(world capitalist economy)'에 편입되어 있고 세계 1/4의 인구와 방대한 자원, 놀라운 수출입능력, 세계적인 굴지의 소비 시장을 인정받는다.[25] 중국경제가 갖는 이러한 세계자본주의에서의 작용력을 감안한다면 중국을 '아시아 자본주의' 모형에 포함시킬 것인가 그렇지 않으면 인도, 러시아, 브라질 등과 함께 별도의 분류방식을 적용할 것인가의 문제는 결코 소홀히 할 수 없는 자본주의 연구의 과제가 될 것이다.

---

25) James Fulcher, *Capitalism*(Oxford: Oxford Univ. Press, 2004), pp.125-126.

III. 자본주의의 구조적 변환

자본주의는 본래 자본자산과 물자의 사적 및 법인 소유를 기본으로 하고
자본의 축적과, 경쟁적 시장 및 가치체제와 같은 본질적 특성을 가지고 있으
나 이러한 특성들은 시대와 환경적 여건의 변화로 꾸준히 변환 또는 진화의
과정을 밟아 왔으며 앞으로도 계속 변환되어 나갈 것으로 전망된다. 이러한
자본주의의 구조적 변환을 둘러싼 최근의 논의들을 간략히 정리해 볼 수
있다.

1. 자본주의 4.0: 칼레츠키(Anatole Kaletsky)

칼레츠키에 의하면 자본주의는 1)자본주의 1.0(1776~1932), 2)자본주
의 2.0(1931/38~1980), 3)자본주의 3.0(1979/83~2008), 4)자본주의 4.0
(2008~)의 네 단계를 거쳐 발전되어 나가는 것으로 파악된다. 자본주의 4.0
은 앞으로의 자본주의가 나타내게 될 특성을 전망하는 것으로서 볼 수 있
다. 각 단계마다의 특성은 다음과 같이 요약해 볼 수 있다.

우선 자본주의 1.0은 고전적 자본주의의 시기로서 아담 스미스의 국부론
으로 상징되는 자유방임의 철학에 기초를 둔다. 자본주의는 사유재산과 이윤
동기에 바탕을 두는 자연의 근원적인 힘이며(elementary force of nature),
경제와 정치는 인간의 행위와 감정과 관련되는 두 개의 독특한 영역으로서
그 각각의 특성은 경제와 정치적 발전을 위해서 흔들림 없이 유지되어야
한다고 주장된다. 정부의 경제에 대한 간섭은 무역 관세 및 세입에 필요하
거나 주요산업의 육성 보호에만 국한되어야 하며 지나친 보호주의나 마르크
스주의, 무정부주의와 같은 대안은 단호히 배제된다. 정부의 역할은 오직
정의라든가 법률의 제정, 국방, 기초교육, 극빈자 구제, 물리적 착취의 방지
등의 왕정 책임(Regalian responsibilities)에만 국한될 것을 주문한다.

이 고전적 자본주의는 산업혁명을 통하여 경제적 발전을 가져왔으며 경제의 생산성 향상과 생활수준의 향상을 가져왔으나, 1919년 이후로는 자본주의의 불평등구조를 심화시키고 세계대전, 제국주의 시대를 열었으며 1930년대의 세계대공황의 위기로 이어지게 된다.[26]

자본주의 2.0은 1930년대의 대공황을 극복하면서 등장한 경제에 대한 국가적 개입이 크게 증대되는 '케인즈주의'시대가 된다. 미국 루스벨트 대통령에 의해 시동된 뉴딜정책은 공황을 극복하기 위하여 공공지출과 감세를 통한 총수요의 창출을 기본으로 하는 케인즈주의의 황금시기(Keynesian Golden Age: 1946~1969)를 열게 된다. 자본주의는 정부에 의한 지도 없이는 본질적으로 불안정하다는 믿음을 전제로 자비롭고 유능한(benign and competent) 정부야말로 자유로운 시장이 만들어내는 필연적인 혼돈에서 국민을 보호할 수 있다고 본다. 그리고 시장은 틀린 것이고 국가는 옳다는 확신에서 모든 정책이 입안되고 실행되면서 경제적 경영(economic management)이 제도화되어 나갔다. 그리고 이 케인즈주의의 황금기는 경제를 회복시키면서 국민의 생활수준을 높이고 기술의 진보와 금융의 안전을 가져오는 나름대로의 성과를 올린 것도 사실이다.

그러나 1970년대에 들어서면서 미국의 경우만 하더라도 월남전과 존슨(Johnson) 대통령의 '위대한 사회'의 건설 등으로 재정적 부담이 증폭되고 이것이 아랍권에 의한 석유위기가 겹쳐 선진국 경제를 압박하면서 자본주의는 높은 인플레와 실업을 동반하는 스태그플레이션의 위기에 접어들게 된다. 왜 케인즈주의의 통화팽창이 심각한 인플레를 가져오는 것일까? 그것은 노동자들의 심리상태와 밀접한 관련이 있다는 설명이 나온다. 즉 케인즈의 완전고용정책은 노동자계급의 자신감을 증가시키면서 계급의식을 증대시킨 것이 화근이 되었다는 것이다. 노동자들의 경우 실업의 두려움은 자제력을 만들 수 있으나 대공황을 경험하지 않은 1960년대의 노동자들은 오히려 밀

---

26) Anatole Kaletsky, *Capitalism 4.0: The Birth of a New Economy in the Aftermath of Crisis*(New York: Public Affairs, 2010), pp.44-48.

어붙이는 노동전투성(labor militancy)에서 임금상승을 요구하고 정부는 돈만 찍어내는 사태수습으로 높은 인플레와 경제적 침체의 길로 들어섰다는 것이다.27)

　자본주의 3.0은 1970년대의 경제적 침체를 타파하려는 선진 자본주의 국가(영국, 미국)의 노력으로 시동된다. 경제에 대한 케인즈적 해법의 한계가 드러나자 이제는 국가의 간섭보다는 경제의 자율성과 효율을 강조하는 이른바 '시장근본주의(market fundamentalism)'가 등장하게 된다. 자유롭고 경쟁적인 시장은 그것이 국가의 간섭으로 교란되지 않는 한 자본주의경제에 균형을 가져오고 경제적 안정과 완전고용을 포함하는 효율적이고 합리적인 결과를 가져온다는 강한 처방적 논리가 지배하게 된다. 그리하여 영국에서는 대처 총리, 미국에서는 레이건 대통령이 선도하는 통화주의와 강성노조에 대한 단호한 견제가 정책적 기조로서 차리 잡게 된다.28)

　이 세 번째 단계는 '위대한 온건(The Great Moderation)'으로 불리기도 하는데 가장 두드러진 특성으로서는 '플랫폼 컴퍼니(Platco: Platform Company)'의 출현과 금융혁명(The Financial Revolution)을 들 수 있다. 우선 플랫폼 컴퍼니란 다국적기업의 등장과 맞물리면서 1)산품과 서비스의 고안과 디자인, 2)제조 및 준비, 3)마케팅과 분배 의 세 가지 기능을 수행하게 되는데 이 중 제조업 과정은 자국 이외의 타 지역에서 '아웃소싱(outsourcing)'하는 형태가 된다. 이 방식은 산품의 비용절감으로서 인플레의 제어와 국제경쟁력을 강화할 수 있고 동시에 자국 내의 노동의 힘을 약화시키는 결과를 가져올 수 있다. 비록 제조업의 해외의존으로 약간의 문제(예: 산업의 공동화)를 수반하기도 하지만 대체로 경제적 안정과 성장을 가져올 수 있고 세계화로 인한 경제적 휘발성을 점진적으로 축소시킬 수 있다고 보고 있다.29) 그리고 금융상의 혁명은 플랫폼 컴퍼니의 등장이나 경제적

---

27) *Ibid.*, p.52.
28) *Ibid.*, p.51, 53.
29) *Ibid.*, pp.72-75.

수요에 대한 경영이 경제의 운영을 보다 온건화 시키면서 나타나게 되는
가장 특징적인 변화가 된다. 이제 사람들은 파산이나 극도의 실업을 걱정하
지 않게 되자 차용이나 대여가 극히 합리적이고 예측적인 반응으로 나타나
게 된다. 노동자들은 실직위험이 감소되고 기업은 큰 손실위험이 감소되자
빚이나 저축에 대한 감각이 해이해지기 마련이다.

　미국의 경우 가정 부채(household debt)는 1983~84년 사이에 급증한 것
으로 나타난다. 새로운 금융파생상품이 개발되고 부채의 증가와 더불어 주
택에 대한 극심한 투기가 성행하면서 무모한 건설 산업의 확대로 이어지게
된다.[30] 주택경기상승과 그에 따른 부작용이 거품경제의 파국으로 연결되
는 예기치 못한 상태가 자본주의를 흔들게 된다. 특히 2008년의 미국 금융
위기는 정부의 무능한 대응책이 사태를 파국으로 몰아갔으며, 이 과정에서
는 당시의 미 재무장관 폴슨(H. Paulson)의 책임이 도마 위에 오른다. 칼레
츠키에 의하면 그는 주요 은행들이 적절한 구제금융으로 파국을 면하게 하
는 시의적절한 대응조치보다는 오히려 징벌 조치로서 은행체제 전반을 마비
시키는 일련의 판단착오를 범한 것으로 보고 있다.[31]

　자본주의 4.0은 상기 미국발 금융위기를 겪은 선진자본주의가 새로운 적
응노력으로 가능해지는 자본주의의 새로운 미래가 된다. 이제 자본주의는
정부와 기업의 동반자 관계를 이루는 혼합경제가 되어 나간다. 그리고 그것
은 변화에 대응하여 제도적 구조, 규칙, 경제적 원칙들을 바꾸고자 하는 의
지와 능력을 갖춘 '적응체제(adaptive system)'로 탈바꿈하게 될 것이다. 예
를 들면, 금융분야의 경우 자본주의 4.0은 시장이란 자주 비합리적이며 비
효율적일 뿐만 아니라 그것을 보다 효율적이고 완전한 것으로 만들려는 노
력은 경우에 따라서는 매우 잘못된 결과를 가져올 수 있다는 것을 인정해야
한다. 이른바 '시장근본주의'는 경직되어서는 안 되며 '의식적인 적응'의 노
력이 있어야 한다. 특히 앞으로 다가올 주요 위험 요소로서는 단기적으로

30) *Ibid.*, pp.85-88.
31) *Ibid.*, pp.146-155.

'더블딥 불경기(double-dip recession),' 중기적으로는 정부의 재정팽창, 마비된 은행체제, 세계적 성장의 재 균형화, 스태그플레이션 등이 있고, 장기적으로는 노령인구에 대한 복지프로그램, 세계적 거버넌스(global governance)와 조정의 파국 등이 열거된다.[32]

칼레츠키는 4.0 단계에서의 정책적 과제들을 제시하고 있는데 그중 몇 가지만 추려보면 다음과 같다. 우선 경제정책 면에서는 정부가 성장을 촉진하고 실업을 축소하기 위하여 정부의 과대지출로 치우치게 되면 1970년대의 스태그플레이션에 빠져들어 치솟는 인플레와 실업으로 오히려 경제의 마비상태를 가져 오게 된다. 반대로 경제의 과열에 대처하기 위하여 세금을 올리고 공공지출을 축소하게 되면 불황으로 접어들면서 공공적자를 더욱 늘리고 보다 많은 삭감을 강요당하게 된다. 따라서 이러한 진퇴양난의 함정을 피하기 위해서는 어떠한 거시경제적 대응이 필요할까? 경제의 원만한 진행을 위해서 공공적자가 어느 정도 증가하더라도 정부와 중앙은행의 긴밀한 협조가 필요하다고 볼 수 있다. 세계의 모든 중앙은행들은 이자율을 가급적 낮게 오랫동안 유지하면서 산업투자를 지속시키고 정부로 하여금 경제를 불황으로 몰고가지 않으면서도 적자를 줄여나가도록 도와줄 필요가 있다. 그러나 미국이나 영국의 경우 정치권이 공공차용을 제한하고 통제할 수 있는 믿을 만한 계획을 마련하는 데 실패하는 경우에는 저금리 정책은 유지되기 힘들다는 단서가 붙는다.[33]

정치의 영역에서는 어떠한 정책적 기조가 바람직할 것인가? 2008년 미국 금융위기는 은행이나 월가의 책임이 아니라 모기지 시장과 은행체제에 보다 일찍 개입하지 못했던 무능한 정부의 책임이라는 입장에 서기 때문에 4.0에서는 보다 유능하고 적극적인 정부의 역할이 전제된다. 그리고 정치적 주요 현안으로서는 정부가 건강관리, 연금 및 교육에서의 지원을 어느 정도로 유지해야 하는가, 세수는 부유층이냐 또는 중산층에 비중을 두느냐의 문제가

32) *Ibid.*, pp.190-200.
33) *Ibid.*, pp.234-236, p.245.

두드러질 것으로 전망된다. 무엇보다도 앞으로의 정부는 그 역할과 업무가 중대한다는 점에서 '보다 많은 정부(more government)'이지만 특히 불황 이후의 세수감소로 인한 공공지출의 축소를 위해서는 '작은 정부(smaller government)'가 되어야 할 것이 강조된다. 그리고 민주주의의 운영 면에서도 여론이나 여론조사결과 등에 지나친 비중을 두는 것은 문제가 될 수 있다. 국민소환(recall), 시민솔선(citizen's initiative), 티 파티(Tea Party) 등의 직접민주주의는 위험한 시도가 될 수 있다.

또한 어느 정도의 재정 적자와 같은 정부재정상의 주된 위협은 경기진행에서 나타나는 대규모의 일시적 신용경색에서가 아니라 연금이나 건강보험과 같은 복지지출에서 오는 것임을 참고해야 할 것이다. 어쨌든 세금인상이냐 또는 건강 및 연금수혜의 대규모 축소냐의 선택은 금융위기 이후의 어려운 정치적 도전이 될 것이다.[34] 또한 금융정책 면에서는 금융적 자유와 혁신을 희생함 없이 경제적 안정을 마련할 새로운 금융체제를 확립하는 일이 급선무가 된다. 우선 금융위기에 나타나듯이 금융시장은 비록 저축과 투자를 위한 불완전한 메커니즘이긴 하지만 그것은 자본주의에 필수 불가분한 제도이므로 특히 금융위기 이후에 나타나는 '비 은행 금융제도(nonbank financial institutions)'를 정리해야 한다는 민중적 요구를 그대로 받아들여서는 안 된다. 그리고 은행의 생존은 예금자들의 신용에 달려 있고 또한 그 신용은 일부 은행의 실패로 인한 연쇄반응으로 번져서 악화되기 때문에 은행의 건전성을 마련해 줄 여러 조치가 필요하게 된다. 무엇보다도 금융은 본질적으로 불예측적이면서도 현대경제에는 필수적인 면을 감안하여 금융체제는 언제나 함축적인 정부의 보장이 필요하게 된다.

납세자들의 지지에 바탕을 두는 정부의 보장이란 다양한 보험제도와 함께 특별 세금체제(special tax regimes) 또는 여러 가지 아이디어에 바탕을 두는 긴급 자본조치(contingent capital arrangements)가 있을 수 있다. 그리고 앞으로의 유동성 위기에 대비하기 위해서는 은행의 자본금(현찰, 중앙은행에

---

34) *Ibid.*, pp.267-277.

의 예치금, 또는 단기 재무 채권 등)이 충분히 마련되는 조치가 이루어져야
하며, 은행의 업무추진에 있어서는 지나친 규제강화보다는 어느 정도의 자
유재량의 여지가 있도록 만드는 것도 중요하다.

이제 은행이란 주주들과 이들의 이익추구에만 전념하는 은행관리자들의
경영이라는 통념은 재고되어야 할 것이 주문된다. 위기 국면에 들어서면 모
든 은행들이 정부의 보장에 의존하게 되는 것을 전제한다면 은행면허를 가
진 모든 제도들의 관리자들은 정부와 국민에 대하여 '신탁의 신용에 바탕을
두는 의무(fiduciary duty of care)'를 져야 할 것이 강조된다.[35]

2. 마르크스주의

자본주의는 20세기 후반에 들어서면서 정보통신의 발달, 세계화, 환경적
변화 등에 따라 그 구조적 특성에 변화가 오게 되고 특히 1970년대의 스태
그플레이션, 2008년의 금융위기를 겪으면서부터는 자본주의의 본질적 특성
에 대한 이론적 논의도 새로운 양상으로 전개되기에 이른다. 그러한 활성화
된 논의에서 나타나는 자본주의의 미래에 관한 연구들을 다루어 본다.

1) 독점자본주의

1966년 배런(Paul Baran)과 스위지(Paul Sweezy)라는 두 마르크스주의
경제학자들은 미국경제가 거대한 회사들에 의해 지배되는 '독점자본주의
(monopoly capitalism)'로서 피고용자들, 고객, 그리고 전체 사회와 부단한
갈등을 조성하는 '불합리한 체제'로 진단했다. 이 연구는 그 후로 브레이버
맨(H. Braverman 1974), 고든(David Gordon 1996) 등에 의해 보완되면
서 하나의 독특한 마르크스주의적 설명의 틀을 만들고 있는데 그 내용을
정리해 보기로 한다.[36]

---

35) *Ibid.*, pp.291-299.

우선 미국과 같은 독점자본주의하에서는 거대기업들에 의한 부단한 이윤 (profits)의 극대화로 꾸준한 자본의 축적이 이루어진다. 대규모 회사들은 시장에 대한 독점적 구조를 통하여 부단한 비용축소가 가능하며 이에 따른 생산성 증대로 막대한 이윤을 챙길 수 있다.37) 첫째로 거대기업들은 서로간 의 담합(collusion)으로 가격경쟁을 피하면서 안정되고 과두적인 구조를 유 지하며 또한 인수나 합병 등을 통하여 기업 간의 경쟁을 줄이는 방법을 택 한다. 경우에 따라서는 다국적기업들은 현재의 경쟁구조를 지속시키기 위하 여 특허나 판권법 등의 조종을 통하여 새로운 경쟁자들의 진입을 막으면서 오히려 혁신을 가로막을 수도 있다.

둘째로 거대기업들은 이윤의 증대를 통하여 생기는 잉여(surplus)를 재생 산 과정에 연결하는 꾸준한 투자기회를 찾아야 하는데 여기에서 독점자본주 의가 이 문제를 어떻게 해결하느냐가 중대한 과제로 등장하게 된다. 주로 생산과정에 새로운 기술을 도입한다든가 또한 새로운 상품을 개발한다든가, 경우에 따라서는 외국투자로 새로운 투자기회 등이 모색되지만 자본주의는 지속적인 투자기회의 확대에는 한계가 있다는 것이 명백해진다. 예를 들면, 어떤 한 분야에 대한 투자기회의 확대는 과열로 접어들게 되면서 불경기의 늪에 빠지게 되고 보다 심각한 불황으로 이어진다는 것은 2000~2002년의 IT 불경기, 2007~2008년의 금융위기가 그것을 입증하고 있다.38)

독점자본주의가 투자기회를 찾는 것과는 관계없이 대기업들이 그들의 잉

36) Paul Baran and Paul Sweezy, *Monopoly Capital: An Essay: An Essay in the American Economic and Social Order*(New York: Monthly Review Press, 1966); Harry Braverman, *Labor and Monopoly Capital: The Degradation of Work in the Twentieth Century*(New York: Monthly Review Press, 1974); David Gordon, *Fat and Mean: The Corporate Squeeze of Working American and the Myth of Managerial Downsizing*(New York: Free Press, 1996).

37) P. Baran and P. Sweezy, *op. cit.*, p.71.

38) 이 부분은 Charles Sackrey et al.의 요약을 참조. Charles Sackrey, Geoffrey Schneider and Janet Koedler, *Introduction to Political Economy,* Sixth edition (Boston, MA: Economic Affairs Bureau, Inc., 2010), pp.190-197.

여를 어떻게 처리하느냐는 중대한 전략상의 문제가 된다. 무엇보다도 막대
한 잉여가 산품의 매출을 증대시키는 '세일즈 노력'에 쓰여진다. 산품에 대
한 소비자의 기호를 높이기 위하여 광고, 산품의 다양성, 포장, 모델의 변경,
신용체계 등에 막대한 지출, 즉 잉여사용이 할애된다. 특히 소비자의 산품에
대한 인지도를 높이기 위하여 브랜드화(branding)를 위한 막대한 잉여소비
가 이루어지는데, 이 과정은 실물의 내용과는 거리가 먼 본질적으로 불성실
하고도 조작적인 '낭비(waste)'의 성격을 띠기 마련이다. 배런과 스위지의
말대로 이것은 막대한 자원의 낭비이고 소비자의 소득고갈이며 소비자의 진
정한 대안들에 대한 선택의 체계적인 파괴로 단정된다.[39] 뿐만 아니라 잉여
의 마지막 사용자는 정부가 되는데 상당한 문제가 제기된다. 정부의 지출은
1929년 GDP의 10%에서 2008년에는 33%의 증대를 보이고 있는데 주로 국
방비 지출에 상당 부분이 배정되고 고속도로라든가 기업복지(보조금, 감세)
등에도 많이 지출되지만 소외계층에 대한 복지와 같은 사회적 필요(social
needs)에는 극히 인색한 경향이 드러난다.[40]

그러나 독점자본주의의 일그러진 모습은 '노동'과 관련된 부분에서 가장
두드러진다. 사람들은 전문화되고 분류되며, 분업을 위해 마련된 좁은 방에
갇히고 그들의 능력은 저해되며 그들의 심성은 좁아든다고 묘사된다. 그리
고 마르크스의 생존 시에 논의된 인간을 위한 안전과 마음의 평화에 대한
위협은 독점자본주의하의 기술적 변화의 속도에 비례하여 증대되는 것으로
파악된다.[41] 특히 브레이버맨과 고든에 의하면 독점자본주의에서는 임금노
동은 마르크스의 이른바 '소원된 노동(estranged labor)'으로 파악되며 그
두드러진 특성은 '기계화(mechanization)와 탈기능화(deskilling)'의 과정으
로 부각된다. 여기서 '탈기능화'란

39) Baran and Sweezy, *op. cit.*, p.122.
40) C. Sackrey et al., *op. cit.*, pp.200-203.
41) Baran and Sweezy, *op. cit.*, p.343.

노동과정을 부단히 단순화된 작업으로 쪼개어 노동자들에게 과제로 가르치는 것을 뜻한다. 이것은 최대로 가능한 노동의 양을 가장 기본적인 형식으로 변환시키며, 노동으로부터는 모든 개념적인 요소들을 분리시키고 그와 함께 기능, 지식, 생산과정의 이해 등도 함께 제거해 버리게 된다. 노동을 돕기 위해 발달된 기계가 많아질수록 그만큼 노동은 기계의 노예가 되어 버리는 것이다.[42]

자본주의의 역설적인 면은 반복적인 일을 잘하게 만드는 기계가 단조로운 노동을 대체하는 것이 아니라 오히려 인간노동의 규제자가 되어 사람들로 하여금 단조로운 일을 보다 빠르게 그리고 보다 격렬하게 하게끔 하는데서 잘 드러난다. 특히 강력한 소형 컴퓨터가 등장하면서 기능적인 직업들이 컴퓨터 유도 기계와 비숙련공들에 의해 대체되는 과정이 더욱 두드러지게 된다. 예를 들면, 똑같은 상자의 모서리를 철쇠로 고정시키는 일을 컴퓨터 유도 기계로 처리하는 노동자의 경우 작업의 진행을 전혀 제어할 수 없으며 어떤 창조성이나 상상력의 측면과는 전혀 무관한 관계가 된다. 뿐만 아니라 이러한 노동자는 쉽게 대체될 수 있다는 점에서 응분의 가치를 인정받기도 힘들게 되어 있다. 그리고 휴대용 컴퓨터나 휴대폰과 같은 기술적 변화는 직장인들로 하여금 24시간 직장상사의 하명하에 움직이게 만드는 결과를 만들어 낸다. 독점자본주의하의 부단한 생산성 증대의 추구는 인간의 존엄, 환경, 거시경제적 복지의 문제 등을 완전히 외면해 버린다는 점이 지적된다.[43]

2) 자본주의의 과잉생산능력: 로버트 브렌너(Robert Brenner)

브렌너에 의하면 자본주의는 장기적으로 '과잉생산능력(overcapacity)'으로 말미암아 수익성이 떨어지고 이에 따라 투자의 위축, 소비의 감소 등으로 위기적 국면이 나타나게 된다고 보고 있다. 그리고 이 과잉생산능력은 전후

---

42) H. Braverman, *op. cit.*, p.319.
43) C. Sackrey et al., *op. cit.*, pp.204-206.

의 자본주의의 경우 제조업에서 두드러지며 미국경제가 1970년대 이후에
당면하게 되는 위기도 이러한 일반적인 추세의 반영으로 보고 있다.

우선 그는 미국경제의 경우 1965년부터 1973년까지 제조업의 수익성은
43.5% 떨어진 반면, 비제조업은 13.9%가 하락하는 데 그친 점을 지적하고
있다. 그리고 이러한 제조업의 이윤율 하락은 주로 국제적 경쟁의 격화로
빚어진 것인데 이 시기는 제조업분야에서의 독일과 일본의 추격, 그리고 그
로 인한 경쟁의 격화에 기인하는 것으로 분석하고 있다. 독일과 일본은 제
조업분야에서 선진 기술과 비교적 낮은 임금을 결합하여 미국에 비하여 같
은 산품을 만드는 데 상대적으로 비용을 줄일 수 있었으며 그러한 이점을
이용하여 세계시장에서의 제조업 점유율을 높이고 그로 인한 이윤율의 취득
을 지속시킬 수 있게 된다. 어떤 제조업분야를 기준으로 한다면 경쟁자가
많아 수요에 비해 공급이 많아지게 되고 이것이 가격을 끌어 내리고 이윤을
축소시키면서 경제의 '과잉생산능력'을 만들어 내게 되는 것이다. 세계적으
로 제조업은 '과잉생산능력'의 지속적인 경향을 만들어 낸다고 볼 수 있다.[44]

1980년대에 들어서면서 미국경제는 이윤율 하락과 과잉생산능력으로 의
한 경제적 침체를 타개하기 위하여 일대 정책적 전환에 들어가게 되는데
레이건 대통령은 수출부진과 재정팽창에 따른 경제적 난국을 타결하기 위하
여 1985년 선진 5개국 간의 플라자(Plaza)협정을 체결하여 독일과 일본에
대한 환율조정을 강요하였다. 독일과 일본은 평가절상을, 그리고 미국은 평
가절하를 통한 정책적 조정을 통하여 미국제조업의 이윤율 증대의 길을 열
어 과잉생산능력의 위기를 일단 넘겼다. 1990년대만 하더라고 미국의 경우
제조업은 기업 이윤의 48%를 점하고 있었던 점에서 환율조정을 통한 수출
증대는 경제회복의 결정적 요인이 되었음은 분명해진다. 그리고 제조업의
경쟁국 간의 문제는 한쪽이 불리하면 다른 쪽이 유리해지는 상반관계가 지

44) Robert Brenner, "Capitalist Economy, 1945~2000: A Reply to Konings and to Panitch an Gindin," in David Coates(ed.), *Varieties of Capitalism, Varieties of Approaches*(New York: PalgraveMacmillan, 2005), pp.224-225.

배하기 마련이어서 독일, 일본의 불이익은 미국의 이익으로 나타나는 제조업의 특수성을 나타내는 것으로 파악된다.[45]

한편 미국경제는 1990년대에 들어서도 계속적인 이윤율 하락에 따른 경기불황 등에 대응하여 금리인하정책에 의존하게 되면서 대출증가에 따른 주식시장의 거품, 주택과 신용시장의 거품의 길로 접어들게 된다. 사람들은 낮은 비용의 손쉬운 대출에 의한 금융수단으로 큰 이득을 올리는 거품경제를 만들어 나가면서 2008년의 서브 프라임 금융위기로까지 이어지게 된다.

그러나 브렌너는 이러한 거품경제의 위기적 국면이 자본주의의 본질적 특성인 과잉생산능력의 한 단면에 불과하다는 입장을 견지한다. 자본주의는 비록 기술적 혁신이나 지리적 팽창으로 이윤율 하락의 추세를 잠시나마 호전시킬 수 있거나 또는 거품경제도 잠정적인 불경기를 이겨내면 다시 건전한 자본주의로 돌아갈 수 있다는 주장을 받아들이지 않는다. 제조업의 경우 미국으로부터 동아시아로 확산되었다고 해서 이윤율이 지속되는 것이 아니라 그 이전 과정은 한 제조업분야의 복제(duplication)의 성격을 띠기 때문에 상호간의 경쟁이 불가피하고 그만큼 이윤율은 떨어지게 마련이라고 본다. 경쟁국 간의 제조업은 상호보완적인 것이 아니라 중복적인(redundant) 성격을 띠기 때문에 이윤율의 문제는 피할 수 없게 되어 있다. 즉 자본주의의 과잉생산능력의 문제는 피할 수 없다는 점이 강조된다. 그리고 이윤율의 회복은 자본주의 제조업의 완전한 파괴로 인한 새로운 시작으로만 가능하다고 본다. 예를 들면, 1930대의 대공황처럼 자본주의가 완전히 파괴되어 재출발하는 '체제 정결 위기(system-cleansing crisis)'를 겪고 나서야 높은 이윤율이 가능해진다는 것이다.[46]

---

45) *Ibid.*, pp.234-238.
46) Robert Brenner, "A Marxist explanation for the current economic crisis," *Interview* (by Seongjin Jeong, for Hankyoreh, Jan. 22, 2009), p.3(http://links.org.au/node/957).

3) 자본주의 생산의 실패: 앤드류 클리먼(Andrew Kliman)

클리먼은 자본주의 생산의 실패는 투자된 화폐량에 대한 백분율로 표시되는 '이윤율'의 지속적인 하락에서 비롯되는 것으로 보고 있다. 이윤율의 감소는 부진한 투자로 이어지며 산출과 소득의 부진한 성장을 초래한다. 소득성장이 부진하면 사람들은 자기 부채를 상환하기 더욱 어려워진다. 그리고 법인들의 세후 이윤율(after-tax rate of profit)을 지원하기 위하여 취해지는 정부의 법인세율의 삭감조치와 함께 이윤율 자체가 감소하기 때문에, 정부의 조세 수입은 대폭 감소되고 예산 적자와 부채가 급등하기 마련이다. 더구나 정부는 경제의 상대적인 정체를 관리하려고 과도한 부채를 부추기는 정책들을 반복적으로 시도할 수 있다. 그러나 정부의 이러한 정책들은 거품붕괴와 부채위기를 반복하여 낳게 되는 지속 불가능한 방법에 의존하는 것이 된다. 최근의 경제위기들은 이러한 과정을 밟은 가장 심각하고 첨예한 거품붕괴와 부채위기로 설명된다.[47]

우선 자본주의의 지속적인 이윤율 하락은 왜 일어나는가? 브렌너는 이윤율 하락이 제조업의 극심한 경쟁에서 오는 것으로 보고 있지만 클리먼은 이것이 마르크스의 자본의 유기적 구성과 관련되는 본질적인 문제임을 부각시킨다. 즉 생산에 노동절약적인 기술변화가 도입되면 사물들이 더 싸게 생산될 수 있기 때문에 그 가격이 하락하는 경향이 나타나게 되며, 기술혁신으로 인한 가격인하는 결국 이윤율의 하락으로 이어질 수 있다는 것이다.[48] 그리고 마르크스는 이윤율 저하가 투기와 과잉생산을 조장하는 과정을 통하여 위기를 간접적으로 초래한다고 보고 있다. 그리고 이윤율 하락은 그 다음으로 투기 증가와 상환될 수 없는 부채의 누적을 낳게 되므로, 이것들이

---

47) Andrew Kliman, *The Failure of Capitalist Production: Underlying Causes of the Great Recession*(London: Pluto Press, 2011), pp.3-4.

48) *Ibid.*, p.14; 이윤율의 지속적인 하락을 설명하기 위하여 클리먼은 마르크스의 가치론에 대한 시점 간 단일 체제해석(TSSI: Temporal Single-System Interpretation)을 옹호하는 입장에 선다. 즉 마르크스 가치론의 비판자들은 시점별로 차이 있는 이윤율을 무시간적인(atemporal) 동일한 이윤율(현재비용 이윤율 혹은 대체비용 이윤율)로 대체해 버렸다고 비판하고 있다. A. Kliman, *op. cit.*, p.8.

바로 위기의 직접적인 원인이 된다는 것이다. 최근의 경제적 위기도 이러한 일련의 과정으로 설명되고 있다.[49]

클리먼은 미국 법인들의 이윤율은 1980년대 초반 이후 지속적으로 회복되지 않았으며, 법인들의 세전 이윤율은 추세가 없었고, 보다 확대된 이윤개념에 근거하고 오히려 마르크스의 '잉여가치'에 더 가까운 이윤율은 계속 저하한 것으로 보고 있다. 그러나 일부 좌파의 통설에서는 이러한 이윤율 하락추세와 관련하여 클리먼의 입장에 제동을 거는 주장들이 나오고 있는데 그 두드러진 논의들을 정리하면 다음과 같다.

첫째로 좌파의 통설은 1980년대에 들어서 선진자본주의의 경제정책이 '신자유주의(자유주의)'로 되면서 노동자들에 대한 착취를 증가시키는 결과를 낳게 되어 이로 말미암아 미국 노동자들은 인플레가 조정된 실질조건에서 수십 년 전에 지급받은 것보다 더 많이 지급받지 못하게 되고 (국민)소득에서 그들의 몫도 하락한 것으로 보고 있다. 그리고 착취의 증가로 이윤율이 크게 재상승한 것으로 단정하기에 이른다. 그러나 클리먼은 이 시기에 미국 노동자들은 수십 년 전보다 실질조건에서 더 적게 받은 것이 아님을 증거로 제시하고 있으며 오히려 그들의 실질임금은 올랐으며 그들의 국민소득 중의 몫도 줄지 않았다는 것이다. 미국의 노동자들은 1960년보다 지금이 더 높고 1970년 이래 안정적인 점이 지적된다.

둘째로 전통적인 설명에 따르면 경제의 신자유주의로 인한 노동자 착취로 이자율이 재상승했음에도 불구하고 그것이 축적률의 재상승으로 이어지지 못한 것은 경제의 '금융화'에서 비롯되었다는 것이다. 신자유주의의 또 다른 구성요소인 금융화로 인해 기업들이 이윤의 더 많은 부분을 금융상품에 투자하고 더 작은 몫을 '실물경제'를 성장하게 하는 생산적인 자본자산(공장, 기계 등)에 투자하게 되었다는 것이다. 그 결과 경제성장은 제2차 세계대전 이후 첫 몇십 년보다 최근 수십 년 동안 더 둔화되었다는 것이다. 그러나 이에 대해서 클리먼은 신자유주의와 금융화가 미국 법인들로 하여금

---

49) *Ibid.*, pp.20-22.

그들 이윤의 더 적은 부분을 생산에 투자하게 한 것이 아님을 분명히 한다. 1981~2001년 동안 미국법인들은 1947~1980년 기간보다 이윤율의 더 큰 몫을 생산에 할당했다(그리고 2001년 이후 이 몫의 하락은 통계적인 우연이었다). 결국 축적률의 하락을 설명하는 것은 신자유주의와 금융화가 아니라 이자율의 저하임을 강조하고 있다.[50]

그러면 자본주의의 위기적 국면을 타개하기 위한 대책은 무엇일까? 클리먼에 의하면 이윤율의 지속적인 하락은 풀러턴(John Fullarton)이나 마르크스 등이 말했던 이른바 '자본의 파괴(destruction of capital)'에 의해서만 역전된다. 자본의 파괴란 금융과 물리적 자본 자산의 가치 감소나 물리적 자산 자체의 파괴에 의해 야기되는 손실이다. 보다 구체적으로 기업과 개인 파산, 은행파산, 손실 평가감(write-downs of losses)의 거대한 물결은 부채 과잉을 해소할 것이다. 새로운 소유주가 부채를 떠맡지 않고도 기업을 인수할 수 있고 폭탄세일 값에 기업을 구매할 수 있을 것이다. 이것이 잠재적 이윤율을 올리고, 새로운 호황을 위한 무대를 마련한다.

그러나 1976년대 중반과 1980년대 초반의 세계적 침체기에는 대공황과 2차 대전 시기 동안보다는 자본가치가 훨씬 덜 파괴되는 것이 문제가 된다. 대공황 때의 파국에서처럼 엄청난 노동자들의 과격화를 막기 위하여 정부에 의한 통화정책과 재정정책을 통한 개입이 불가피하였으나 이러한 조치들은 자본가치의 파괴를 지연시키는 미봉책에 지나지 않으며 이윤율 감소는 역전되기 힘들게 된다. 이윤율 감소가 역전되지 않으면 수익성이 너무 낮아 새로운 호황을 지속시킬 수는 없게 된다.[51]

---

50) *Ibid.*, pp.5-6.
51) *Ibid.*, pp.3-4; 클리먼은 이러한 이윤율 하락의 근본 문제에 대한 대응에 있어서는 첫째로 노동자들의 해방은 그들 자신의 행동이어야 한다는 것이 이해되어야 하며, 그들 스스로 사회를 통치하기에 이론적으로나 지적으로 완전히 능력이 갖추어져야 하고, 둘째로 자본주의 생산법칙에 의한 통제 없이 작동하는 현대사회를 만들어야 하는데 이것은 새로운 '생산관계(relations of production)'의 존재를 전제한다는 의견을 제시하고 있다. *Ibid.*, p.206.

3. 온당한 자본주의: 세바스티안 다리엔 등(Sebastian Dullien et al.)

다리엔(S. Dullien), 커얼(H. Kerr), 켈러만(C. Kellerman) 등은 자본주의가 1980년대에 들어서 '시장자유주의'로 바뀌면서 금융화와 세계화의 격동을 겪는 가운데 여러 위기적 국면들을 나타내기 시작하였으며 특히 2007년의 금융위기에서는 그 심각성이 세계적 대응의 문제로 번지게 되자 그와 관련되는 구조적 변환의 근원을 파헤친 다음 앞으로 구축되어야 할 '온당한 자본주의(decent capitalism)'의 그림을 제시해 보고 있다.

우선 1980년대 이후의 자본주의의 특성을 정리해 보기로 한다.

첫째로, 시장자유주의 모형(market-liberal model)의 등장이다. 1979년 영국의 대처 총리는 '시장자유주의(market liberalism)'의 기치 아래 자유화, 탈규제, 사유화의 정책적 방향을 확정하였고 성장과 고용의 대규모 삭감을 감수하는 인플레와 노동조합에 대한 무조건 전쟁을 선언하고 나섰으며, 1981년 당선된 미국의 레이건 대통령도 노동조합에 대한 강경책과 보수적인 시장자유화의 길로 들어섰다. 각종 사회운동과 강성노조의 틀을 부수고 복지의 잠정적인 후퇴를 뜻한다는 점에서는 '약한 좌파(weak left)'를, 그리고 인플레 억제와 시장 자유의 개혁을 앞세우는 점에서는 극히 보수적인 '강한 우파(strong right)'의 성격을 띠는 자본주의적 변환으로 볼 수 있다. 시장-자유의 의제(market-liberal agenda)는 한편으로 금융분야, 노동시장, 기업문화 등에 대한 대대적인 개입을, 그리고 또 한편으로는 지금까지 공공책임의 영역이었던 것을 사유화하는 일련의 재구성으로 구체화되었다. 탈규제와 금융시장의 역할증대는 경영개념의 변화와 병행했고 개발 도상국가들을 위한 국제적 금융시장의 탈규제와 방대한 자유무역체제가 구축되었다. 노동조합을 약화시키기 위한 노동시장에 대한 탈규제와 병행하여 국영기업들이 민영화되었으며 복지국가의 이른바 해로운 요소들이 해체단계에 들어서게 된다.[52]

52) Sebastian Dullien, Dansjorg Herr, Christian Kellermann, *Decent Capitalism: A*

둘째로, 신자유주의적 세계화 프로젝트에서는 금융시장의 탈규제가 문제
된다. 금융화는 새로운 대출기관의 출현, 이자율 통제의 철폐, 유동화의 폭
증 등으로 여러 가지 형태의 체제위기를 만들어 내게 된다. 헤지펀드, 투자
은행, 여러 공격적 투자가들과 같은 그림자 은행의 횡포, 전통적 은행(상업
은행 등)에 대한 그림자 은행의 연계, 수익에만 혈안이 되는 은행들, 세계금
융체제의 통화 및 자본이동의 증대에서 비롯되는 '거품-붕괴 주기(boom
and bust cycles)' 등이 두드러지게 된다. 금융시장에 작용하는 보다 중요한
원칙들로서는 우선 종래의 '이해관계자 자본주의(stakeholder capitalism)'
로부터 '주주가치 자본주의(shareholder-value capitalism)'로의 이행이 문
제가 된다. 주주의 수익우선, 경영자들의 지나친 보상, 금융시장의 비합리적
과열, 금융지표들에만 초점을 두게 되므로 기업 경제 혁신에 부정적 효과를
만들어 내는 것, 즉 '투자 없는 이윤 모형'로의 변이 등이 지적된다. 그리고
금융시장이 빠져드는 또 하나의 기본전제로서는 '합리성에 대한 환상'이 있
다. 인간 개개인의 합리적인 판단과 결정은 그 이상의 사회적 단위(전체),
특히 금융시장의 효율성과 안정성을 확보할 수 있다는 가정에 문제가 제기
된다.

이미 케인즈에 의해 제기되었지만 자본주의경제의 자산시장은 개개인의
합리적 결정으로 지탱되기보다는 여러 가지 불확실성을 전제하는 기대와 예
측이 고려되어야 할 것이 강조된다. 그리고 현대 금융체제에서 신용팽창의
가능성은 잠재적으로 아무런 제한이 없기 때문에 이로 인한 과도한 '거품'이
발생할 수 있으며 또한 그로 인한 내파(implosion)의 가능성이 커진다. 따
라서 이러한 '신용순환(credit cycles)' 모형에 따라 신용발행기관에 대한 철
저한 규제가 필요하며 최소한의 준비금이나 기타 준수사항과 같은 자본요건
이 논의되게 된다.[53]

셋째로, '세계적 불균형(global imbalances)'이 세계적 불안정을 만들어

Blueprint for Reforming our Economies(London: Pluto Press, 2011), pp. 23-26.
53) *Ibid.*, pp. 33-46.

내는 문제가 있다. 1971년 미국 닉슨 대통령의 신경제정책으로 브레턴우즈(Bretton Woods) 체제가 종식되어 국제 간의 무역과 자본이동이 '변동환율제'로 전환됨으로써 국제경제는 새로운 불균형의 문제에 당면하게 된다. 매우 경쟁력 있는 경제라 할지라도 그 교역 상대국의 평가절하로 느닷없이 수출부진과 경제적 위축을 경험할 수도 있고, 평가절하된 나라라 할지라도 극심한 인플레와 생활수준의 하락을 경험해야 하는 불안한 상황이 언제든지 나타날 수 있다. 2007~2009년 사이 5대 경상수지 적자 나라들(미국, 스페인, 호주, 그리스, 영국)은 5대 경상수지 흑자 나라들(중국, 독일, 일본, 사우디아라비아, 러시아)과 일관된 불균형 현상을 나타내고 있듯이 경상수지 적자국들은 좀처럼 그러한 불균형에서 헤어나지 못하는 사태가 벌어진다. 특히 변동환율제하에서는 경제적 기대가 단기적 기대에 따라 움직이는 투기의 만연으로 극히 불안정한 국제적 자본흐름을 만들어 내는 위험이 지적된다. 그리고 국제통화체제의 안정성을 마련해 주던 미국경제가 1980년대 이후로 그 패권적 위력을 잃고 경상수지 적자와 경제성장의 부진, 국가부채의 증대 등으로 종래의 세계적 '수요 엔진(demand engine)'으로서의 역할이 줄어들게 되는 점이 문제가 된다.

또한 미국의 경상수지 적자는 대조적으로 중국의 경상수지 흑자와 맞물리게 되는데, 중국의 경우 '고정환율제'에 가까운 '달러 페그제' 및 '바스켓 변동환율제'를 통하여 계속적인 경상수지 흑자를 유지해나가는 이른바 '중국적 중상주의(Chinese Mercantilism)'로 지목받는다. 그리고 유럽통화연합(European Monetary Union)에 있어서는 독일의 경상수지흑자의 일방적 독주가 문제 된다. 이러한 독일의 독자적인 위치는 다른 유럽제국(스페인, 포르투갈, 그리스, 이탈리아 등)에 비해서 임금비용(wage costs)의 저하로 인한 수출증대와 수출분야에 대한 기업투자에서 오는 것으로 분석된다. 그리고 이러한 임금비용의 낮은 증가율은 독일의 중상주의적 전통과 노조와 같은 주요 이익집단들의 압력에서 비롯되는 것으로 진단된다. 중국과 독일의 중상주의적 접근이 국제적 불균형에 상당한 영향을 미친다는 견해가 된다.[54)

넷째로, 노동조건의 악화로 인한 노동자 복지문제가 지적될 수 있다. 1980년대의 보수적 혁명(영국, 미국)과 병행되는 세계화 과정으로 동구권의 변화, 중국의 부상 등으로 국제적 경쟁이 강화되자 노동조건에도 상당한 변화가 불가피해졌다. 세계적인 다국적기업 간의 공급 고리의 확산, 인수-합병의 증가 등으로 기업부문의 재구조화가 이루어지자 고숙련의 일자리가 감소되고 기술변화로 인한 미숙련 일자리가 차지하는 범위도 줄어들었다. 그리고 기업의 생존율을 높이기 위한 노동자들의 임금삭감과 유연화의 압박이 높아지고 노동시장의 탈규제는 사회보장제도의 해체로 이어지기도 한다. 또한 종래의 중앙차원에서 이루어지던 임금협상이 기업차원으로 옮겨짐으로써 노조의 약화, 기업의 특수요구조항 수락, 경영진에의 의존과 동조현상 등이 나타나게 된다.

특히 불평등문제는 더욱 심화되기에 이르는데 우선 전체소득에서 임금소득이 차지하는 '임금몫(wage share)'이 금융부문의 권력증대로 크게 하락하게 되고, 저임금 부문의 증대로 인한 임금격차의 확대, 즉 '임금확산(wage dispersion)'이 미국, 캐나다, 영국, 아일랜드 등에서 두드러지게 된다. 특히 미국, 독일, 중국에서의 노동시장은 각별한 문제를 안게 되는데 미국의 경우, 레이건 대통령에 의한 노동조합의 약화정책이 강행되었고, 독일의 경우, 실업수당의 삭감, 장기복지수당과 사회부조의 단일 비율로의 통일 등이 실행에 들어갔으며, 중국의 경우는 노동조합이 공산당 통제하에 있으며 경제의 비공식부문(informal sector)은 주로 소규모 민간 기업들의 노동자들로 구성되며 노조도 없고 심지어 문서로 된 개별 근로계약서조차 없는 것이 지적된다.[55]

끝으로 자본주의 위기의 다음 단계로서는 국가부채의 증가와 매우 느린 경제성장이 예측된다. 2008년의 미국 금융위기는 한때 유럽으로 전파되어 그리스의 채무 이행불능으로 이어지면서 미국뿐만 아니라 유럽공동체 전반

54) *Ibid.*, pp.49-68.
55) *Ibid.*, pp.77-85.

의 구제금융과 경제 활성화 대책으로 이어지게 만들었다. 다행히 이 책의 저술시점(2010년 겨울)에서는 각국의 경기부양 패키지의 실행으로 큰 위기적 국면은 일단 피하게 되었으나 앞으로의 전망은 결코 밝지 않다. 무엇보다도 부도위기에 직면한 은행들을 구출하기 위하여 정부는 그 스스로의 부채를 늘려야 했고 결과적으로 민간부문의 부채부담을 공공부문에 떠넘기게 됨으로써 국가부채의 폭증으로 이어지게 된다. 2009년 선진국 세계의 재정적자는 그전 몇십 년간 전혀 들어 볼 수 없었던 수준으로까지 올라갔다. 그리고 세계경제는 앞으로 상당 기간 '저성장'의 과정에 들어설 것으로 전망된다. 경제의 회복에는 민간부문의 수요증대가 절실한데 그것을 뒷받침할 기업이윤의 상승에서 오는 적절한 임금성장이 힘들게 되어 있기 때문이다. OECD 국가들의 성장은 느리고 불안정하며 노동시장의 회복이 힘들면서 '일본식 침체'의 시나리오가 논의된다. 실업률이 높고 임금이 떨어지는 상황에서는 심각한 디플레이션으로 1930년대의 불황으로 비견될 수 있는 사태가 올 가능성도 제기된다.[56]

이상에서 논의된 자본주의의 위기적 국면들에 대한 대응으로서 제기되는 새로운 '온당한 자본주의' 모형은 1)수요와 녹색 성장, 2)성장과 혁신을 위한 금융체제, 3)공평한 소득분배 등의 세 가지 개혁적 차원으로 구성된다.

1) 수요와 녹색성장

한 사회의 총생산량은 궁극적으로 그 사회의 수요수준에 따라 결정된다는 전제하에 투자수요, 소비수요, 정부수요, 수출에서 수입을 뺀 해외수요에 대한 여러 가지 대응책들이 검토된다. 투자는 수요를 창출하기만 하는 것이 아니며, 투자재는 새로운 기술을 현실화하고 경제성장을 지속시키는 결정적인 역할을 한다. 소비수요는 임금소득에 좌우된다는 점이 강조되며 정부수요에 있어서는 교육이나 의료 등과 같은 중요한 공공재의 제공 등으로 수요증대가 가능하며 스칸디나비아 제국들의 모범이 권장된다. 그리고 수출에

56) *Ibid.*, pp.87-97.

초점을 두어 무역수지 및 경상수지 흑자를 추구함으로써 수요를 자극할 방안들이 제시된다.[57]

그러나 수요수준의 향상은 앞으로 다가올 지구환경적 변화와 생태적 보호라는 절박한 과제와 조화를 이루어야 한다는 점이 강조된다. 즉 수요·성장을 도모하되 그것이 '생태적으로 지속가능한(ecologically sustainable)' 방향으로 이루어져야 한다. 경제성장자체가 지구온난화를 방지하거나 재생불능자원을 고갈시키지 않을 생산 및 소비방법을 찾아야 하며, 생산 및 소비와 기술발전의 구조를 근본적으로 변화시키되 생태적으로 부정적인 효과를 가져 오지 않는 '녹색성장(green growth)'을 이루어 내어야 한다. 이를 위하여 저자들은 1930년대 미국 루스벨트 대통령이 대공황 극복에 내놓았던 '뉴딜' 정책에 비견되는 '녹색 뉴딜(Green New Deal)'을 제안하고 있어 주목을 모은다. 녹색 뉴딜에서는 다음과 같은 다섯 가지 과제들이 제시된다.

가. 에너지와 여타 재생불능 자원들에 더 높은 가격표를 붙여야 한다.
나. 발명가들과 투자가들에게 에너지와 여타 재생불능 자원의 가격이 계속 높을 것이라는 점을 알릴 필요가 있으며, 유럽연합이 추진하는 탄소배출권 거래방법은 현행방식대로라면 바람직한 것이 아니다.
다. 정부가 환경친화적인 신제품에 대한 시장을 창출해 줄 필요가 있으며 기업들은 에너지 효율성이 높은 신제품을 개발하도록 한다.
라. 각국 정부들은 직접적으로 혁신을 장려할 필요가 있으며 이를 위한 연구 프로젝트는 민간부문에 떠맡기기보다는 재생에너지와 자원생산성 향상에 관심을 쏟는 연구기관들에 직접적 자금지원을 늘려야 한다.
마. 정부는 생태친화적인 생산 및 소비를 가능케 하고 또한 법으로 강제할 수 있는 포괄적이고 장기 지향적인 사회기반시설 프로젝트들을 책임져야 한다. 에너지 생산, 공공 및 민간교통, 공공시설, 도시

---

57) *Ibid.*, pp.101-102.

계획 등은 정부가 구조를 근본적으로 바꿀 수 있는 예가 된다.58)

2) 성장과 혁신을 위한 금융체제

금융체제는 경제체제의 두뇌에 비유된다. 경제를 파국으로 몰고갈 수도
있지만 역동적인 발전을 만들어내는 데에도 결정적인 몫을 하게 된다. 첫째
로 신용창출을 수단으로 기업들, 특히 혁신적 기업들로 하여금 투자와 생산
을 할 수 있게 만든다. 신용체제는 무에서 유를 창조하는 식으로 화폐와
신용을 창출하여 혁신 기업가들이 이 돈으로 생산에 필요한 자재와 기계
등을 구입할 수 있게 한다.

둘째로 금융체제는 위험을 재분배할 수 있다. 개별적 투자자들은 큰 위험
을 혼자서 감당해야 하나 금융체제는 수많은 투자자들 사이에 위험을 얇게
확산시키는 것을 가능하게 한다. 그리고 신용배당의 기능도 수행하며 이는
금융체제의 유동성과 위험 전환의 중요한 일부를 이룬다. 보다 많은 유동성
과 위험전환을 통하여 노동생산성과 보다 많은 물질적 번영을 이룩하게 만
들 수 있다.

셋째로 가장 유망한 투자 프로젝트를 내 놓는 부문들과 기업들에 자본과
신용을 쓸 수 있도록 만들어 줌으로써 자원의 효율적 배분과 혁신기업들의
성정을 도와 줄 수 있다.

넷째로 소규모 투자자들의 자산을 축적하여 훨씬 더 큰 투자를 가능케
할 수 있다.

그러나 2000년대의 금융위기에 나타난 문제점을 감안한다면 이 부문에
대한 개혁에는 다음과 같은 다섯 가지 필수적인 규제가 절실해진다. 첫째로
투자은행과 헤지펀드같이 위험을 떠안는 것을 업으로 하는 비은행 금융기관
들은 예금을 받는 상업은행들과 분리되어야 하며, 상업은행은 비은행 금융
기관들에게 대출을 할 수 없게 만들어야 하고 또한 자기계정거래(pro-
prietary trading)도 해서는 안 되게 만들어야 한다.

---

58) *Ibid.*, pp.103-104, 188-191.

둘째로 그림자 은행체제(shadow banking system)의 발전을 허용해서는
안 된다. 모든 금융기관들은 규제를 받아야 한다는 점이 강조된다.

셋째로 거시경제 전반의 통치에 있어서 경기순환에 맞서는(anti-cyclical)
도구들을 창출하여야 하며 특히 그런 것들은 금융체제로 만들어 내야 한다.
거품을 막기 위한 금리상승이 불충분하여 다른 정책적 대응이 필요하며, 예
를 들면 부동산시장과 주식시장에서 벌어지는 과도한 행위를 근절하기 위해
서는 투기적 이윤에 세금을 늘리는 식의 조세정책이 고려될 수 있다.

넷째 모든 금융상품들, 특히 모든 유형의 파생상물들은 시장에 나오기 전
에 감독 당국의 승인을 받아야 하며 거래는 오직 조직된 시장에서만 이루어
져야 한다.

다섯째로 국제적 자본이동의 증대로 각국의 중앙은행들의 역할이 줄어들
었으나 경사수지 불균형이나 환율의 혼란 등에 중앙은행이 자본이동에 적절
히 개입할 능력을 갖추기 위한 도구들이 필요하다. 국내시장 거품과 불안정
한 국제자본 흐름에 적극적으로 대응할 수 있는 도구들을 확보해 주어야
한다.[59]

3) 공평한 소득분배

최근 몇십 년 동안 소득분배와 관련하여 괄목할 만한 불평등이 증가하였
는데 이는 여러 나라의 사회·정치적 응집력을 위험에 빠뜨리며 거시경제적
으로도 불안정성을 낳게 된다. 무엇보다도 소득분배의 불균형에서는 이윤
마크업(profit mark-up)이 많아지는 것이 문제가 된다. 그리고 이것은 금융
부문의 권력이 증대되고 더 높은 수익을 위해 기꺼이 위험을 감내하겠다는
의사가 충만한 것이 원인이다. 따라서 금융부문에서의 게임의 규칙과 구조
도 이윤 마크업이 다시 낮아질 수 있는 방식으로 바뀌어야 한다. 그리고
이윤 마크업은 재화시장의 독점도와 권력구조에 달려 있기도 한데 공정거래
법의 임무는 개별 시장에서의 독점화를 방지하는 것임을 재확인해야 한다.

) *Ibid.*, pp.104-107.

가급적 자연적 독점체들(상하수도 공급, 철도 등)은 사유화를 진행할 하등
의 이유가 없으며 오히려 국가조직이 떠맡게 하는 것도 한 방법이 될 수
있다.

　최근 몇십 년간 임금분산(임금격차)이 심하게 벌어지게 되었는데 이러한
소득불평등은 노동시장개혁을 통하여 반드시 제거되어야 한다. 단체협상체
제가 강화되어야 하며, 국제노동기구(ILO)에 의해 강조되는 온당한 근로조
건을 성취하기 위한 여타의 노동시장기구들의 노력으로 뒷받침되어야 할 필
요가 있다. 뿐만 아니라 노동시장에서 불리한 입장에 서는 계층(예: 신체장
애, 연령, 인종, 성별, 육아의무 등)을 위한 배려를 위해서 조세 관련 법률과
사회제도를 재조정해야 하며, 특히 조세 관련 법률에서는 재분배적 요소가
명시적으로 포함되도록 해야 한다. 누진적 조세체제가 각별히 중요할 뿐만
아니라 자본에서 나오는 소득에 적절하고 충분한 과세가 이루어지도록 보장
하는 각종 규제가 필요하다. 예를 들면, 조세회피와 같은 행태는 역외금융
중심지(offshore centres)를 털어서라도, 또한 그 밖의 조치들을 취해서라도
맞서 싸워야 한다. 공공지출(교육, 의료, 대중교통 등)도 소득불평등을 줄이
는 데 큰 몫을 할 수 있다. 이는 또한 국가의 이전 지출(state transfer pay-
ment)과 사회보장제도 등에도 적용되는 바로써 명시적으로 재분배적 구성
요소들을 담고 있는 것으로 볼 수 있다.[60]

---

60) *Ibid.*, pp.107-110.

▮ 참고문헌 ▮

오명호. 『현대정치학방법론(現代政治學方法論)』. 박영사, 1995.

_____. 『현대정치학: 이론적 구성과 연구 동향』. 서울: 한양대학교출판부, 2010.

Abbey, Ruth. "Another philosopher-citizen: the political philosophy of Charles Taylor." In C. H. Zuckert, ed. *Political Philosophy in The Twentieth Century: Authors and Arguments*. Cambridge: Cambridge Univ. Press, 2011.

Amable, Bruno. *The Diversity of Modern Capitalism*. Oxford: Oxford Univ. Press, 2009.

Ankersmit, F. R. "Narrative and Interpretation." In A. Tucker, ed. *A Companion to the Philosophy of History and Historiography*. Wiley-Blackwell, 2010.

Archer, Margaret. *Culture and Agency: The Place of Culture in Social Theory*. Cambridge: Cambridge Univ. Press, 1988.

_____. "Human Agency and Social Structure: A Critique of Giddens." In Jon Clark et al., eds. *Anthony Giddens: Consensus and Controversy*. London: The Falmer Press, 1990.

Arthur Madigan. S. J. "Alasdair MacIntyre on political thinking and the tasks of politics." In C.H. Zuckert, ed. *Political Philosophy in The Twentieth*

Century: Authors and Arguments. Cambridge: Cambridge Univ. Press, 2011.

Ashenden, Samantha. "Structuralism and Post-structuralism." In Austin Harrington, ed. *Modern Social Theory*. Oxford: Oxford Univ. Press, 2005.

Bacon, Michael. "Richard Rorty: liberalism, irony, and social hope." In C. H. Zuckert, ed. *Political Philosophy in The Twentieth Century: Authors and Arguments*. Cambridge: Cambridge Univ. Press, 2011.

Baran, Paul, and Paul Sweezy. *Monopoly Capital: An Essay: An Essay in the American Economic and Social Order*. New York: Monthly Review Press, 1966.

Beaulieu, Alain. "The Hybrid Character of "Control" in the Work of Michel Foucault." In Alain Beulieu and David Cabbard, eds. *Michel Foucault and Power Today: International Multidisciplinary Studies in the History of the Present*. Lanham: Lexington Books, 2006.

Benton, Ted, and Ian Craib. *Philosophy of Social Science: the Philosophic Foundations of Social Thought*. New York: PalgraveMacmillan, 2001.

Berlin, I. "Two Concepts of Liberty." *Four Essays on Liberty*. London: Oxford Univ. Press, 1969.

Bhagwati, Jagdish. *In Defense of Globalization*. New York: Oxford Univ. Press, 2004.

Bhaskar, Roy. *The Possibility of Naturalism*. Hemel Hempstead: Harvester Wheatsheaf, 1998.

_____. *From East to West: Odyssey of a Soul*. Routledge, 2000.

_____. *From Science to Emancipation: Alienation and Enlightenment*. Sage, 2002.

Blalock, Jr., H. M. *Theory Construction: From Verbal to Mathematical Formulations*. Englewood Cliffs, N. J.: Prentice Hall, Inc., 1969.

Bourdieu, Pierre. "Social Space an Symbolic Power." *Sociological Theory 7*. 1989.

_____. *The Logic of Practice*. Stanford, CA: Stanford Univ. Press, 1990.

Bourdieu, P., and Loic J. D. Wacquant. *An Invitation to Reflexive Sociology*. Chicago: The Univ. of Chicago Press, 1992.

Braverman, Harry. *Labor and Monopoly Capital: The Degradation of Work in the Twentieth Century*. New York: Monthly Review Press, 1974.

Brenner, Robert. "Capitalist Economy, 1945~2000: A Reply to Konings and to Panitch an Gindin." In David Coates, ed. *Varieties of Capitalism, Varieties of Approaches*. New York: PalgraveMacmillan, 2005.

_____. "A Marxist explanation for the current economic crisis." Interview by Seongjin Jeong, for *Hankyoreh*, Jan. 22, 2009.

Brian, W. *Increasing Returns and Path Dependence in the Economy*. Ann Arbor: Univ. of Michigan Press, 1994.

Brzechczyn, Krzysztof. "Logical Empiricism and Logical Positivism." In Aviezer Tucker, ed. *A Companion to the Philosophy of History and Historiography*. West Sussex, UK Wiley-Blackwell, 2011.

Buttigieg, Joseph. "Antonio Gramsci: liberation begins with critical thinking." In C. H. Zuckert, ed. *Political Philosophy in The Twentieth Century: Authors and Arguments*. Cambridge: Cambridge Univ. Press, 2011.

Carpenter, Daniel P. *The Forging of Bureaucratic Autonomy: Reputations, Networks, and Policy Innovation in Executive Agencies, 1862-1928*. Princeton: Princeton Univ. Press, 2001.

Chilton, Paul. *Analyzing Political Discourse: Theory and Practice*. London and New York: Routledge, 2004.

Christman, John. "Can Positive Freedom Be Saved." In Steven M. Cahn and Robert B. Tallisse, eds. *Political Philosophy in the Twenty-First Century*. Boulder, Colorado: Westview Press, 2013.

Coates, David. *Models of Capitalism: Growth and Stagnation in the Modern Era*. Cambridge: Polity Press, 2000.

Collier, Andrew. *Critical Realism*. London: Verso, 1994.

Crick, Bernard. *Democracy*. Oxford: Oxford Univ. Press, 2002.

Dagger, Richard. *Civic Virtues: Rights, Citizenship. and Republican Liberalism*. Oxford Univ. Press, 1997.

David, Paul. "Path Dependence, Its Critics, and the Quest for Historical Economics." In P. Garrouste and S. Ioannides, eds. *Evolution and Path Dependence in Economic Ideas: Past and Present*. Cheltenham, U. K.: Edward Elgar, 2000.

Day, Mark. *Philosophy of History*. London: Continuum, 2008.

Dean, Kathryn. "Agency and Dialectics: What Critical Realism Can Learn From Althusser's Marxism." In K. Dean et al. *Realism, Philosophy and Social Science.* New York: PalgraveMacmillan, 2006.

Dean, K. et al. "Realism, Marxism and Method." *Realism, Philosophy and Social Science.* New York: PalgraveMacmillan, 2006.

Delanty, Gerard. *Social Science. Second ed.* New York: Open Univ. Press, 2005.

Dijiksterhuis, Ap. "On the benefits of thinking unconsciously: Unconscious thought can increase post-choice satisfaction." *Journal of Experimental Social Psychology 42.* 2006.

_____. "Automaticity and the Unconscious." In Susan T. Fiske et al., eds. *Handbook of Social Psychology.* New Jersey: John Wiley & Sons, Inc., 2010.

Dollar, David, and Aart Kraay. "Growth is Good for the Poor." In Frank J. Lechner and John Boli, eds. *The Globalization Reader, Second ed.* Malden, MA: Blackwell Publishing, 2004.

Dreyfus, Herbert L., & Paul Rabinow. *Michel Foucault: Beyond Structuralism and Hermeneutics, 2nd ed.* Chicago: The Univ. of Chicago Press, 1983.

Duckitt, John. "Prejudice and Intergroup Hostility." In David O. Sears et al., eds. Oxford Handbook of Political Psychology. New York: Oxford Univ. Press, 2003.

Dullien, Sebastian, Dansjorg Herr, Christian Kellermann. *Decent Capitalism: A Blueprint for Reforming our Economies.* London: Pluto Press, 2011.

Elder-Vass, Dave. "For Emergence: Refining Archer's Account of Social Structure." *Journal for the Theory of Social Behavior* 37: 1. 2007.

Ertman, Thomas. *Birth of the Leviathan: Building States and Regimes in Medieval and Early Modern Europe.* Cambridge: Cambridge Univ. Press, 1997.

Fairclough, Isabela, and Norman Fairclough. *Political Discourse Analysis: A Method for Advanced Students.* London and New York: Routledge, 2012.

Fairclough, Norman. *Discourse and Social Change.* London: Polity, 1992.

Fierke, K. M. "Constructivism." In Tim Dunne, Milja Jurki and Steve Smith, eds.

International Relations Theories: Discipline and Diversity, Second ed. Oxford: Oxford Univ. Press, 2010.

Finlayson, Alan, and James Martin. "Poststructuralism." In C. Hay, M. Lister and D. Marsh, eds. *The State: Theories and Issues.* PalgraveMacmillan, 2005.

Foucault, Michel. *The History of Sexuality 1: An Introduction, repr.* London: Allen Lane, 1976.

_____. *Discipline and Punishment: The Birth of the Prison.* Translated by Alan Sheridan. New York: Vintage Books, 1977.

_____. *The History of Sexuality: An Introduction,* Vol.2. Harmondsworth: Penguin, 1978.

_____. *Power/Knowledge: Selected Interviews and Other Writings 1972-77.* New York: Pantheon Books, 1980.

_____. *The History of Sexuality. Vol.1: The Will to Knowledge.* London: Penguine, 1998.

_____. *Power: Essential Works of Foucault. 1954-1984,* Vol.3 In J. D. Faubion, ed. New York: The New Press, 2000.

_____. *Society Must be Defended: Lectures at the de France 1975-1976.* 2003.

_____. *Security, Territory, Population: Lectures at the College de France 1977-1978.* 2007.

Foucault, Michel, Arnold I. Davidson, eds. *The Hermeneutics of the Subject, 1981-1982.* St Martins Press, 2005.

Fowler, R., R. Hodge, G. Kress, T. Trew, N. Fairclough, T. van Dijk, R. Wodak. *Reflections on Meta-Reality.* Sage, 2002.

Fukuyama, F. "The End of History." *The National Interest 16.* 1989.

_____. *The Origins of Political Order: From Prehuman Times to the French Revolution.* New York: Farrar, Straus and Giroux, 2011.

_____. *The End of History and the Last Man.* Harmonsworth: Penguin, 1992.

Fulbrook, Mary. *Historical Theory.* London & New York: Routledge, 2002.

Fulcher, James. *Capitalism.* Oxford: Oxford Univ. Press, 2004.

Gadamer, Hans-Georg. *Truth and Method.* New York: The Seabury Press, 1975.

Gamble, A. *The Free Economy and the Strong State.* London: Macmillan, 1988.

Gauthier, D. *Practical Reasoning: The Structure and Foundation of Prudential* and Moral Arguments and Their Exemplification in Discourse. 1963.

Gerschenkron, Alexander. *Economic Backwardness in Historical Perspective.* Cambridge, Mass.: Harvard Univ. Press, 1962.

Gigerenzer, Gerd. "Bounded and Rational." In R. J. Stainton, ed. *Contemporary Debates in Cognitive Science.* Blackwell, 2006.

_____. *Gut Feelings: The Intelligence of the Unconscious.* 2007.

Gilovich, T., and D. Griffin. "Judgement and Decision Making." *Handbook of Social Psychology, Vol. One.* In S. Fiske, D. Gilbert, G. Lindzey, eds. New Jersey: John Wiley & Sons, Inc., 2010.

Godfrey-Smith, Peter. *Theory and Reality: An introduction to the Philosophy of Science.* Chicago: The Univ. of Chicago Press, 2003.

Goldstone, Jack A. *Revolution and Rebellion in the Early Modern World.* Berkeley: Univ. of California, 1991.

Gordon, David. *Fat and Mean: The Corporate Squeeze of Working American and the Myth of Managerial Downsizing.* New York: Free Press, 1996.

Grice, H. P. *Studies in the Way of Words.* Cambridge, Mass., Harvard Univ. Press, 1989.

Hall, P., and D. Suskice, eds. *Varieties of Capitalism: The Institutional Foundations of Comparative Advantage.* Oxford: Oxford Univ. Press, 2001.

Hall, Stuart. *The Hard Road to Renewal: Thatcherism and the Crisis of the Left.* London & New York: Verso, 1988.

Harré, Rom. *The Philosophy of Science: An Introductory Survey.* Oxford: Oxford Univ. Press, 1972.

Hay, C. "(What's Marxist about) Marxist State Theory?" In Colin Hay et al., ed. *The State: Theories and Issues.* New York: PalgraveMacmillan, 2006.

Hay, Colin. *Political Analysis.* New York: PalgraveMacmillan, 2002.

_____. "(What's Marxist about) Marxist State Theory?" In Colin Hay, Michael Lister and David Marsh, eds. *The State: Theories and Issues.* New York: PalgraveMacmillan, 2006.

Hempel, Carl G. *Philosophy of Natural Science.* Englewood Cliffs, N. J.: Prentice-Hall Inc., 1966.

Heywood, Andrew. *Political Theory.* New York: PalgraveMacmillan, 2004.

Hogg, Michael A. "Social Identity Theory." In Peter J. Burke, ed. *Contemporary*

Social Psychological Theories. Stanford, Calif.: Stanford Univ. Press, 2006.

Howarth, David. "Discourse Theory." In D. Marsh and Gerry Stoker, eds. *Theory and Methods in Political Science*. New York: St. Martin's Press, 1995.

_____. *Discourse*. New York: Open Univ. Press, 2000.

Huddy, Leonie. "Group Identity and Political Cohesion." In David O. Sears, Leonie Huddy, Robert Jervis, eds. *Oxford Handbook of Political Psychology*. Oxford: Oxford Univ. Press, 2003.

Huntington, Samuel P. *The Clash of Civilizations and the Making of the World Order*. New York: Simon and Schuster, 1996.

Inglis, David, Christopher Thorpe. *An Invitation to Social Theory*. Cambridge, UK: Polity, 2012.

Jenkins, Richard. *Pierre Bourdieu, revised edition*. New York: Routledge, 2002.

Johnson, Chalmers. *Revolution and the Social System*. Sanford: The Hoover Institution of War, Revolution and Peace, 1964.

_____. *MITI and the Japanese Miracle: The Growth of Industrial Policy, 1925~1975*. Stanford: Stanford Univ. Press, 1982.

_____. "Political institutions and economic performance: the government-business relationship in Japan, South Korea, and Taiwan." In Frederic C. Deyo, ed. *The Political Economy of the New Asian Industrialization*. Ithaca: Cornell Univ. Press, 1987.

_____. "The Developmental State: Odyssey of a Concept." In Meredith Woo-Cumings, ed. *The Developmental State*. Ithaca: Cornell Univ. Press, 1999.

Joseph, Jonathn. "Marxism, the Dialectic of Freedom and Emancipation." In K. Dean et al. *Realism, Philosophy and Social Science*. 2006.

Kahneman, Daniel. *Thinking, Fast and Slow*. London: Allen Lane, Penguine Books, 2011.

Kahneman, D., & A. Tversky. "Choices, values, and frames." *American Psychologist 39*. 1984.

Kalecki, Michael. "Political Aspects of Full Employment." *The Political Quarterly*, vol.14, no.4. October 1943.

Kaletsky, Anatole. *Capitalism 4.0: The Birth of a New Economy in the Aftermath of Crisis.* New York: Public Affairs, 2010.

Keat, Russel, and John Urry. *Social Science as Science. Second Edition.* London: Routledge and Kegan Paul, 1982.

Kendall, Gavin, and Gary Wickham. *Using Foucault's Methods.* London: Sage Publications, 1999.

Kershaw, Ian. *Hitler: A Profile in Power.* London: Longman, 1991.

_____. *The Nazi Dictatorship,* 3rd edition. London: Arnold, 2000.

Kliman, Andrew. *The Failure of Capitalist Production: Underlying Causes of the Great Recession.* London: Pluto Press, 2011.

Kosso, Peter. "Philosophy of Historiography." In A. Tucker, ed. *A Companion to the Philosophy of History and Historiography.* West Sussex, Uk Wiley-Blackwell, 2011.

Kriester, Peter. "Post-Keynesian Economics." *Readings in Political Economy, Third Edition.* In George Argyrous and Frank Stilwell, eds. Prahan, Australia: Tilde Univ. Press, 2011.

Kumar, Krishan. "Philosophy of History at the End of the Cold War." A. Tucker, ed. *A Companion to the Philosophy of History and Historiography.* West Sussex, Uk Wiley-Blackwell, 2011.

Kurth, James. "Political Consequences of the Product Cycle." *International Organization,* Vol.33. 1979.

Laclau, E. *New Reflections on the Revolution of Our Time.* London: Verso, 1990.

Laclau, Ernesto, & Chantal Mouffe. *Hegemony & Socialist Strategy: Toward A Radical Democratic Politics.* London & New York: Verso, 1985.

Latin, Robert E. "On Rectification in Nozick's Minimal State." In *Political Theory 5(2).* 1977.

Lavabre, Marie-Claire. "Historiography and Memory." In Tucker, ed. *A Companion to the Philosophy of History and Historiography.* West Sussex, Uk Wiley-Blackwell, 2011.

Lawson, Tony. *Economics and Reality.* London: Routledge, 1997.

Lazonick, W. *Business Organization and the Myth of the Market Economy.* Cambridge: Cambridge Univ. Press, 1999.

Leopord, A. *Sand County Almanac.* Oxford: Oxford Univ. Press, 1949.

Levy, Jack S. "Political Psychology and Foreign Policy." In David O. Sears, Leonie Huddy, Robert Jervis. *Oxford Handbook of Political Psychology.* Oxford: Oxford Univ. Press, 2004.

Lewis, P. "The Problem of Social Structure." *Journal for the Theory of Social Behavior* 30. 2000.

Little, Daniel. *Varieties of Social Explanation: An Introduction to the Philosophy of Social Science.* Boulder: Westview Press, 1991.

_____. "The Heterogeneous Social: New Thinking About the Foundations of the Social Sciences." In C. Mantzavinos, ed. *Philosophy of the Social Sciences: Philosophical Theory and Scientific practices.* Cambridge: Cambridge Univ. Press, 2009.

Lyotard, Jean François. *The Postmodern Condition: A Report on Knowledge.* Minnesota: Univ. of Minnesota Press, 1985.

MacIntyre, Alasdair. *After Virtue.* Nortre Dame, Ind.: Univ. of Notre Dame Press, 1981.

_____. "Politics, Philosophy and the Common Good." In Kelvin Knigh, ed. *The MacIntyre Reader.* Notre Dame: Univ. of Notre Dame Press, 1998.

_____. "Three Perspectives on Marxism: 1953, 1968, 1995." In *Ethics and Politics: Selected Essays,* Volume 2. Cambridge: Cambridge Univ. Press, 2006.

Martinussen, John. *Society, State and Market: A Guide to Competing Theories of Development.* London & New Jersey: Zen Books Ltd., 1997.

Massey, Douglas S., and Nancy Denton. *American Apartheid: Segregation and the Making of the Underclass.* Cambridge, Mass.: Harvard Univ. Press, 1993.

Maynor, John W. *Republicanism in the Modern World.* Polity Pressm, 2003.

McAdam, Terrance J. *Political Process and the Development of Black Insurgency, 1930-1970.* Chicago: Univ. of Chicago Press, 1982.

Mccullagh, C. Behan. "Colligation." In A. Tucker, ed. *A Companion to the Philosophy of History and Historiography.* West Sussex, Uk Wiley-Blackwell, 2011.

McGuire, William J. "The Poly-Psy Relationship: Three Phases of a Long Affair."

In John T. Jost and Jim Sidanius, eds. *Political Psychology: Key Readings.* New York and Hove: Psychology Press, 2004.

Miller, David. *Principles of Social Justice.* Harvard Univ. Press, 2000.

Mills, Sara. *Discourse.* London & New York: Routledge, 2004.

Neumayer, Eric. *Weak vs. Strong Sustainability.* Cheltenham: Elgar, 2003.

Norval, Aleta J. *Deconstructing Apartheid Discourse.* London & New York: Verso, 1996.

Nozick, Robert. *Anarchy, State, and Utopia.* New York: Basic Books, Inc., 1974.

O'neill, Onora. "The Dark Side of Human Rights." In Steve Cahn and Robert Talisse, eds. *Political Philosophy in the Twenty-First Century.* Perseus Books, 2012.

Okasha, Samir. *Philosophy of Science.* Oxford: Oxford Univ. Press, 2002.

Olsaretti, Serena, ed. *Desert and Justice.* Oxford Univ. Press, 2003.

Parker, Ian. "Žižek's Sublime Objects Now." In Jamil Khader and Molly Anne Rothenberg, eds. *Žižek Now: Current Perspectives in Žižek Studies.* Cambridge, UK: Polity Press, 2013.

Patomaki, Heikki, and Colin Wight. "After Postpositivism? The Promises of Critical Realism." *International Studies Quarterly.* 2000.

Pettit, Philip. "The Instability of Freedom as Noninterference: The Case fo Isaiah Berlin." In S. M. Cahn and R. B. Talisse, eds. *Political Philosophy in the Twenty-First Century.* Perseus Books, 2012.

_____. *Republicanism: A Theory of Freedom and Government.* Oxford: Clarendon Press, 1997.

Pierson, Paul. *Politics in Time: History, Institutions, and Social Analysis.* Princeton and Oxford: Princeton Univ. Press, 2004.

Plumper, T., and E. Neumayer. "The Unequal Burden of War: The Effect of Armed Conflict in the Gender Gap in Life Expectancy." *International Organization 60(3).* 2006.

Pogge, Thomas. "World Poverty and Human Rights." In Steven M. Cahn and Robert B. Talisse, eds. *Political Philosophy in the Twenty-First Century.* Perseus Books, 2012.

Pojman, Louis, & Owen Mcleod, eds. *What do we deserve?* Oxford Univ. Press,

1999.

Pontusson, Jonas. "From comparative public policy to political economy: Putting political institutions in the their place and taking interests seriously." *Comparative Political Studies*, Vol.28, No.1. April 1995.

Popper, K. R. *The Open Society and Its Enemies.* Princeton, NJ: Princeton Univ. Press, 1950.

Prado, C. G. *Starting with Foucault: An Introduction to Genealogy* Boulder: Westview Press, 1995.

Ramey, Joshua. "Ceremonial Contingencies and the Ambiguous Rites of Freedom." In J. Khader and M. A. Rosenberg, eds. *Žižek Now: Current Perspectives in Žižek Studies.* Cambridge, Uk: Polity Press, 2013.

Rawls, John. *A Theory of Justice.* Cambridge, Mass.: The Belknap Press of Harvard Univ. Press, 1971.

_____. *Political Liberalism.* Columbia Univ., 1996.

_____. *Collected Papers.* Harvard University Press, 1999.

Reality, Meta. *The Philosophy of Meta Reality.* New Sage, 2002.

Reus-Smit, Christian. "Constructivism." In Scott Burchill et al. *Theories of International Relations.* New York: PalgraveMacmillan, 2005.

Richard Rorty. *Contingency, Irony, and Solidarity.* Cambridge: Cambridge Univ. Press, 1989.

Richardson, Henry. *Democratic Autonomy.* Oxford Univ. Press, 2002.

Ricoeur, Paul. *Memory, History, Forgetting.* Chicago, IL: Univ. of Chicago Press, 2004.

Risse, Mathias. *Global Political Philosophy.* New York: PalgraveMacmillan, 2012.

Rorty, Richard. "Postmodernist Bourgeois Liberalism." *Journal of Philosophy.* LXXX. 10. 1983, Reprinted in Thomas Docherty, ed. *Postmodernism: A Reader.* New York: Harvester, 1993.

Rosen, Michael, & Jonathan Wolff, eds. *Political Thought.* New York: Oxford Univ. Press, 1999.

Rosenberg, Alexander. *Philosophy of Social Science. Fourth edition.* Boulder, CO: Westview Press, 2012.

Sachs, Jeffrey. "International Economics: Unlocking the Mysteries of Globalization." In Patrick O'Meara, Howard D. Mehlinger and Matthew Krain, eds. *Globalization and Challenge of a New Century: A Reader.* Bloomington: Indiana Univ. Press, 2000.

Sackrey, Charles, Geoffrey Schneider, and Janet Koedler. *Introduction to Political Economy, Sixth edition.* Boston, MA: Economic Affairs Bureau, Inc., 2010.

Sahlins, Marshall. *Historical Metaphors and Mythical Realities: Early History of the Sandwich Islands Kingdom.* Ann Arbor: Univ. of Michigan Press, 1981.

_____. *Islands of History.* Chicago: Univ. of Chicago Press, 1985.

Sandel, Michael. *Democracy's Discontent.* Cambridge, Mass.: Harvard Univ. Press, 1996.

_____. *Justice: What's the Right Thing to do?* New York: Farrar, Straus and Giroux, 2009.

Sanders, David. "Behavioral Analysis." In David Marsh and Gerry Stoker, eds. *Theory and Methods in Political Science, Third Edition.* New York: PalgraveMacmillan, 2010.

Schoultz, Lars. *National Security and United States Policy Toward Latin America.* Princeton: Princeton Univ. Press, 1987.

Searle, John R. "What is an institution?" In D. Steel and F. Guala, eds. *The Philosophy of Social Science.* 2011.

Sewell, William H., Jr. *Logics of History: Social Theory and Social Transformation.* Chicago: The Univ. of Chicago Press, 2005.

Silver, Jerry. *Global Warming & Climate Change Demystified.* New York: McGraw-Hill, 2008.

Southgate, Beverley. "Postmodernism." In A. Tucker, ed. A Companion to the Philosophy of History and Historiography. West Sussex, Uk: Wiley-Blackwell, 2011.

Spengler, Oswald. *The Decline of the West.* Oxford: Oxford Univ. Press, 1991.

Steel, Daniel. "Social Mechanisms and Causal Inference." In Daniel Steel and Francesco Guala, eds. *The Philosophy of Social Science Reader.* London & New York: Routledge, 2011.

Stiglmayer, Alexandra et al. *Mass Rape: The War Against Women in Bosnia-*

Herzegovina. London: University of Nebraska Press, 1994.

Stilwell, Frank. *Political Economy: The Contest of Economic Ideas, Third ed.* Oxford: Oxford Univ. Press, 2012.

Strong, Tracy B. "Carl Schmitt: political theology and the concept of the political." In C. H. Zuckert, ed. *Political Philosophy in the Twentieth Century.* Cambridge University Press, 2011.

Swift, Adam. *Political Philosophy, Second ed.* Malden, MA.: Polity Press, 2006.

Taylor, Charles. "What's wrong with negative liberty." In Alan Ryan, ed. *The Idea of Freedom.* Oxford: Oxford Univ. Press, 1979.

_____. "Self-interpreting animals." *Human Agency and Language: Philosophical Papers 1.* Cambridge: Cambridge Univ. Press, 1985.

_____. "Social Theory as Practice." *Philosophy and the Human Sciences: Philosophical Papers 2.* Cambridge: Cambridge Univ. Press, 1985.

Todaro, Michael P. *Economic Development, Sixth ed.* London: Addison Wesley Longman Ltd., 1997.

Tversky, Amos, and Daniel Kahneman. "Judgement under uncertainty: Heuristics and, biases." *Science 185.* 1974.

Van Dijk, Teun A. *Discourse and Power.* New York: PalgraveMacmillan, 2008.

Vašíček, Zenděk. "Philosophy of History." In A. Tucker, ed., A Companion to the Philosophy of History and Historiography, West Sussex, Uk: Wiley-Blackwell, 2011.

Viroli, Maurizio. *Republicanism.* Hill and Wang, 2002.

Vogt, Erik. "Žižek and Fanon: On Violence and Related Matters." In J. Khader and M. A. Rothenberg, eds. *Žižek Now: Current Perspectives in Žižek Studies.* Cambridge, Uk: Polity Press, 2013.

Wachterhauser, Brice R. "History and Language in Understanding." In Brice R. Wachterhauser, ed. *Hermeneutics and Modern Philosophy.* Albany, NY: State Univ. of New York Press, 1986.

Walsh, W. H. *An Introduction to Philosophy of Science.* London: Hutchinson, 1970.

Warnke, Georgia. *Gadamer: Hermeneutics, Tradition and Reason.* Oxford: Polity Press, 1987.

Weber, Max. *Economy and Society,* Vol.III. Guenther Roth and Claus Wittich, eds. New York: Bedminster, 1968.

_____. "Politics as a Vocation." In H. H. Gerth & C. Wright Mills, eds. *From Max Weber*. New York: Oxford Univ. Press, 1985.

Weingast, Barry R., and Donald A. Wittman. "The Reach of Political Economy." In Barry R. Weingast and Donald A. Wittman, eds. *The Oxford Handbook of Political Economy*. Oxford: Oxford Univ. Press, 2008.

Wendt, A. "The Agent-Structure Problem in International Relations Theory." *International Organization*, Vol.41, Issue 3. Summer 1987.

_____. "Anarchy is what States Make of it: The Social Construction of Power Politics." *International Organization,* Volume 46, Issue 2. Spring 1992.

_____. *Social Theory of International Politics*. Cambridge: Cambridge Univ. Press, 1999.

White, Hayden. *Metahistory*. Bultimore: Johns Hopkins Univ. Press, 1973.

Wight, Colin. "Realism, Science and Emancipation." In Kathryn Dean, Jonathan Joseph, John Michael Roberts, Colin Wight. *Realism. Philosophy and Social Science*. New York: PalgraveMacmillan, 2006.

Wilson, William J. *The Truly Disadvantaged: The Inner City, the Underclass and Public Policy*. Chicago: Univ. of Chicago Press, 1987.

_____. *When Work Disappears: The World of the New Urban Poor*. New York: Knopf, 1996.

Wolff, Jonathan. *An Introduction to Political Philosophy*. Oxford: Oxford Univ. Press, 1996.

Yzerbyt, Vincent, and Stephane Demulin. "Intergroup Relations." In Susan Fiske, Daniel T. Gilbert, Gardner Lindzey, eds. *Handbook of Social Psychology, Volume Two, fifth ed.* New Jersey: John Wiley & Sons, Inc., 2010.

Žižek, Slavoj. *The Sublime Object of Ideology*. London: Verso, 1989.

_____. *Looking Awry: An Introduction to Jacques Lacan through Popular Culture*. Cambridge, Mass.: The MIT Press, 1995.

_____. *On Violence*. London: Profile Books, 2008.

_____. *In Defense of the Lost Causes*. London: Verso, 2008.

Zuckert, Catherine H., ed. *Political Philosophy in the Twentieth Century: Authors and Arguments*. Cambridge: Cambridge Univ. Press, 2011.

색 인

인명 색인

▮ 지은이 소개 ▮

오명호(吳明鎬)

현 | 한양대학교 정치외교학과 명예교수
서울대학교 정치학과 졸업, 동대학원 정치학 석사
University of Hawaii 정치학과 M.A.
University of Pennsylvania 정치학과 Ph.D.
Harvard University 국제문제연구소 연구원
한양대학교 사회과학대학장, 부총장
일본 와세다대학교 교환교수 (한국현대정치사)

주요 저서 및 논문
『현대정치학이론』(박영사, 1990)
『중국의 정치와 경제』(공저)(집문당, 1993)
『현대정치학방법론』(박영사, 1995)
『현대정치학이론 2』(박영사, 2004)
『현대정치학: 이론적 구성과 연구 동향』(한양대학교출판부, 2010)

"Demand, Capacity and Decay: A Control Systems Formulation,"
    Comparative Political Studies, Vol.7, No.4(Jan. 1975)
"Economic Development and Political Instability: Tunnel Effect and
    Relative Deprivation," *Social Science Journal*, Vol.8(1981)
"America's Korean Policy, 1972~1977: Moralism and Issue Net-works,"
    The Journal of East Asian Affairs, Vol.3, No.1(1983)
"The Democratic Experiment in Korea: Presidential and Parliamentary
    Systems in Operation," *Journal of Behavioral and Social Sciences*, Vol.
    1995, No.2(TOKAI University)